BASTEI LÜBBE

Marianne Alireza

Leben in Tausend-undeiner Nacht

Aus dem Amerikanischen von
Hans Wilhelm Werner

BASTEI
LÜBBE

BASTEI-LÜBBE-TASCHENBUCH
Band 61251

Deutsche Erstveröffentlichung
Die amerikanische Originalausgabe erschien unter dem Titel
AT THE DROP OF A VEIL
Im Verlag Houghton Mifflin Company, Boston, Massachusetts

Printed in Great Britain, Dezember 1992
Umschlaggestaltung: Manfred Peters
Titelfoto: Tony Stone / Nabeel Turner
Satz: KCS GmbH, 2110 Buchholz/Hamburg
Druck und Bindung: Cox & Wyman, Ltd.
ISBN 3-404-61251-5

Der Preis dieses Bandes versteht sich
einschließlich der gesetzlichen Mehrwertsteuer

Allen, die mich »Oomie« nennen

Vorwort

Wir, die wir das Arabien der vierziger und der fünfziger Jahre erlebt haben, blicken heute mit ungläubigem Staunen auf das moderne Saudi-Arabien. Niemand hätte damals auch nur im Traum für möglich gehalten, daß dieses Land, das in der ersten Häfte des 20. Jahrhunderts fast völlig vom Rest der Welt abgeschnitten war und dessen Bevölkerung kaum einen Grund hatte, an den seit Jahrhunderten überlieferten Lebensformen irgend etwas zu ändern, einen so tiefgreifenden Wandel durchmachen würde.

Ob in den Sandwüsten, Küstenregionen oder im Hochland des Landesinneren, überall sind moderne Städte aus dem Boden geschossen. Wo das riesige Land seit Jahrtausenden nur durch Karawanenwege verbunden war, sind in unseren Tagen alle größeren Städte durch ein gut ausgebautes Straßennetz verbunden. Die Menschen, die vor noch nicht allzu langer Zeit kaum etwas über die Welt jenseits ihres Horizontes wußten, fliegen heute mit der nationalen Fluggesellschaft in alle Welt und besteigen für Inlandflüge das Flugzeug so selbstverständlich, als benutzten sie einen Zubringerbus. Erst auf diese Weise hat sich ihnen ihr eigenes Land erschlossen. Zu meiner Zeit hatten wir so gut wie keine Vorstellung davon, wie der Rest des Königreichs aussah, eben weil es für uns unerreichbar war. Während die modernen Saudis sich als wirkliche Nation empfinden, war unsere Identität noch regional bestimmt.

Der Wandel wurde schlagartig durch die Erträge der reichen Ölschätze eingeleitet, die man in den späten dreißiger Jahren unter Arabiens Sand entdeckt hatte. Damals reichte das, was das Land erwirtschaftete, gerade zum Überleben; Haupteinnahmequellen waren der Handel mit Datteln und Tierhäuten sowie eine Pro-Kopf-Steuer, welche Pilger auf ihrem Weg nach Mekka und Medina entrichten mußten – die arabischen Städte, die zusammen mit Jerusalem für den Islam die drei heiligsten Orte sind.

In den fünfziger Jahren begann das Ölgeld die königlichen Schatullen zu füllen, und das schon bald in solchen Mengen, daß Saudi-Arabien eine Sonderstellung unter allen Ländern zufiel, die von diesem Entwicklungsboom erfaßt wurden: es kam ohne Kredite aus, ohne Steuereinnahmen von seinen Untertaten. Allerdings benötigte es Arbeitskräfte, vom Hilfsarbeiter bis zur hochqualifizierten Führungskraft. In den ersten Jahren des Umbruchs war der Prozentsatz an Analphabeten noch sehr hoch, ein Großteil der Bevölkerung bestand aus Nomaden, und es gab nicht genug saudische Fachleute. Daher mußten Arbeitskräfte importiert werden. In den siebziger und achtziger Jahren erreichte der Zustrom von Ausländern im Zuge des enormen Booms von Entwicklungs-, Modernisierungs- und Industrialisierungsprojekten seinen Höhepunkt. Erstmals näherte sich ihr Anteil der Zweimillionengrenze.

So fand innerhalb weniger Jahrzehnte eine wahrhaft unglaubliche Umwälzung statt – in einem Zeitraum, der in der Geschichte ohne Beispiel ist. Noch bemerkenswerter ist dabei, daß Saudi-Arabien nicht nur diesen Umbruch bewältigte, sondern zugleich für seine Bevölkerung ein modernes Schulwesen schuf. Mittlerweile gibt es bereits eine oder zwei Generationen von Saudis, Männer wie Frauen, die ihre Nation »saudisieren« und so gut ausgebildet sind, daß sie die Positionen und Aufgaben übernehmen, die zuvor Fachleute aus anderen Ländern innehatten. Für einige hingegen blieb der Grad der Veränderung gering. Bestimmte Aspekte des

Lebens in ländlichen Gebieten, der Lebensformen der Beduinen sowie einiger anderer Bestandteile der Gesellschaft bleiben von der heutigen Dynamik entweder unangetastet oder unbeeindruckt.

Auch soziokulturelle Veränderungen haben stattgefunden, jedoch eher graduell. In diesem weiterhin fortschreitenden Prozeß werden neue Wege nur so weit akzeptiert, wie sie nicht den vom Islam vorgegebenen Rahmen sprengen. Saudi-Arabien kennt keine Trennung von Staat und Religion, und der Koran schreibt nicht nur Gottes Wort fest, sondern auch moralische und gesellschaftliche Verhaltensregeln, die ein integrierter Bestandteil im alltäglichen Leben eines jeden Moslems sind. Man kann also keineswegs von einer Religion sprechen, die sich im Moscheebesuch am Freitag erschöpft. Sicher, bei allen Veränderungen von Status und Rolle der Frau hat sowohl im öffentlichen Leben als auch innerhalb der Familie immer noch der Mann das letzte Wort. Doch jeder, der hier von außen urteilt, sollte genau zu unterscheiden verstehen zwischen dem, was als für Frauen erlaubt oder verboten eindeutig festgelegt ist, und dem, was bloße Tradition ist oder von Männern durchgesetzter Wille, der durch die Männerherrschaft als religiöses Gebot maskiert überliefert wurde. Hierzu nur eine Anmerkung: Der Islam des siebten Jahrhunderts erkannte seiner weiblichen Gefolgschaft einen relativ fairen und gleichberechtigten Status zu, und das lange vor irgendeinem anderen Kulturkreis. Heutzutage sind gebildete mohammedanische Mädchen und Frauen durchaus in der Lage, ihren Koran selbst zu lesen.

Anders als die Menschen heute kannten wir zu der Zeit, als ich in Arabien lebte, keine schwankenden Wertvorstellungen wie die Menschen unserer Tage. Wir hatten eine statische Weltsicht, unsere Gebräuche waren fest verankert, und Traditionen wurden fraglos befolgt. Von den offenen

Lebensformen, vom anderen Rollenverhalten der Frauen in der Welt um uns herum hatten wir keine Kenntnis. Wir verhielten uns so, wie es schon immer gewesen war. Selbst unsere Sprache war von erstarrten Grußformeln und Erwiderungen, von festen Regeln im sozialen Umgang bestimmt. Diese Floskeln und Rituale betrafen im wesentlichen Höflichkeiten, die strikt zu beachten waren und an denen seit Generationen festgehalten wurde, doch meinen Enkeln heute sind sie vollkommen fremd.

Es gab nur wenige Möglichkeiten, überhaupt hinauszukommen, und so gingen wir nie aus und taten überhaupt kaum etwas von all dem, was in Amerika normal ist. Wenn mich jemand danach fragt, sage ich immer, daß es erstens nichts gab, wo man hätte hingehen können, und daß wir zweitens etwas viel Wesentlicheres taten: Wir lebten miteinander. Darin waren die Araber wahre Meister, und das mußte ich von ihren lernen.

In der Monotonie dieses Lebens mußte ich immer wieder über die heitere Gelassenheit, über die vielschichtige Persönlichkeit der Frauen stauen, die ich kennenlernte, und stets habe ich mich dabei gefragt: »Wenn sie ohne jede Schulbildung schon so sind, wie könnten sie erst sein, wenn sie etwas hätten lernen dürfen?« Nun, inzwischen weiß ich es, und immer noch staune ich. Die Veränderungen in ihrem Leben waren gewaltig, doch ihre ureigenen Qualitäten haben sich diese Frauen bewahrt, bestärkt durch den Glauben und vielleicht auch durch die Jahrhunderte von Duldung und Überlebensfähigkeit.

Ich genieße es ungemein, daß ich, vor so langer Zeit einer der Jüngsten im Familienverband, nun als älteres Mitglied einer großen, edlen arabischen Familie geachtet werde, die über all die Jahre hinweg zu mir gestanden hat, ja mich stets zu den Ihren zählte, und das trotz all der Dinge, die sich ereignet haben. Regelmäßig verbringe ich zwei bis drei Monate pro Jahr im Königreich: Mein Stadthaus in Jeddah haben mir meine Kinder geschenkt, die heute fast alle in Saudi-Arabien leben und arbeiten. Nur mein jüngster Sohn lebt mit seiner Familie in Kalifornien.

Inzwischen habe ich fünfzehn Enkel und zwei Urenkel. Wenn ich bedenke, mit welchem Blut ich diese Sippe aufgefrischt habe, kann ich mich eines Schmunzelns nicht erwehren. Meine Großeltern auf der einen Seite waren englisch-irisch-schottischer Herkunft, die andere Seite stammte von Polen und reinrassigen nordamerikanischen Indianer ab. Als wäre das noch nicht kurios genug, habe ich es fertiggebracht, meine Kinder – Hamida, Faisal, Tarik, Nadja und Chassan – in die Stammesrollen der Nation der Creek-Indianer von Oklahoma eintragen zu lassen. Das beste daran ist, daß sie darauf genauso stolz sind wie auf alle anderen Elemente ihrer kunterbunten Herkunft. Ich habe gehört, daß sie sich einen Spaß daraus machen, ihre Ausweise des Büros für Indianer-Angelegenheiten zu zücken und dann die Reaktion zu beobachten – sie sind vermutlich die einzigen saudi-amerikanischen Indianer der Welt.

Daß ich die Erfahrung des traditionellen Lebensstiles machen durfte und dann beobachten konnte, wie Saudi-Arabien seine gegenwärtige Position in der Weltgemeinschaft aufbaute, war ein Glücksfall, an dem ich mich gar nicht genug erfreuen kann. Wer heute so nach Saudi-Arabien ginge, würde alles ganz anders antreffen als ich zu meiner Zeit. Die Leute meinen, es sei schon bemerkenswert, daß ich mich an das Leben im alten Saudi-Arabien habe gewöhnen können. Doch ich sehe das anders. Wirklich bemerkenswert ist, daß die Menschen in meiner Umgebung mir damals halfen, mich einzuleben und meinen Frieden zu finden. Ich war die einzige, die in der homogenen Gesellschaft jener Zeit anders war – ein christlich-abendländisches Mitglied einer im wahrsten Sinne des Wortes weitverzweigten Familie. Zu Anfang erschien mir alles so altmodisch, so ungewohnt, so fremd, daß ich es wohl niemals geschafft hätte, wenn die Menschen mir anders begegnet wären. Gerade in den schwersten Augenblicken halfen sie mir am meisten, und dann lachten wir miteinander.

Dies ist also die Geschichte von Menschen, die bewiesen haben, daß es uns, obwohl wir aus völlig verschiedenen Welten stammten, durchaus möglich war, dem Gegenüber Achtung, Toleranz, Verständnis, Feingefühl und Liebe entgegenzubringen, so daß ein festes Band der Freundschaft und Menschlichkeit entstand. Müßte ich noch einmal von vorne beginnen, würde ich es tun? Da können Sie wetten! Um nichts in der Welt möchte ich das alles missen!

Pasadena, Kalifornien
März 1991

Das Vorwort übersetzte Achim Bourmer

Kapitel 1

In der gebirgigen arabischen Wüste oberhalb von Mekka, in einem Ort namens Hawiyah, saß die Lieblingsfrau des Königs auf einem niedrigen Sofa und begrüßte die sieben verschleierten und verhüllten Frauen, die das Zelt betraten. Oom Talal war der Name der Lieblingsgefährtin und die Besucherinnen lüfteten ihre schwarzen Gesichtsbedeckungen, küßten ihre Hand und setzten sich auf den vor ihr liegenden Teppich. Der traditionelle Austausch von Willkommensgrüßen begann.

»Gott heiße euch willkommen«, sagte Oom Talal, und die Frauen erwiderten: »Möge Gott Euch ein langes Leben schenken.«

»Gott schütze Eure Majestät, Dank dem Allmächtigen.«

»Und Ihr Ehemann und die Kinder, geht es ihnen gut?«

»Gott sei Dank, es geht ihnen gut, und sie küssen Eure Hand.«

Während die Frauen sich unterhielten, kam ein Sklavenmädchen herein und servierte aus einer besonderen Messingkanne in winzigen Tassen Kaffee; bunt gekleidete Dienstmädchen wurden gerufen und mit geflüsterten Befehlen wieder fortgeschickt. Der Kontrast zwischen der orientalischen Pracht im Innern des Zeltes und der öden, ausgedörrten Wüste draußen war typisch arabisch, und in diesem besonderen Zelt einer besonderen Frau glitzerten Pailletten und Edelsteine, und selbst alltägliche Dinge waren von einer sagenhaften Qualität. Der Teppich, auf dem die Frauen Platz genommen hatten, war wunderschön und ein Symbol für größten orientalischen Luxus; aber unter seinem kompliziert gewobenen Muster zeichneten sich die Konturen des Wüstensandes ab, auf dem er lag. In weiteren Zelten wohnten der König und sein Hofstaat und weitere Ehefrauen sowie andere Frauen und die vielen Kinder, aber Oom Talal hielt Hof wie eine wahre Königin und verdiente den Respekt, den ihr die Besucherinnen erwiesen. An diesem speziellen Tag folgte man der üblichen Routine, bis die Königin plötzlich ihre Augen über die Gesichter der vor ihr sitzenden Frauen wandern ließ und die unerwartete Frage stellte: »Wer von Euch ist die Amerikanerin?« Aus dem Haufen schwarzumhüllter Gestalten antworteten gleich mehrere Stimmen auf einmal und bedeuteten ihr, daß die Gestalt da hinten die Person sei, die sie suche.

Ich war diese Amerikanerin. Man schrieb das Jahr 1945, es war September, und König Ibn Saud von Saudi-Arabien versammelte seine Höflinge und seine Familie wie jedes Jahr vor Beginn der Pilgerzeit in einem Zeltlager. Oom Talals Frage mochte in diesem tief in der Wüste gelegenen Vorposten seltsam erscheinen, sie war jedoch nicht seltsamer als das, was ich empfand. Ich war erst seit einem Monat mit meinem Mann Ali in Arabien und beherrschte die Sprache noch nicht, aber dieses Land sollte für die nächsten zwölf Jahre meine Heimat sein, und die arabischen Frauen, die für mich geantwortet hatten, waren meine Schwiegermutter Lady Asma Alireza, meine Schwägerin Zainab und Hayat, die Frau meines Schwagers. Uns begleiteten eine Syrierin namens Sitt Gemila Pharaon, deren Mann der Leibarzt des Königs war, ihre Schwester Inaam und eine junge Libanesin namens Almas, Hebamme der Frauen der königlichen Familie und in der übrigen Zeit Oberschwester im Staatlichen Krankenhaus von Mekka.

Frisch aus Amerika angekommen, war ich noch weit davon entfernt, mich der anderen Welt, die ich in Arabien vorfand, angepaßt zu haben, und mein arabisches Vokabular reichte nicht weit über die gebräuchlichsten Ausdrücke wie *alhamdulilah, inshaalah* und *shokran** hinaus. Das fremde Land und die fremde Sprache, die verwirrenden Gebräuche und das Zusammenleben mit freundlichen, aber doch fremden Menschen in ungewohnten Unterkünften waren mir schon unwirklich vorgekommen, aber der Besuch im Zeltlager des Königs in Hawiyah versetzte mich in die Welt von Tausendundeiner Nacht. Ich ertappte mich dabei, wie ich mich lächelnd fragte, ob wirklich ich es war, die mit überkreuzten Beinen mitten in der Wüste auf einem orientalischen Teppich saß, verschleiert und verhüllt wie eine biblische Gestalt, so weit von der Heimat entfernt, daß sie mir mindestens mehrere Jahrhunderte entrückt erschien.

Ich amüsierte mich über die einsame Glühlampe, die vom Mittelpfosten des Zeltes baumelte, weil sie genauso fehl am Platze war wie ich. Wenn es noch eine verzauberte Öllampe gewesen wäre, deren Geist vielleicht meine Anwesenheit hier hätte erklären können! Ich war keine Touristin auf der Durchreise, keine Ausländerin mit begrenztem Visum – ich war Mitglied einer prominenten arabischen Familie und, was noch erwähnenswerter ist, so an die Sitten und Gebräuche Arabiens gebunden, als wäre ich dort geboren worden. Mein Körper hatte in den letzten Wochen rein mechanisch das getan, was man von mir erwartete; aber mein Geist hatte Schwierigkeiten, sich an die Veränderungen zu gewöhnen. Am Tag unseres Besuches war ich noch nicht lange genug in Arabien, um mich an die Unterschiede im alltäglichen Leben angepaßt zu haben, geschweige denn den Besuch bei einer Königin als einigermaßen normal zu betrachten. Die Tat-

---

* Diese und andere gebräuchliche arabische Ausdrücke finden Sie im Glossar ab S. 349.

sache, daß ich dort saß und mich fragte, warum die Szene nicht vollständig schien, solange kein Fächer aus Straußenfedern über uns oder zumindest über der Königin auf dem Sofa geschwenkt wurde, zeigt, daß ich tatsächlich die Orientierung verloren hatte. Mein Hirn war wie betäubt von der Anstrengung, mit Situationen konfrontiert zu werden, die meine Vorstellungskraft überstiegen, und als ich versuchte, mich zu bewegen, stellte ich fest, daß ich von der Taille an abwärts ebenfalls wie taub war. Es war eine ungewohnte Haltung für mich, mit überkreuzten Beinen auf einem Teppich zu sitzen, daher waren mir beide Beine eingeschlafen, während mir diese Gedanken durch den Kopf gingen. Ich konnte die Beine nicht ausstrecken, denn eine der Lektionen, die ich gelernt hatte, bestand darin, daß man nie die Fußsohlen auf einen Araber richten darf, wenn man ihn nicht beleidigen will. Ich konnte nur hoffen, daß meine Verwandten, die ich ständig aufmerksam beobachtete, um mir eventuelle Zeichen, was als nächstes zu tun sei, nicht entgehen zu lassen, nicht plötzlich aufbrechen würden; dann wäre ich gezwungen gewesen, hinter ihnen herzuwanken.

Meine Schwiegermutter sprach nun zu Oom Talal über mich. Es ging darum, daß ich in der Gesellschaft von fünf Prinzen nach Arabien gereist war, von denen der jüngste Oom Talals Sohn war, Seine Königliche Hoheit Prinz Nawaf. Er hatte ihr offensichtlich von meiner Anwesenheit in ihrer Gemeinschaft erzählt und auch von den kleinen Aufmerksamkeiten, die ich ihm während der Reise hatte zukommen lassen. Meine Freundin Almas, die an der Amerikanischen Universität in Beirut Englisch gelernt hatte, übersetzte Oom Talals Dank für die Liebenswürdigkeit gegenüber ihrem Sohn; ich war erfreut, daß der Junge mich bei seiner Mutter erwähnt hatte, und gerührt von ihrem Wunsch, mir zu danken. Ich quälte mich gerade mit dem Versuch einer

Antwort, als ein Sklavenmädchen mit der Nachricht hereinkam, daß der König unterwegs sei, um Oom Talal zu besuchen; wir sollten uns bitte in ein angrenzendes Zelt begeben, wo Erfrischungen auf uns warteten.

Wir wurden in eine Art Korridor zwischen den Zelten geführt, wo Schalen mit Weintrauben und Gläser mit *sherbet*, einem stark gezuckerten Getränk aus ausgepreßten Granatäpfeln, auf einem Tuch im Sand bereitstanden. Auf dem »Tisch« sah ich Teller voller Dattelgebäck und Mandelkuchen, aber so stark mit Fliegen übersät, daß mir der Appetit verging. Ich hielt mich dicht bei Zainab, und als wir uns setzten, bot sich ein guter Blick auf die vor mir liegenden Weintrauben. Auch sie waren staubig und mit Fliegen bedeckt. Ich warf Zainab einen verzweifelten Blick zu, der ihr sagen sollte, daß ich sie einfach nicht würde anrühren können. Sie verstand und bat in ihrer stillen, stets aufmerksamen Art einen Diener um ein Glas Wasser, darin wusch sie meine Weintrauben und ersparte mir und meinen Gastgebern so die Peinlichkeit einer Ablehnung.

Nachdem wir uns erfrischt hatten, wurden wir in einen anderen Bereich des Lagers geführt, wo ein großes, aus zwei Räumen bestehendes Zelt mit prunkvollen vergoldeten Lehnstühlen und vielen Teppichen stand. Damen der königlichen Familie gesellten sich zu uns, und ich sah zum ersten Mal die Kleidung der königlichen Frauen von Nejdi in ihrer vollen Pracht. Die bauschigen Gewänder waren mit Gold bestickt und voller vielfarbiger Pailletten, die jeden Zentimeter Stoff unter den äußeren schwarzen Spitzenhüllen glitzern ließen. Die Ärmel lagen von den Ellbogen bis zu den Handgelenken so eng an, daß ich mich wunderte, wie sie sie hatten überziehen können, bis ich erfuhr, daß solche Ärmel vor jedem Tragen neu angenäht und abends vor dem Ausziehen wieder abgerissen wurden. Jedes dieser reich bestickten Kleider muß aus fünf Metern Stoff bestanden haben, die wallenden, hauchdünnen Spitzen, die sie umhüllten, gar nicht mitgerechnet. Die Gesichter der Frauen waren mit einem Wickelband eng eingerahmt, und die mit Pailletten besetzten Bordüren der Kopfbedeckungen wurden nur durch ihr Gewicht an ihrem Platz gehalten. Ich war zugleich überrascht und beeindruckt von der Körpergröße dieser Prinzessinnen. Die Frauen im Gebiet von Hejaz, wo wir lebten, waren im allgemeinen klein und zierlich, diese Nejdi-Frauen aber außergewöhnlich hochgewachsen, und sie neigten zu körperlicher Fülle. Wir trafen Töchter, Ehefrauen, Schwägerinnen und Cousinen des Königs, auch eine sehr alte Frau, die still abseits in einer Ecke saß und von der es hieß, sie sei die Großmutter des Prinzen Faisal Al-Saud. Alle bewegten sich mit einer solchen Grazie, daß ich, in einem fort über meinen einlagigen Umhang stolpernd, mich fragte, wie sie es schafften, sich in so vielen Lagen Stoff derart würdevoll zu bewegen.

Eine der sympathischsten unter den jungen Prinzessinnen war die Frau von Abdullah Al-Faisal, die mich besonders interessierte, weil ich ihrem Mann in Kalifornien begegnet war und ihn auf unserer gemeinsamen Reise nach Arabien gut kennengelernt hatte. Sie hatte ein bezauberndes Gesicht mit reiner Haut und schönen Augen, die sich wunderbar von dem Band abhoben, das ihre Kopfbedeckung einfaßte. Altersschätzungen waren schwierig; aber ich wußte, daß sie schon Mutter zweier Söhne war, obwohl sie sehr jung wirkte.

Die anderen redeten, und ich hörte zu. Hin und wieder, wenn eine der vielen Szenen, die sich vor mir abspielten, im Nebel zu entschwinden drohte, mußte ich meine Augen auf etwas anderes konzentrieren, um den Kontakt mit der Realität wiederherzustellen. Ich konnte die Verwunderung darüber nicht ablegen, daß ich ein Teil von alledem war. Es war, als ob man eine Bühnenaufführung mit kostümierten Schauspielern durch ein umgedrehtes Fernglas beobachtet und plötzlich ein anderes Ich unter den Mitspielern sitzen sieht. Ich wußte, daß ich den Text nicht kannte – und nicht einmal das Stück –, aber dort war ich, kostümiert und zurechtgemacht. Ich nahm teil und bewegte mich zusammen mit den anderen, doch beim Dialog blieb ich stumm, und meine Stichworte kannte ich nicht.

Das Gespräch brach ab, als Sklaven eine Mahlzeit hereinbrachten, die aus einem im Ganzen gegrillten Lamm, Bergen von weißem Reis und verschiedenen Gemüsegerichten in Soßen bestand. Die riesigen Tabletts wurden am Boden abgesetzt, zwei schwarze Sklavinnen begannen mit dem Servieren des Fleischs. Sie stellten sich mit gespreizten Beinen über das dampfende Tier, gruben ihre Hände hinein und rissen das Fleisch in großen Stücken heraus, um es nicht gerade behutsam auf die Teller zu werfen. Mir fielen angesichts dieses Spektakels fast die Augen aus dem Kopf; ich reagierte, ohne darüber nachzudenken; ich wandte mich schockiert und ungläubig zu Zainab und streckte meine Hand vor, um die Technik des Fleischherausreißens zu imitieren, die ich gerade gesehen hatte. Zainabs Augen verengten sich und signalisierten Warnzeichen. Ihre Hand schnellte heraus und drückte meine auf den Teppich; da erst wurde ich wieder Herr meiner Sinne und erkannte, daß ich meine königlichen Gastgeber lächerlich machte, wenn ich ihre Umgangsformen verspottete. Bis zum heutigen Tag besteht meine einzige Entschuldigung darin, daß ich das Gesehene nicht glauben konnte. Ich hoffte inständig, daß keine der Prinzessinnen meinen Fauxpas bemerkt hatte, fand jedoch später heraus, daß Zainab es nicht ganz geschafft hatte, meine Geste vor den anderen zu verbergen.

Das Essen ging weiter, und ich zog mich wieder in meine stille Beobachter- und Warterolle zurück. Als alle satt waren, wurde eine große Messingkanne voll Wasser hereingebracht. Sie sah aus, als stammte sie aus der Zeit der Kreuzzüge, und ich fragte mich, ob sie wohl eine symbolische Bedeutung habe. Nun, Symbolik oder dergleichen war nicht im Spiel. Sie diente dem sehr praktischen Zweck, die Frauen, die gerade Fleisch und Reis gegessen hatten, mit einem Getränk zu versorgen, und ich beobachtete mit wachsendem Unbehagen, wie die Kanne von Hand zu Hand und von Mund zu Mund weitergereicht wurde. Als sie bei mir ankam, hatte sich bereits eine Menge Hammelfett daran angesammelt. Aber ich hatte mich schon im stillen mit Zainab verständigt; sie hatte meinen flehenden Blick mit einem leichten Nicken beantwortet, so daß ich wußte, ich würde daraus trinken müssen. Das Warten auf die Kanne wurde zur Qual, doch als sie mir gereicht wurde, trank ich. Zumindest tat ich so; ich schummelte ganz gehörig, indem ich den Rand der Kanne mehr an das Kinn als an die Lippen hielt und ein wenig Wasser gegen meinen Mund spülte, ohne wirklich zu trinken. Ich glaube, außer Zainab hat es niemand bemerkt.

Als es mir an diesem Tag gelang, wieder auf den Boden der Tatsachen zurückzukehren, beschwingte mich der Gedanke, was meine Leute zu Hause wohl sagen würden, »wenn sie mich jetzt nur sehen könnten«. So weit entfernt sie auch waren, klammerte ich mich doch geistig an sie, da es in meiner unmittelbaren Umgebung nichts gab, was mir vertraut war. Ich verstand die Sprache nicht, und ich konnte nicht auf frühere Erfahrungen zurückgreifen, weil es keine gab. Alles war neu – alles! Ich hangelte mich von einer Situation zur nächsten, indem ich mich an die Umhänge meiner angeheirateten Verwandten heftete und sie so gut ich konnte imitierte. Sie halfen mir großartig, aber in unserer letzten Stunde in Hawiyah machten selbst sie eine neue Erfahrung.

Seine Majestät der König hatte erfahren, daß sich unsere Familie in seinem Lager aufhielt, und befahl eine Privataudienz für uns. Für die Frauen war dies ein seltener Gunstbeweis, der für großes Aufsehen sorgte; aber inmitten der Aufregung, die er nach sich zog, passierte etwas Erstaunliches. Zainab, meine verläßliche Führerin und Mentorin in arabischen Gebräuchen und gesellschaftlichen Pflichten, verblüffte uns alle mit der kategorischen Feststellung, sie werde nicht zu der Audienz gehen. So wurde sie statt meiner zum Problem. Wir versuchten ihr klarzumachen, daß eine königliche Bitte ein königlicher Befehl ist, ja wir flehten sie sogar an. Wir gingen so weit, daß wir versuchten, sie in das königliche Zelt hineinzuschubsen, als es an der Zeit war; aber sie klammerte sich starrköpfig an einen Zeltpfosten und weigerte sich. Der Grund für ihr Verhalten ist nicht geklärt. Vielleicht war es die lebendige Erinnerung daran, daß ihr Vater die Stadt Dschidda, deren Gouverneur er gewesen war, an Ibn Saud übergeben mußte, möglicherweise lag es an Ereignissen, die im Vorfeld passiert waren, oder vielleicht hatte sie einfach nur Hemmungen. Was immer auch sie so entschlossen machte, den König nicht treffen zu wollen, wir anderen gingen, ohne sie.

Man hatte mir gesagt, daß ich mit einer Verneigung die Hand des Königs küssen müsse, und davor war mir bis zum Zeitpunkt unseres Einmarsches in das königliche Zelt ausgesprochen bange. Ich hatte schon genug Probleme damit, meinen Schleier am rechten Platz zu halten, solange ich aufrecht stand, deshalb war ich sicher, nicht nur über meinen Umhang zu stolpern, sondern auch den verfluchten Schleier zu verlieren. In meinem Geist liefen schreckliche Bilder ab, in denen mein Schleier über die königliche Hand fiel, über die ich mich zum Kuß beugte – und was dann? Würde ich von meinem Zauberteppich stürzen, auf dem ich mich den ganzen Tag befunden hatte? Würde meine Reise nachträglich storniert werden?

Unser nervöses Warten endete, als von Mund zu Mund die Nachricht weitergegeben wurde, seine Majestät warte, und wir in das entsprechende Zelt geleitet wurden. Wir zogen unsere Schuhe am Türlappen des Zeltes aus, ließen sie dort zurück und traten nacheinander ein. Seine Majestät saß zur Linken auf einem großen Thron, aber alles war schwer zu erkennen – auch, weil wir aus dem hellen Sonnenlicht in das relativ dunkle Innere des Zeltes gekommen waren. Während ich mich hinter den anderen hineintastete, sagte ich mir immer wieder: Sieh auf die anderen, sieh auf die anderen; denn das war wohl meine einzige Chance, das Ganze erfolgreich zu überstehen. Wir traten dem Alter nach ein, meine Schwiegermutter zuerst, ich als letzte, weil ich die Jüngste, zumindest die Neueste war. Ich wollte gern etwas sehen und reckte mich, während die anderen nach und nach ihre Ehrerbietung bezeugten und sich dann in einer Reihe auf den Teppich vor dem Thron setzten. Dann war ich an der Reihe, aber die Gewißheit, daß ich kein einziges Mal gestolpert war, sondern meine Huldigung erwies, wie man es sich nicht besser hätte vorstellen können, empfand ich fast enttäuschend, als ich bebend an meinem Platz am Ende der Reihe in mich zusammensank.

Selbst durch die zwei dicken Lagen meines Schleiers aus schwarzem Georgette konnte ich den König gut sehen, und ich war richtiggehend beeindruckt. Seine über einen Meter neunzig große Gestalt wirkte in den Gewändern, die er trug, noch größer, und ich glaube, er hatte die größten Hände, die ich je gesehen habe. Sein Gesicht war immer noch fest, trotz seines Alters und trotz der Kampfwunden, die es zeichneten. Sein Kopf war mit einem rot-weiß karierten Tuch bedeckt, das oben von dem viereckigen goldenen Kopfschmuck der Könige geziert wurde; die Kleidungsstücke, die ihn einhüllten, waren reich mit Gold gesäumt. Während er erst zu dieser, dann zu jener von uns sprach, gestikulierte er ständig mit der rechten Hand. Im Gespräch mit Lady Asma lobte er ihre Söhne, Ali und Mohamed, und meinte, ihr Ehemann Scheich Abdullah sei ein hochgeschätzter, feiner und ehrenwerter Mann gewesen. Er sagte ihr ferner, wie sehr seine Familie sie respektiere, und fügte hinzu, daß alle sie als *ummuna* bezeichneten, was »unsere Mutter« heißt – ein Name, von dem sie nicht gerade begeistert war, da der König wesentlich älter war als sie. Die nächsten Tage verbrachte sie damit, dem Titel, der ihr auf diese Weise verliehen worden war, lauthals seine Berechtigung abzusprechen.

Ich konnte der Unterhaltung natürlich nicht folgen, sondern erfuhr erst später ihren Inhalt. Meine größte Sorge war zu der Zeit, was ich tun sollte, wenn ich an die Reihe käme und Seine Majestät mit seiner großen Hand in meine Richtung deutete. Während er der Reihe nach die anderen ansprach, versuchte ich mich mit trockenem Mund an meine beiden besten arabischen Wörter zu erinnern, *alhamdulilah* und *inshallah*, die schließlich zwei der wichtigsten Wörter im alltäglichen Leben sind. Es war ein Glücksspiel, da ich nicht wirklich wußte, was er zu mir sagen würde, und es war in jedem Fall klar, daß sie in einem längeren Gespräch von begrenztem Nutzen sein würden. An einem Punkt vergaß ich diese Sorgen einen Moment lang: als es mir plötzlich komisch vorkam, daß dort der König von Arabien saß, ohne eine Miene zu verziehen, und mit diesem gesichtslosen Haufen aus schwarzem Stoff sprach, der vor ihm saß. Noch lustiger fand ich, daß ich zu ihnen gehörte. Mein Kichern verging mir, als mir einfiel, daß er derlei gewöhnt war, während dies bei mir noch eine Weile dauern würde. Daher konzentrierte ich mich auf die Schleier, die sich in kurzen Abständen rhythmisch blähten, wenn die Lippen dahinter sprachen. Und dann begannen meine Hände zu schwitzen, als die Reihe immer näher an mich kam und ich wieder das Wort *amerikania* hörte. Damit war ich gemeint, und schon hörte ich, wie die gewaltige Stimme mir entgegendröhnte. »*Eh – Ähh – alhamdulilah*«, stotterte ich, und das freundliche Gesicht strahlte und nickte; meine Schwiegermutter sagte ein paar Worte in meinem Namen, dann war plötzlich alles vorbei. Wir erhoben uns zum Gehen, und ich betete, daß meine kribbelnden, erneut eingeschlafenen Beine mich tragen würden, bis ich draußen war. Seine Majestät bot seine Hand wieder zum Kuß dar, und wir gingen nacheinander hinaus, in der gleichen Reihenfolge, wie wir gekommen waren. Da ich die letzte war, blieb ich am Ende für ein paar Augenblicke mit ihm allein, und zu meinem Entsetzen hörte ich, wie er mich wieder ansprach. Die anderen hatte er lediglich mit einem »Auf Wiedersehen, möge Gott mit dir sein« verabschiedet, ich hatte keine Ahnung, was er zu mir sagte. Völlig verwirrt und allein, da die anderen zu diesem Zeitpunkt schon draußen waren, fing ich neuerlich zu stottern an, ich überlegte, was ich sagen könne, als meine Zunge schließlich eines der Wörter, die durch meinen Kopf wirbelten, aufgriff und aussprach, so daß seine Majestät eine Antwort erhielt und ich hinaus in die Sonne huschen konnte.

Bei Gott, ich wünschte mir keine weiteren Überraschungen. Ich wollte jetzt nur noch weg. Glücklicherweise fand ich die anderen vor, wie sie allen für den schönen Tag dankten; unser Fahrer wurde gerufen, und wir fuhren nach Hause. Nach Hause, dachte ich, aber dieses Mal weigerte sich mein Geist, gegen die niederschmetternde Fremdheit zu rebellieren, die diesen Tag geprägt hatte, selbst in dem Wort *Zuhause*. Ja, selbst das Zuhause war fremd, aber es war doch ein Ankerplatz, nach dem ich mich furchtbar sehnte.

Leider war das noch nicht alles gewesen für diesen Tag. Als mein Mann in dieser Nacht nach Hause kam, brüllte er dermaßen vor Lachen, daß er sich kaum auf den Beinen halten konnte. Mit Mühe schaffte er es, mir zwischen den Lachsalven eine Frage zu stellen: »Was hast du heute nachmittag zum König gesagt?«

»Was ich gesagt habe? Woher weißt du, was ich gesagt habe? Warum?«

»Haha!« sagte er. »Es hat sich schon in der ganzen Stadt herumgesprochen, was die amerikanische Frau von Alireza zum König gesagt hat. Und Seine Majestät fand es so lustig, daß er die Geschichte während seiner Abendaudienz höchstpersönlich zum besten gegeben hat.«

»Komm, raus mit der Sprache! Was *habe* ich gesagt?« kreischte ich. »Hör auf zu lachen, *sag* es mir!«

»Also gut! Du weißt doch, daß der König Sinn für Humor hat – er weiß genau, daß du Christin bist, und er weiß genausogut, daß du kein Arabisch verstehst, aber er konnte nicht widerstehen, dir beim Abschied zu sagen, ›Wir hoffen, daß du ein Moslem wirst.‹ Du hast ihn mit der einzigen wirklich perfekten Antwort erfreut, die man darauf geben konnte. Du hast zu ihm gesagt: »›So Gott will.‹«

Ich wurde nie zum Moslem, aber unser Besuch hatte noch ein weiteres Nachspiel. Als wir an diesem Abend nach Hause kamen, erhielten wir für den folgenden Tag von Prinzessin Abdullah Al-Faisal eine Einladung zum Tee. Wir gingen zur genannten Zeit hin, die Diener nahmen uns Umhänge und Schleier ab, und wir wurden in einen Raum geführt, wo Ihre Hoheit uns herzlich begrüßte und zum Sitzen aufforderte. Ich sah mich in dem Zimmer um, das sie zu unserer Bewirtung ausgesucht hatte, und stellte fest, daß es wunderschön, nach bestem westlichem Geschmack und mit den elegantesten französischen Möbeln ausgestattet war. Wir bekamen unseren Tee aus glänzendem silbernem Geschirr auf makelloser weißer Tischwäsche; mit den Porzellantassen und -tellern hätte man selbst die Königin von England verwöhnen können. Untadelige Diener, die die Servierzangen handhabten, als seien sie damit geboren worden, füllten uns die Teller mit köstlichem Teegebäck und orientalischen Spezialitäten. Nie ist mir eine Lektion auf angenehmere Weise erteilt worden, und indem ich sie annahm, gewann ich eine Hochachtung und Zuneigung zu der Prinzessin, die von Dauer sein sollten. Es war völlig eindeutig, daß sie am Tag zuvor meine abfällige Geste bemerkt hatte und daß dies ihre Art war, mir zu zeigen, daß sie sich für ihre Lebensweise nicht zu entschuldigen brauchten, aber durchaus in der Lage waren, die unsrige zu übertreffen.

Der Anspruch, mit dem sie mich konfrontierte, war wunderbar in seinem stillschweigenden Charakter und in seinem Zweck genauso nobel wie das Verhalten der großen, liebenswürdigen Prinzessin. Ich will nicht leugnen, daß ich eine ganze Weile brauchte, bis ich dem Anspruch gerecht wurde, aber wann immer ich mich dabei ertappte, nach westlichen Maßstäben zu urteilen, versuchte ich mich daran zu erinnern, daß es kein Wettbewerb ist. Ihre Lebensweise ist gut für sie; ich mußte nur ein Gleichgewicht finden zwischen dem, was ich gewohnt war, und dem, was ich lernen mußte, und erkennen, daß beide Seiten viel zu geben haben. Meine Freundin, die Prinzessin, verstand das. Sie hatte sowohl über sich als auch über die neu angekommene Amerikanerin genug nachgedacht, um den Standpunkt zu vertreten, daß jeder sich auch in der Welt des anderen zurechtfinden kann.

KAPITEL 2

Unsere Romanze hatte am College begonnen. Man fragte uns immer, wo wir uns kennengelernt hätten, und Alis Lieblingsantwort war, er habe mich bei den Fossilien gefunden. Das stimmte auch – er sah mich zum ersten Mal, als ich auf einer paläontologischen Exkursion beim Sammeln von Fossilien auf nassem Gestein ausrutschte. Er fragte mit seinem geschliffenen britischen Akzent: »Kann ich Ihnen helfen?« Er konnte, und er tat es, und bald hatte ich eine Verabredung mit dem großen, dunklen und gutaussehenden Araber.

Ali studierte an der Universität Erdöltechnik, weil die Förderung des Erdöls damals in Arabien noch im Anfangsstadium war, und Betriebswirtschaft, weil seine Familie sowieso seit Generationen führende Kaufleute, Bankiers und Kommissionäre hervorgebracht hatte. Ich hatte Spanisch und Französisch belegt mit dem Ziel, meine Kenntnisse in Stenografie, Sekretariatsarbeit und Sprachen miteinander zu verbinden, um dann nach Südamerika zu gehen. Meine Pläne änderten sich nach anderthalb Jahren, als Ali und ich anfingen, vom Heiraten zu reden, und daran dachten, gemeinsam in Arabien zu leben. Das Problem bestand darin, daß bis dahin noch nie ein saudischer Staatsbürger ein westliches Mädchen geheiratet hatte; wir machten uns die unmöglichsten Gedanken deswegen und fragten uns, ob er vielleicht verbannt würde, wenn er mich heiratete. Das geschah natürlich nicht, aber es erforderte schon die »Erschließung von etwas Neuland«, bis der König zustimmte und die Familie ihren Segen gab. Diese Aufgabe fiel Alis acht Jahre älterem Bruder Mohamed zu. Er war es auch gewesen, der sich Jahre zuvor geduldig die Einwände der Familie angehört hatte, als es darum ging, Ali im Ausland studieren zu lassen, und der ihn schließlich doch hatte gehen lassen. Man fürchtete, der Junge würde seine Religion verlieren, die arabische Sprache verlernen und sich durch eine eventuelle Vorliebe für die westliche Lebensart von seinem Land und dessen Bräuchen entfremden. Die Tatsache, daß er nun eine amerikanische Frau mit nach Hause brachte, schien einige in ihren Befürchtungen zu bestätigen, aber Mohamed tat sein möglichstes, um das notwendige Einverständnis von allen zu bekommen. Was meine Familie betrifft, so kannten und mochten sie Ali, bezweifelten jedoch, ob eine Heirat ratsam sei, da wir aus so unterschiedlichen Verhältnissen stammten. Unter anderem machten sie sich Sorgen darüber, daß es Moslems erlaubt ist, vier Frauen zu haben. Ali erklärte ihnen ausführlich, daß der *harem* (»hariem« ausgesprochen) nicht das sei, was sie sich darunter vorstellten, sondern das respektvolle Wort für alle Frauen einer Familie: Mütter, Töchter, Tanten, Großmütter usw. Er sagte, eine einzige Frau würde ihm völlig genügen, und versicherte ihnen, daß er mich liebe und respektiere.

Bevor wir uns offiziell verlobten, ging Ali noch einmal all die Dinge mit mir durch, die von mir als Frau eines Arabers verlangt würden, und alles, was für mich an der arabischen Lebensart fremd sein würde. Anstelle von Zärtlichkeiten bekam ich an unserem Verlobungsabend eine weitere Litanei über das, was mich erwartete. Wir hatten natürlich schon viele Male darüber gesprochen, aber Ali wollte völlig sicher sein, daß ich alles wußte, was es zu wissen gab – ein Verhalten, das ich sehr lobenswert fand und das mich sicher machte.

Daher wußte ich, ich würde einen Schleier tragen müssen und würde kein gesellschaftliches Leben haben, wie ich es aus Amerika kannte – keine Partys, kein Kino, keine Essen in Restaurants. Ich würde unter keinen Umständen allein auf die Straße gehen dürfen, auch nicht in ein Geschäft, oder überhaupt irgendwelche Einkäufe selbst erledigen können. Das Leben in Arabien würde für mich fast ausschließlich zu Hause stattfinden, und das noch nicht einmal in meinem eigenen Heim. Ich würde mit der restlichen Familie zusammenleben, mit meiner verwitweten Schwiegermutter als Hausherrin, meinem Schwager Mohamed und seiner Frau und deren fünf Kindern. Und Zainab würde da sein; sie war die älteste Schwester (nur fünfzehn Jahre jünger als ihre Mutter), die zusammen mit ihrem Sohn in das große Haus in Dschidda zurückgekehrt war, nachdem sie sich von ihrem Mann getrennt hatte. Tagsüber oder abends würde ich Besuche machen können, wobei Besuche und Feiern jedoch nur innerhalb der Familie oder im Kreis anderer Frauen stattfinden würden.

Das gesellschaftliche Leben – bzw. dessen Fehlen – war nicht die einzige drastische Veränderung, der ich ausgesetzt sein würde. Das Wetter sollte unangenehm heiß und feucht sein, unsere Wasservorräte knapp. Die Stadt habe keine Stromversorgung, aber Fliegen und Krankheiten, Moskitos und Malaria und nur unzulängliche sanitäre Anlagen. Kaum Ärzte, medizinische Einrichtungen praktisch gar nicht, Erholungsparks und Spielplätze existieren nicht, und wenn es sie gäbe, hätte ich nichts davon. Selbst das Schwimmen im Meer sei eines der vielen Privilegien, die da noch völlig den Männern vorbehalten seien.

Das Bild, das Ali zeichnete, war in der Tat düster, aber ich sagte trotzdem ja, und die Heiratspläne machten Fortschritte. Der einzige, der danach noch Bedenken hatte, war Mohamed. Nachdem er uns die Heirat ermöglicht hatte, fing er auf einmal an, sich darum zu sorgen, daß mein Mädchenname Likowski vielleicht jüdisch sei (was er nicht ist), und was für ein Typ Mensch ich sein möge. Erstere Befürchtungen konnten zerstreut werden; um jedoch auch bei letzteren sicherzugehen, bat er einen befreundeten amerikanischen Diplomaten, Mr. E. Burke Smith, mich aufzusuchen und zu begutachten, wenn er in die Vereinigten Staaten käme, und ihm über das Ergebnis Bericht zu erstatten. Ali und ich gingen also mit ihm essen, und irgendwann während des Hauptganges war Mr. Smith anscheinend so zufrieden, daß er den wahren Grund seines Besuches eingestand, was er vermutlich nicht getan hätte, wenn seine Entscheidung zu meinen Ungunsten ausgefallen wäre. Den Ausschlag für sein Urteil gab wahrscheinlich die Tatsache, daß ich kein Make-up auf den Augen hatte und keine falschen Wimpern trug. Das war zweifellos seine eigenen Kriterien, denn ich war mir sicher, daß Mohamed an etwas anderes gedacht hatte.

Ich machte mein Examen im Juni 1943, unsere Hochzeit wurde für Oktober festgesetzt. Der ursprüngliche Termin wurde dreimal verschoben, da Ali sich nicht freimachen konnte. Er begleitete Seine Königliche Hoheit Prinz Faisal Al-Saud, damals Vizekönig und Außenminister von Saudi-Arabien, auf einem offiziellen Besuch in den Vereinigten Staaten, und der Prinz verschob aus irgendwelchen Gründen ständig seine Abreise. Ali hatte gute Gründe, ihm noch nichts von unserer Heirat zu erzählen, und so mußten wir jedesmal unsere Hochzeit verschieben, wenn Prinz Faisal wieder einmal seine Rückreise nach Arabien hinauszögerte.

Der Feier bei mir zu Hause in Long Beach wohnten nur ein paar Freunde und enge Verwandte bei. Die meisten waren Araber, die an den Universitäten von Berkeley oder Los Angeles studierten. Alis Trauzeuge, Mohamed Mohamed Moughazi, ein langjähriger Freund und Schulkamerad, mußte seine Rolle bei der Zeremonie um ein Haar in

Strümpfen spielen, weil er die Schuhe zu seinem Anzug bei einem ägyptischen Freund in Los Angeles gelassen hatte. Ihm war telefonisch zugesichert worden, daß er sie rechtzeitig bekommen würde, aber als das Haus sich allmählich mit Gästen füllte und die Musiker sich anschickten, den Hochzeitsmarsch zu intonieren, tapste der Trauzeuge immer noch in schwarzen Socken herum.

Auf der dringenden Suche nach dem Überbringer der Schuhe stand meine Mutter am Eingang, begrüßte jeden neuen Gast mit einem Lächeln, hieß Leute willkommen, die sie nicht kannte und deren Namen sie nicht aussprechen konnte, und ließ begierig jeder Begrüßung mit unterdrückter Stimme die Frage folgen: »Haben Sie die Schuhe?« Noch hatte sie die Gefühle, die jede Mutter bei der Heirat ihrer Tochter hat, gut im Griff; aber sie gab zu, daß die arabischen Gesichter und die arabische Sprache, von denen ihr Wohnzimmer erfüllt war, allmählich an ihrer Gelassenheit nagten. Diese kam dem Kippen gefährlich nahe, als einer der Eintretenden, ein dunkeläugiger, kugelrunder, bebrillter Ägypter namens Hosni, sich förmlich über ihre rechte Hand beugte und ein Paar Lackhalbschuhe, Größe elf, in die linke gleiten ließ. Und das geschah keine Sekunde zu früh. Wir nahmen gerade unsere Plätze ein, und es gab im ganzen Haus keinen Mann, der Moughazi hätte Schuhe leihen können.

Nach einer kurzen Hochzeitsreise ins Russian River Country in Nordkalifornien lebten wir glücklich, aber sicherlich nicht feudal in einem Apartment nahe dem Universitätsgelände von Berkeley. Wir mußten auf jeden Cent achten, da der Krieg das Überweisen von Geld aus dem Ausland problematisch machtey; und obwohl Alis Geldgeber seinen Scheck um 30 Dollar aufstockten, als er heiratete, bekam er nur 120 Dollar im Monat. Moughazi wohnte im selben Korridor, er kam sonntags immer zum Waffelessen vorbei und nervte bei geselligen Treffen, weil er ewig eine »Sparpuppe« herumgehen ließ, die meine Mutter spaßeshalber mit Doktorhut und Talar aus schwarzem Kreppapier bekleidet hatte, als ich mein Examen bestand. »Für die Ausbildung von Junior«, pflegte er zu sagen, dann wartete er, bis jedermann sein Kleingeld zur Unterstützung des nichtexistenten Juniors darin deponiert hatte. Mit der Zeit türmte sich das Kleingeld, und Mo zog uns damit auf, daß er seinen Teil zur Pflichterfüllung beigetragen habe, aber keine Anzeichen dafür sehe, daß wir jetzt das Unsrige tun würden. Er war überglücklich, als er erfuhr, daß der Bezieher seines »Ausbildungsfonds« im nächsten Frühjahr zur Welt kommen würde.

Unsere Tochter Hamida, deren arabischer Name »lobenswert« bedeutet, wurde am 7. März 1945 geboren. Sie war blond und blauäugig und eine Freude für jedermann. Die arabische Familie telegrafierte herzliche Glückwünsche und fügte hinzu, daß es am Tag der Geburt geregnet habe, ein Zeichen, daß dem Kind viel Glück beschieden sei und es uns viel Glück bringen werde. Wir konnten uns auch nichts anderes vorstellen. Zur allgemeinen Überraschung freute Ali sich darüber, daß sein Erstgeborenes ein Mädchen war – man glaubt, Araber hätten lieber Söhne. Ali hatte jedoch schon immer behauptet, das Baby werde nicht nur ein Mädchen, sondern auch blauäugig sein. Er behielt recht und meinte: »Ich hab's euch ja gesagt«, aber meine Mutter hielt ihm entgegen, daß alle Babys bei der Geburt blaue Augen haben und Hamidas ganz bestimmt braun werden würden. Sie schlossen eine Wette über zehn Dollar ab und stritten sich ein ganzes Jahr lang darüber. Mutter bat Ali in ihren Briefen eindringlich, sie doch auf jeden Fall zu informieren, sobald die Augen braun würden, und Ali drängte sie umgekehrt, ihre Niederlage einzugestehen und ihre Schulden zu bezahlen. Als ich einmal zusammen mit Hamida zu Hause auf Besuch war, während sich Ali auf einer Geschäftsreise befand und eines Tags bei uns anrief, verwandelte meine Mutter seine Schadenfreude in einen gequälten Aufschrei: Sie erzählte ihm, daß ihr morgens beim Baden Hamidas aufgefallen sei, daß ein Auge blau und das andere braun sei. Aber Mutter hatte verloren und bezahlte schließlich. Sie schob eines Abends eine Zehndollarnote unter Alis Teller, auf die sie die folgenden Worte geschrieben hatte: »Die Augen haben gesprochen.« Er bewahrte sie jahrelang in einem kleinen Winkel seiner Brieftasche auf, und soweit ich weiß, befindet sie sich dort immer noch.

Ali arbeitete hart für sein Studium, aber er konnte es nicht beenden. Die Geschichte klopfte eines Morgens an unsere Tür: in Form eines Telegramms von Seiner Majestät König Ibn Saud von Saudi-Arabien, der Ali zum Delegierten bei der Friedenskonferenz von San Francisco ernannte, die für den 25. April 1945 einberufen worden war. Das Telegramm war einfach an »Ali Alireza, USA« adressiert, aber es erreichte uns, weiß der Himmel, auf welchen Wegen, und brachte unser Leben in den folgenden Tagen ganz schön durcheinander. Unsere anfängliche freudige Erregung darüber, daß Ali von seinem König für diese Aufgabe ausgewählt worden war, wich langsam, als wir uns vergegenwärtigten, was auf ihn zukam. Alle Prinzipien, Hoffnungen und Bestrebungen einer nach Frieden suchenden Welt sollten in diesen organisatorischen Versuch, einen durchführbaren Plan zu finden, kanalisiert werden, und wenn die Weltbevölkerung bei diesen Bemühungen vertreten sein würde, dann war die Teilnahme eine große Ehre und Verantwortung.

Vom Nachrichtenwert her gesehen barg Alis Ernennung alle Voraussetzungen für einen großen Sonderbericht – KÖNIG BERUFT 23JÄHRIGEN ARABISCHEN STUDENTEN oder DER JÜNGSTE DELEGIERTE DER FRIEDENS-

KONFERENZ –, und der Reporter, der den Knüller bekam, hatte genau dies im Sinn, als er wegen eines Interviews an der Tür klingelte. Ich werde sein Gesicht nie vergessen, als ihm bewußt wurde, daß er zwei Storys auf einmal serviert bekam. Dieser Araber war nicht nur der jüngste Delegierte bei der Konferenz, er war auch mit einer Amerikanerin verheiratet und Vater einer drei Wochen alten Tochter – was für eine Story! Der verblüffte Reporter fiel fast über meine Füße, als er zum Telefon stürzte, um seine Redaktion anzurufen: »Ich hab den Volltreffer gelandet – schickt schnellstens einen Fotografen her!« Der Fotograf kam, die Story wurde veröffentlicht, und in den nächsten Tagen brach eine Flut von weiteren Reportern und Fotografen über uns herein, die zwar den großen Knüller verpaßt hatten, aber ihre eigene Story und ihre eigenen Bilder haben wollten.

Diese Zeitungsfotos waren die letzten Bilder eines glattrasierten Ali; ich sollte ihn nie wieder ohne den Bart sehen, den alle saudischen Männer tragen müssen und den er sich für die neue Aufgabe wachsen lassen mußte. Es wurde vereinbart, daß er die von Seiner Königlichen Hoheit Prinz Faisal Al-Saud geführte arabische Delegation bei ihrer Ankunft in New York treffen und dann auf dem Flug nach San Francisco begleiten würde. Er mußte sich zunächst von der Universität beurlauben lassen; als er dem Dekan erklärte, warum er eine Zeitlang nicht an den Kursen teilnehmen könne, war er sich seines ungepflegten Aussehens durchaus bewußt und glaubte eine Erklärung schuldig zu sein. Seine Entschuldigung ist sicherlich einzigartig in den Annalen der Universität. Er rieb sich mit den Fingern über das Stoppelkinn und sagte zum Dekan: »Bitte entschuldigen Sie meine unrasierte Erscheinung, aber auf Anordnung meiner Regierung muß ich mir einen Bart wachsen lassen.« Er ließ ihn wachsen, und der Bart blieb, gewollt oder ungewollt.

Die Eröffnung der Friedenskonferenz war von vielen Fahnen und großem Gepränge begleitet. Die Hoffnungen auf einen Erfolg des Treffens flogen hoch, die Einwohner von San Francisco waren sich ihrer Ehre als Gastgeber bewußt und hießen jede einzelne Delegation enthusiastisch willkommen. Die aufsehenerregendste Gruppe war zweifellos die saudiarabische. Sie waren hier, um die moderne Geschichte mitzugestalten, aber in ihren goldschwarzen Kopfbedeckungen, ihren langen weißen Gewändern und den Umhängen aus Kamelwolle mit goldenen Bordüren und Quasten sahen sie eher wie Gestalten aus der Vergangenheit aus. Die bärtigen Männer, ob königliche Prinzen oder nubische Leibwächter, zogen ein unglaubliches Interesse auf sich. Ihre Fotos füllten die Zeitungen, und die Menschen kamen in Scharen zu ihrem Hotel in der Hoffnung, einen Blick auf sie zu erhaschen.

Manche glaubten, daß diese Araber kein Englisch könnten, und einmal, als Prinz Faisal mit seinem Gefolge aus dem Hotelaufzug trat, hörte man eine Dame schwärmen: »Oh, sie sind so wild, so romantisch!« Die Augen geradeaus gerichtet und mit kaum merklich aufflatterndem Kopftuch antwortete Ali ihr aus dem Mundwinkel: »Oh, gnädige Frau, da sollten Sie uns erst mal zu Pferde sehen!« Ein paar Tage später verging ihm seine Heiterkeit, als er, schon auf halbem Weg die Hoteltreppe hinunter, feststellte, daß er eine kurze Unterhose statt der langen baumwollenen unter seinem hauchdünnen arabischen Gewand trug, und zum Umkehren war es zu spät. Der Rest der Delegation ging voraus, und er mußte ihnen folgen.

Ich hielt mich, wie eine gute arabische Frau, im Hintergrund und begleitete ihn oder seine Landsmänner nie zu offiziellen Anlässen. Ich beobachtete die allgemeine Aufregung über die faszinierenden Araber und beteiligte mich daran, ohne daß die meisten Leute ahnten, daß ich ihnen auf irgendeine Weise nahestand. Eine Verkäuferin und ein Schneider eines Warenhauses in San Francisco waren völlig überwältigt von den aufregenden Aktivitäten in ihrer Stadt; während sie mir eines Tages in ein neues Kleid halfen, suchten sie sich ausgerechnet mich für diesen Tip aus: »Sie sollten unbedingt einmal zum St. Francis gehen. Da gibt es *Araber* und *alles mögliche.*« Araber und alles mögliche, kaum zu glauben! Ich war mit einem von ihnen verheiratet, und es wäre bestimmt lustig gewesen, ihre offenen Münder zu sehen, wenn ich es ihnen erzählt hätte. Aber ich sagte nichts – wahrscheinlich hätten sie mir auch gar nicht geglaubt.

Ich selbst geriet in helle Aufregung, als Ali mir mitteilte, Prinz Faisal habe den Wunsch geäußert, mich zu treffen, womit er sich über arabische Bräuche hinwegsetze, die ein solches Treffen normalerweise ausschlössen. Er habe eine Einladung zum Essen angenommen. Dieser Gedanke machte mich so nervös, daß ich in Panik verfiel. Der Prinz war Stadtgespräch, und die Ohs und Ahs, die er auslöste, waren der Beweis dafür, daß jede Gastgeberin in San Francisco alles dafür gegeben hätte, ihn zum Gast zu haben. Aber ich war zu Tode geängstigt! Was sollte ich sagen, wie sollte ich mich verhalten, was sollte ich auf den Tisch bringen? So gesehen, war das Menü noch das geringste Problem. Ich hatte gelernt, Reis und Lamm zu kochen, ich konnte Gemüse auf arabische Art mit Fleisch, Zwiebeln und Tomaten zubereiten, und ich wußte, welche Gewürze ich zu verwenden hatte; aber jedesmal, wenn mir einfiel, daß ein arabischer Prinz zum Essen kommen würde, schüttelte ich ungläubig den Kopf und staunte über den Gang der Dinge, die ihn an meine Tür führten.

Ali war ein in jeder Hinsicht sympathischer junger Mann. Und Araber, eine Tatsache, die ich in der Geborgenheit unseres amerikanischen Heims und im täglichen Leben an der Universität schon fast vergessen hatte. Ali war ein junger Mann, in den ich mich verliebt hatte und der rein zufällig aus Saudi-Arabien kam; mein geistiges Auge hatte noch nicht viele Szenen entworfen, die mich in einem arabischen Märchen zeigten. Ich wußte, was ich von Arabien zu erwarten hatte, aber nur gelegentlich verdeutlichten mir das Interesse von Freunden und das ungläubige Staunen neuer Bekannter das Ungewöhnliche unserer Heirat und die abenteuerlichen, romantischen Vorstellungen, die der magische Name Arabiens heraufzubeschwören schien. Zu allen, die mich fragten, sagte ich munter: »O ja, natürlich werde ich eines Tages in Arabien leben.« Aber Arabien war etwas, das ja erst eines Tages auf mich zukommen würde, weit, weit weg. Der Besuch Faisals brachte mir Arabien zum ersten Mal wirklich nahe, und der fliegende Teppich hob letztlich vom Boden ab, als dieser arabische Prinz zu Besuch kam.

Faisals feingeschnittenes Gesicht und seine liebenswürdige Art beeindruckten mich enorm. Sein Englisch war weitaus besser, als ich geglaubt hatte, und bald stellte sich eine heitere, zwanglose Atmosphäre ein. Er war stolz wie ein kleiner Junge, daß es ihm gelungen war, Mr. Tubbs, dem Sicherheitsbeamten des amerikanischen Außenministeriums, zu entwischen, und lehnte sich entspannt auf unserer Couch zurück. Mit ihm war Scheich Ibrahim Sulaiman, Raiis Ad-Diwwan* gekommen, dessen warme braune Augen sehr jung wirkten und in auffälligem Kontrast zu seinem vorzeitig ergreisten Haupt- und Barthaar standen. Er sprach nicht so gut Englisch wie Prinz Faisal, aber demonstrierte seine Bereitschaft, es zu lernen, indem er bei jeder Wendung des Gesprächs ein Notizbuch zückte, um sich die Wörter zu

* Chamberlain

notieren, die ihm neu waren. Beide Männer sahen in westlicher Geschäftskleidung genauso vornehm aus wie in ihren Gewändern, und Prinz Faisal sagte mir, wie gut ihm diese ungezwungene, freie Zeit in privatem Rahmen tue. Er hielt Hamida eine halbe Stunde lang auf seinem Schoß und erstaunte mich damit, daß er lange und ausführlich über Dinge wie die Fütterungszeiten von Kindern, ihre Schlafgewohnheiten, das Alter, ab dem man feste Nahrung verabreicht, und das Zahnen sprach. Er war so charmant und sympathisch, daß ich mich fragte, wie ich jemals nur Angst gehabt haben konnte, ihm zu begegnen.

Ich mußte mich von Zeit zu Zeit entschuldigen, um in der Küche nach dem Rechten zu sehen. Meine häufige Abwesenheit vor und während des Essens irritierte den Prinzen so, daß er sich genötigt sah, Ali ein paar Tage später nach dem Grund zu fragen. Er war verblüfft zu hören, daß es einfach so war, daß ich alles allein gemacht hatte. Ihm sei nie in den Sinn gekommen, daß wir vielleicht keine Bediensteten hätten, und bei seinem Besuch habe er sich gewundert, warum ich sie alle in der Küche versteckt hielt.

Wir saßen drei Stunden lang zusammen, und der Besuch blieb mir in bleibender Erinnerung. Ich sagte mir, ich hab's geschafft, ich hab's geschafft! Und ich fühlte mich meinem anderen Ich, das im Vorfeld des Zusammentreffens vor Furcht gezittert hatte, in der Tat so überlegen, daß ich mir schwor, niemals preiszugeben, daß ich in nervöser Hast die Treppe hinuntergefallen war, als der Wagen des Prinzen vorfuhr. Das war es nicht, was Ali gemeint hatte, als er sagte: »Sei einfach du selbst«; aber gleich einem Wunder lief alles wie selbstverständlich ab, und ich fand heraus, daß königliche Hoheiten und Adlige ebenfalls sie selbst sein können.

Ali brachte ab und zu saudische Freunde aus der Delegation mit nach Hause, deren Mußestunden für mich jedoch

Augenblicke der Verzweiflung bedeuteten. Sie ließen mir nie mehr Zeit, als man für die Überquerung der Bay Bridge braucht, um »etwas Eßbares auf den Tisch zu zaubern«. In Arabien wäre es mir nie erlaubt gewesen, diese Männer zu treffen, aber wir waren nicht in Arabien, und Prinz Faisals Besuch hatte die Tür geöffnet. Wie dem auch sei, sie wurden ebenfalls meine Freunde. Hin und wieder fiel mir auf, daß ich die einzige »Ausländerin« im Raum war und von dem Stimmengewirr, das mein Haus erfüllte, nichts verstand. Aber ich war dankbar dafür, daß sie mich so voll und ganz akzeptierten, und wenn die Verständigung auch problematisch war, so tat dies ihrer guten Laune und ihrer Freundlichkeit keinen Abbruch.

Dank Scheich Ibrahim, der unablässig davon sprach, genoß mein Reis einen exzellenten Ruf; selbst wenn das Hauptgericht aus überbackenen Käsesandwiches bestand, war deshalb eine Platte voll Reis als Beilage stets ein Muß. Selbstbedienung war meinen arabischen Freunden neu, aber sie machten alles und packten bereitwillig mit an, wobei sie sich auch für Küchenarbeit nicht zu schade waren, wenn die Zeit es erlaubte. Wenn die Zeit es nicht erlaubte, flüchteten sie direkt nach dem Essen, nicht ohne sich aufrichtig für die Erholungspause von offiziellen Verpflichtungen und Ausschußsitzungen bedankt zu haben.

Wir veranstalteten mit den Saudis Musiksessions bei uns zu Hause, Picknicks im Park, Ausflüge aufs Land und Abende, an denen wir in den unzähligen, ausgezeichneten Restaurants von San Francisco essen gingen. Eines Sonntags, als wir uns verabschiedeten, legte Prinz Faisal Wert darauf, mir zu sagen, daß der Tag, den wir gerade gemeinsam verbracht hatten, der schönste auf seiner Reise in die Vereinigten Staaten gewesen sei. Aus diesem und anderen Gründen werde ich diesen Tag nicht so bald vergessen.

Alles hatte damit begonnen, daß Ali am Nachmittag zuvor mit der Nachricht hereingeplatzt war, daß die Gruppe ein Picknick geplant habe und die Vorbereitung – natürlich – unsere Aufgabe sei. Es gab eine Menge zu besorgen, und diese Aufgabe überließ ich ihm, ohne daran zu denken, daß seine Einkaufsbummel fast immer dazu führten, daß er unrealistische Mengen solcher Dinge wie eingelegte Heringe, Camembert, Rollmöpse, Kaviar, Pasteten mit ausgefallenen Füllungen, Chutneys und andere exotische Kreationen herbeischaffte. Und tatsächlich – er kam mit all den obengenannten Dingen nach Hause; darüber hinaus brachte er noch die übliche Picknickverpflegung, wie Hot dogs (natürlich nur aus Rindfleisch, da Moslems kein Schweinefleisch essen), Kartoffelchips, süße Brötchen, gebackene Bohnen und Dillgurken, mit. Am nächsten Morgen machte ich Kartoffelsalat und Hamburgerfrikadellen, packte die Körbe, und um elf Uhr, als der ganze Picknickverein bei uns aufkreuzte, war ich mit allem fertig.

Wir luden die Leckerbissen ein, setzten uns in die von Chauffeuren gesteuerten Limousinen, und los ging's, Richtung Tilden Park, mit einem Prinzen auf jeder Seite und ein oder zwei bärtigen Diplomaten auf den Notsitzen. Hinzu kamen vereinzelte Beamte des Außenministeriums in Begleitung ihrer Freunde. Unter den starren Blicken sonstiger Picknickfreunde entluden wir die Autos, suchten uns Tische, wo wir das Essen deponierten, und drehten auf dem See erst einmal eine Runde mit Booten, die von Prinz Faisal, seinem Bruder Prinz Mohamed und seiner Exzellenz Scheich Ibrahim gesteuert wurden. Es ging immer wieder rund, und die Prinzen platschten so mit ihren Rudern ins Wasser, daß wir Passagiere gut durchnäßt waren, bis die Verleihzeit abgelaufen war. Später erzählten sie uns, daß sie zum ersten Mal ein Boot gerudert hätten, und wir glaubten es ihnen gerne.

Das Essen war ebenfalls ein Erlebnis: ein fröhliches Gedränge von Gästen, die nie zuvor ihr Fleisch selbst gegrillt und ihre Teller selbst gefüllt hatten. Wir wußten vorher, daß wir das ein oder andere Mal wahrscheinlich den Namen »Hot dogs« würden erklären und dabei versichern müssen, daß der Name eines Erzeugnisses nicht unbedingt etwas – und in diesem Fall eindeutig *nichts* – mit dem Inhalt zu tun hat; aber es kam uns doch befremdlich vor, daß das zweifellos ungewöhnliche Essen, das Ali eingekauft hatte, wie selbstverständlich zusammen mit diesen eher üblichen Picknickzutaten seine Abnehmer fand. Der Spaß, den die Araber dabei hatten, führte zu einigen seltsamen Kombinationen. Ich beobachtete staunend, wie Prinz Faisal sein Lieblingssandwich des Tages »baute«: ein Hot dog auf einem süßen Brötchen, darauf Käse und Kopfsalat, und das alles hübsch ergänzt mit – ausgerechnet! – Kaviar. Er fand, das schmecke köstlich, und er bekam zwei davon herunter, bevor der einsetzende Regen uns zwang, die Party in unser Haus zu verlegen, wo Kaffee und Kuchen das Essen beendeten, aber das Vergnügen noch lange nicht. Einer unserer verehrten arabischen Freunde, der in seinem Land als brillanter Schwerttänzer bekannt war, gab unter allgemeinem Jubel einen Jitterbug zu dem Lied »Jersey Bounce« zum besten. Später am Abend sorgte Prinz Faisal dafür, daß mir beim Abwasch geholfen wurde, was meine Sammlung um eine weitere Erinnerung bereicherte, nämlich die an wahre arabische Kavaliere, die mit einigen meiner besten Küchenschürzen geschmückt ihre häusliche Pflicht taten.

Bei der saudischen Delegation befand sich ein religiöser Scheich, ein Mann, der den Koran und seine Gesetze kannte und daher befugt war, Eheschließungen vorzunehmen. Wir beschlossen, die Anwesenheit des Scheichs dazu zu nutzen, eine moslemische Heirat als Gegenstück zu unserer standesamtlichen zu vollziehen, und so wurden die Vorbereitungen dazu getroffen. Unsere Zeremonie im Jahre 1943 wurde von Richter Martin DeVries aus Long Beach, Kalifornien, durchgeführt, und der moslemische Ritus im Jahre 1945 von Scheich Khalil Rawaf aus Saudi Arabien. Als Trauzeugen fungierten diesmal Mitglieder der von Prinz Faisal angeführten arabischen Gruppe. Ungeachtet der Tatsache, daß der Anlaß eigentlich ein feierlicher war, lief unsere moslemische Hochzeit irgendwie aus dem Ruder und stand in puncto Ausgelassenheit unseren vorherigen improvisierten Treffen in nichts nach. Bei meinen Versuchen, den arabischen Worten zu folgen und sie dann nachzusprechen, konnten sie ihr Lachen schon nicht mehr zurückhalten, und als Scheich Khalils Erklärung, daß wir jetzt Mann und Frau seien, vom Schreien unserer Tochter Hamida begleitet wurde, war es mit der Feierlichkeit endgültig vorbei. Da es unter Arabern den Brauch gibt, daß der Bräutigam der Braut als Garantiesymbol ihrer Verbindung Geld überreicht, gab Ali mir fröhlich einen einzigen Penny. Dann wurde Hamida hereingebracht und durfte auf allen Knien reiten, während das Gästebuch herumging. Scheich Ahmed Abdul Jabbar, ein Dichter und Gelehrter, der schon mehrere Bücher veröffentlicht hatte, hielt sich an einen anderen arabischen Brauch, indem er aus dem Stegreif ein paar Verse dichtete und dem glücklichen Paar gewidmet ins Buch eintrug. Er improvisierte noch ein paar weitere Verse, und wenn diejenigen, die er ins Gästebuch geschrieben hatte, auch ernsthaft und schön gewesen sein mögen, so waren die anderen es bestimmt nicht, aber es war sicherlich ein Zeugnis für die gute Laune, die die Szene beherrschte. Es wäre interessant zu wissen, wieviel sie durch die Übersetzung verloren.

Als unsere Gäste schließlich zu ihren Pflichten in San Francisco zurückkehrten, brach ich auf dem Kissen der

Stille, die sie hinterließen, zusammen und dachte, ich hätte geträumt. Ich nahm mir das Gästebuch mit seinen Seiten voller arabischer Eintragungen. Diese verstand ich genausowenig wie die Reden, die ich gehört hatte, aber wenigstens bewies das Buch, daß ich mich in der Realität befand. Ali hatte nicht einmal Zeit gehabt, die halbe Seite ins Englische zu übertragen, die Prinz Faisal an dem Tag geschrieben hatte, als er bei uns zu Besuch war, und der Himmel weiß, wann ich erfahren würde, was in unserem Gästebuch stand. Ich schüttelte den Kopf über meine eigene arabische Unterschrift unter dem Ehevertrag und hatte das Gefühl, gerade in irgendeinen geheimen Klub eingeführt worden zu sein, dessen Regeln ich alleine herausbekommen mußte. In meinem Wohnzimmer hatte ich in den letzten Wochen Männer gesehen, die in authentischer biblischer Kluft gekleidet waren, ich hatte einen nubischen Leibwächter beobachtet, wie er seinen Patronengürtel ablegte und seinen juwelenbesetzten Dolch zu einer Seite schob, damit er mein Kind auf der anderen halten konnte, und ich hatte von einem Prinzen eine Halskette geschenkt bekommen, die Kleopatra ihr eigen genannt haben könnte. Dies waren alles tatsächliche Begebenheiten, die mir jetzt jedoch sehr unwirklich erschienen, und die Seite voll arabischer Schriftzeichen, die vor mir lag, das waren Hieroglyphen für mich. Ich fand es lustig, daß in den Ereignissen, die in der letzten Zeit mein Leben bestimmt hatten, alles, was glitzerte, Gold war, aber die Zeremonie, die mich an das Leben eines Arabers band, mit einem Kupferpenny besiegelt wurde. Hätte man mich gefragt, was der Penny für mich bedeute, so hätte ich geantwortet, daß ein amerikanisches Wohnzimmer ein schlechter Platz für den Testflug auf einem arabischen Zauberteppich ist.

Die Verwandlung von einer amerikanischen Hausfrau und Mutter am Tag in eine juwelenbedeckte Tischgenossin von arabischen Prinzen und Fürsten am Abend war eine Umstellung, die mir zu schaffen machte. Die Tatsache, daß ich mich in gewohnter Umgebung befand, wirkte einerseits mäßigend auf diese seltsame Situation, trug jedoch andererseits dazu bei, sie zu verstärken, da ich ständig zwischen Glamour und Alltag hin und her pendelte. Ich sagte mir immerzu, daß ich Privilegien genoß, die den verschleierten Frauen Arabiens vorenthalten waren; wenn diese Männer in Arabien in mein Haus kämen, müßte ich mein Gesicht vor ihnen verbergen. Das waren phantastische Bedingungen für ein phantastisches Leben. Bis dahin hatten meine Ausflüge in die arabische Welt in meinen eigenen vertrauten Wänden begonnen und geendet, aber durch diese Schutzwand brachen oft ernste Gedanken, und manchmal fürchtete ich mich vor dem, was mich in Arabien erwarten würde. Die offene Freundschaft der Araber, die ich kannte, trug viel dazu bei, meine Zweifel zu zerstreuen; trotzdem begann ich mich zu fragen, wie es sein würde, wenn ich nicht mehr in meine gewohnten amerikanischen Verhältnisse zurückkehren könnte. Würde ich mich in Arabien an das dortige Leben anpassen, wenn mein Gesicht verschleiert wäre und Mauern mich genauso einschlössen wie die Wüstenstadt, in der ich leben würde? Ich wußte es nicht; aber ich entscheide mich gewöhnlich dafür, der Begeisterung für das Bekannte den Vorzug gegenüber den Sorgen über das Unbekannte zu geben, und das war auch diesmal gut so.

Kapitel 3

Alis Pläne, an die Universität zurückzukehren, wurden nie Wirklichkeit. Nach der Friedenskonferenz blieben Prinz Faisal und seine beiden Brüder, Seine Königliche Hoheit Prinz Mohamed und Seine Königliche Hoheit Prinz Khalid, sowie sein Sohn, Hoheit Prinz Abdullah, und dessen neunjähriger Bruder, Seine Königliche Hoheit Prinz Nawaf, mit dem Rest der Delegation noch einen weiteren Monat in Amerika. Ali befand sich bei ihnen in New York, als beschlossen wurde, daß er nach Arabien zurückkehren solle, um für Prinz Faisal im Außenministerium zu arbeiten. Ende Juli rief er mich von dort aus an, um mir mitzuteilen, daß ich rechtzeitig zur Abfahrt der *Queen Mary* nach London am 6. August in New York sein müsse. Fassungslos ob dieser unerwarteten Wendung meines Lebens, protestierte ich mit dem Argument, daß Hamida mit viereinhalb Monaten noch viel zu klein zum Reisen sei, behauptete beharrlich, daß ich in Reiseangelegenheiten viel zu unerfahren sei, um alles allein erledigen zu können, und wurde schließlich fuchsteufelswild, daß ich dazu gezwungen war.

Es mußte sein, und so tat ich es; aber es war eine furchtbare Hektik, zu packen und den Rest zu verschicken, das Auto zu verkaufen, mit einem von Impfungen betäubten Arm herumzulaufen, Geburtsurkunden und notarielle Bestätigungen einzuholen, einen Paß zu beantragen, Abschlußrechnungen zu begleichen, Reservierungen zu tätigen und die Fahrkarten abzuholen. Irgendwie schaffte ich es, mit Sack und Pack und Baby rechtzeitig am Zug zu sein, aber als ich erst einmal sicher im Abteil saß, wurde ich von meinen

Gefühlen wieder eingeholt. Ich war zwei Jahre alt, als meine Eltern mit mir von Oklahoma nach Kalifornien zogen, und seitdem war ich aus diesem Staat nie hinausgekommen. Deshalb traf es mich jetzt sehr hart, daß ich tatsächlich dabei war, mein Zuhause, meine Familie und Amerika zu verlassen, um in das so weit entfernte Arabien zu ziehen. Meine Mutter war während der letzten Tage bei mir, aber als die Abreise bevorstand, bat ich sie, mich nicht am Bahnhof zu verabschieden. Wir trennten uns einfach am Portal – sie ging zum Zug nach Long Beach, ich zu den Zügen, die Richtung Osten fuhren. Ich brachte es nicht über mich, die Worte »Auf Wiedersehen« auszusprechen.

Nachdem ich so große Mühen auf mich genommen hatte, um rechtzeitig in New York zu sein, wurde die Abfahrt um vier Tage verschoben, und wir nutzten die gewonnene Zeit für Einkäufe. Wir kauften Geschenke für Alis Familie, verschiedene Dinge für uns selbst und Babynahrung, die im Mittleren Osten schwer zu bekommen war. Wir waren auf die besondere Hilfe des Außenministeriums angewiesen, damit mein Paß rechtzeitig fertiggestellt wurde, und benötigten dessen Hilfe ebenfalls bei der Beschaffung von hundert Dosen Büchsenmilch, die in Amerika immer noch rationiert war. Als der Paß per Expreß aus Washington kam, brachen wir auf, um uns auf der *Queen Mary* einzuschiffen, und Mr. Brown, ein Freund, war uns bei den Formalitäten behilflich. Wir waren nur eine Handvoll Zivilisten neben den vielen Soldaten, die mit uns fuhren, und unser Steward betonte, wie ungewohnt es sei, ein Kind an Bord zu haben. Sie hätten sechs Jahre lang nur Soldaten transportiert, und erst auf den letzten beiden Fahrten seien Kinder als Passagiere zugelassen worden.

Die Prinzen, Scheich Ibrahim und der freundliche Murzug mit seinen Goldzähnen, der früher königlicher Scharfrichter gewesen und jetzt der persönliche Leibwächter von Prinz Faisal war, waren während der ganzen Reise regelmäßige Besucher in unserer Kabine; aber wir fanden bald heraus, daß Hamida die eigentliche Attraktion war. Prinz Faisal kam eines Morgens in arabischer Kleidung, und als er Hamida auf seinem Arm hielt, war sie so angetan von seinem von Goldfäden durchzogenen königlichen *igal*, daß er ihn abnahm und ihr gab. Sie ließ ihn ein paarmal fallen, ergriff dann seine weiße *sumada* und zog solange daran herum, bis das Tuch schief über seinem Gesicht bis zur Nase hinunterhing. Nun gezwungen, zu schielen, machte Prinz Faisal weiter, als wäre nichts passiert, aber Ali und ich konnten bei seinem Anblick das Lachen nicht zurückhalten. Er ignorierte unser Gekicher und machte keine Anstalten, Hamida Einhalt zu gebieten; er meinte nur, wir sollten uns um unsere eigenen Angelegenheiten scheren, als wir versuchten, sie davon abzuhalten. Trotzdem war er es, der ihr schließlich befahl, mit dem Spaß aufzuhören, als sie ihr Interesse seinem Bart zuwandte, fest zupackte und bewies, daß er echt war.

Unsere Reise auf der *Queen Mary* war zufällig deren erste Heimfahrt nach sechs Jahren Krieg, und als wir in den Hafen einliefen, bot sich uns ein wunderbarer Anblick. Viele kleine, mittlere und große Boote waren gekommen, um sie zu begrüßen, und jedes kleine Tuten wurde von der *Queen* großmütig mit einem mächtigen Dröhnen aus dem Nebelhorn beantwortet. Auf dem Dock war eine Ehrengarde aufmarschiert, der Bürgermeister erschien in einer prächtigen roten Uniform, und als wir anlegten, spielte ein Orchester auf. Es waren auch Beamte der britischen Regierung anwesend, die angeblich Prinz Faisal begrüßen sollten; aber falls sie wirklich eine besondere Begrüßungszeremonie für ihn geplant hatten, so ging diese in den allgemeinen Freudendemonstrationen verloren.

Unsere Reisegesellschaft wurde in Regierungslimousinen die vierundsiebzig Meilen bis nach London gefahren, wo wir die nächsten zwei Wochen damit verbrachten, uns die Stadt anzusehen, ins Theater zu gehen, Einladungen anzunehmen und uns als Würdenträger behandeln zu lassen. Ich fing an, mich daran zu gewöhnen, die einzige Frau in der Gruppe zu sein, wenn ich in Gesellschaft der arabischen Hoheiten durch die Gegend trottete; aber die alltäglichen Pflichten sorgten dafür, daß ich mit den Füßen auf dem Boden blieb. Obwohl Ali und ich uns im Savoy eine Suite mit unserem guten Freund Prinz Abdullah teilten, mußte ich Hamidas Windeln immer noch selber im Waschbecken waschen und die Seife dafür jedesmal erbitten oder borgen. Auch an den Abenden war es schwer, Hilfe zu bekommen, und meistens war der Portier unser Babysitter.

Meine moslemischen Freunde befanden sich im Fastenmonat Ramadan, daher wurden alle normalen Tagesaktivitäten eingeschränkt. Der Koran befreit seine Anhänger vom Fasten, wenn sie sich auf Reisen befinden, aber sobald ein Reisender irgendwo ankommt und sich dort auch nur kurz aufhält, muß das Fasten fortgesetzt werden. Einen ganzen Monat lang darf er zwischen Sonnenaufgang und Sonnenuntergang weder essen noch trinken. In moslemischen Ländern verkündet ein Kanonendonner die Morgenstunde, zu der das Fasten beginnen muß, und dessen Ende genau bei Sonnenuntergang; aber in London gab es kein solches Signal. Dort war die Sonne selten mit bloßem Auge zu sehen, deshalb mußten die offiziellen Sonnenaufgangs- und Sonnenuntergangszeiten der Tageszeitung entnommen werden. Und meine Aufgabe war es, diese Information an alle interessierten Angehörigen unserer Gruppe weiterzuleiten.

Es war schwierig für sie, den ganzen Tag zu fasten, und für mich war es ebenfalls eine aufreibende Zeit. Hamida behielt ihren normalen Tagesplan bei, die anderen schliefen den ganzen Tag und feierten die ganze Nacht – ein Rhythmus, der für mich nicht leicht durchzuhalten war. Das war aber noch gar nichts im Vergleich zu dem Aufruhr, der in der Hotelküche verursacht wurde. Sie hatten dort schon zu den üblichen Zeiten beträchtliche Probleme, für ein anständiges Essen zu sorgen, da ihnen die kriegsbedingten Verknappungen schwer zusetzten, aber unser Wunsch nach einer Hauptmahlzeit bei Sonnenuntergang und einer weiteren kurz vor Sonnenaufgang war einfach zu viel. Der Oberkellner verlor beinahe seine steife Korrektheit, und der Himmel weiß, in welche Hektik der Küchenchef verfiel. Das Problem wurde nie zufriedenstellend gelöst. Das Beste, mit dem das Hotel ab und zu aufwarten konnte, war eine Platte mit kalten Hühnchen, die allerdings köstlich waren. Meistens bestand das Sonnenaufgangsmahl der Männer jedoch aus niedlichen kleinen Sandwiches nach englischer Art, ohne Kruste, mit Brunnenkresse und Gurken belegt. Bevor der Kellner Feierabend machte, ließ er sie tablettweise auf einem Sideboard in unseren Zimmern zurück, und ich habe heute noch vor Augen, wie unsere Männer hoffnungsvoll die Servietten hochhoben, um zu spähen, was nach einem Abend in der Stadt noch ihren Appetit anregen würde. In der Hoffnung, daß die Sandwiches dadurch an Substanz gewinnen würden, ordneten wir an, man möge die Krusten daran belassen, aber bezüglich der Füllung konnten wir nicht viel tun – sie war nun einmal, wie sie war. Der Nährwert dieser Sandwiches konnte unmöglich einen ganzen Fastentag lang vorhalten, und wenn die Männer sie so mampften, ließ sich ihren Gesichtern ablesen, daß sich ihr Eßvergnügen in Grenzen hielt.

Unser glücklichster Augenblick in London – es war sicherlich für die meisten Menschen so – war, als Premierminister Clement Attlee um Mitternacht über Radio verkündete, daß der Krieg mit Japan zu Ende sei. Prinz Abdullah, Ali und ich verließen das Hotel, sobald wir die Nachricht hörten, und untergehakt drängten wir mit der Menge in Richtung Piccadilly Circus. Wir kauften uns britische und amerikanische Fahnen, sangen und jubelten vergnügt und ausgelassen mit der Menge. Als plötzlich zwei Obstverkäufer auftauchten, waren wir überglücklich, zwei Pfund Weintrauben und Pfirsiche für drei englische Pfund erstehen zu können. Obwohl die Siegeskundgebungen in dieser Nacht eine Art Massentaumel waren, machte sich wohl jeder von uns seine eigenen Gedanken darüber, was der Frieden für ihn persönlich bedeutete.

Die saudischen Prinzen statteten mir am nächsten Tag geschlossen einen Besuch ab, gratulierten mir zum Sieg der Alliierten und gaben der Hoffnung Ausdruck, daß mein Bruder Boyd, der als Marineoffizier im Pazifik war, bald nach Hause zurückkehren würde. Ich war sehr gerührt von dieser Aufwartung, die ein weiteres Beispiel für ihre große Liebenswürdigkeit war.

Protokoll und Würdenträger, ob ausländische oder sonstige, hatten in meinem Leben bisher keine Rolle gespielt, aber ich genoß meine neue Stellung. Bluffen half mir durch Situationen, die neu für mich waren; meine gute Beobachtungsgabe und mein ausgezeichnetes Gehör halfen mir dabei, die große Dame zu spielen, wenn der Anlaß es erforderte. Es gab jedoch einige Dinge, die ich mir nicht nehmen lassen wollte, wie zum Beispiel, mit dem Baby spazierenzugehen, und ich muß sagen, daß es für mehr als ein paar hochgezogene Augenbrauen unter dem Hotelpersonal und den Gästen sorgte, wenn ich den Kinderwagen eigenhändig durch das Foyer nach draußen und zur Themse hinunterschob.

Die Leute drehten sich ebenfalls um, wenn ich zusammen mit den Arabern das Hotel zu einem Empfang, einem Essen oder einem Wochenendausflug aufs Land verließ. Es war ein erhebender Augenblick, zu den wartenden Limousinen zu schlendern und genau zu wissen, daß jeder die großen, dunklen und gutaussehenden Araber mit größtem Interesse beobachtete und sich vermutlich wunderte, wer zum Teufel die große Blonde war, und wie sie in dieses Bild paßte. Ich fiel nicht so stark auf, wenn die Männer westliche Kleidung trugen; aber wenn sie mich in ihrem arabischen Staat umgaben, kam es vor, daß selbst ich mich manchmal fragte, was ich in ihrer Mitte zu suchen hatte.

Es war schön, daß sie mich in so viele ihrer Aktivitäten einbezogen, aber zu ihrem ehrlichen Interesse an meiner Person gesellten sich ihre fast hämischen Erkundigungen nach meinen Fortschritten als Araberin. Meine Kenntnisse des Arabischen waren noch nicht über die Beherrschung von ein paar gebräuchlichen Worten hinausgekommen. Ferner konnte ich, wenn auch recht unsicher, eine Strophe aus einer alten ägyptischen Nationalhymne singen, die mir Alis ägyptischer Zimmergenosse an der Uni beigebracht hatte. Das Gelächter, das mein nur auf Wunsch dargebotener Vortrag der besagten Hymne auslöste, sorgte regelmäßig für ein paar herunterfallende *igals*. Aber mit Prinzen zu lachen ist ein hervorragendes Gegenmittel zu den protokollarischen Pflichten, die ich sonst mit ihnen zu erfüllen hatte, und ich war mehr als froh, daß meine Freundschaft mit diesen netten Menschen über das Stadium der Höflichkeit hinausging und auch in schwierigen Situationen Bestand hatte.

Am 29. August verließen wir London. Wir flogen mit einer britischen Chartermaschine nach Kairo, wo wir alle im Shepheards Hotel abstiegen. Nie wird die Zeit die Erinnerung an meine erste Begegnung mit dem Mittleren Osten trüben. Kairo – eine pulsierende, geschäftige und laute Stadt, deren Schönheit, Häßlichkeit, Reichtum, Armut, Modernität und Tradition miteinander verschmolzen sind, Dinge, die sich im Lauf der Geschichte eigentlich nicht verändert haben, aber im Auge des Betrachters einem ständigen Wandel unterworfen sind und sich in Farbe und Gestalt immer wieder formen wie die Bilder eines Kaleidoskops. Kairo machte einen unglaublich starken Eindruck auf mich. Ich war überwältigt von dem, was meine Augen sahen und was in meinen Ohren dröhnte. Es ist vielleicht eine Schwäche, die negativen Dinge die man wahrnimmt, zu sehr in den Vordergrund kommen zu lassen, aber einiges, was ich sah, quälte mich. Die Schönheit, die Wunder und der vollkommene Charme Kairos berührten und ergriffen mich, doch ebenso auch die zerlumpten Bettler und die Babys mit den fliegenüberkrusteten Augen, die Lahmen, die Kranken und die Blinden. Es ist unmöglich, das eine zu vergessen, während man das andere vor Augen hat.

Es war schon ein Erlebnis, durch die großen Hallen des altehrwürdigen Shepheard mit ihrem ägyptischen Interieur und ihren arabesken Wandmotiven zu wandern; es gibt eine Redensart, daß man nur lange genug auf der vorderen Terrasse des Shepheards sitzen muß, bis man schließlich alle Leute gesehen hat, die man kennen sollte. In der Innenstadt gab es moderne Geschäfte und Warenhäuser, die Importartikel aus Paris und London führten, aber für jemanden, der Lokalkolorit erleben wollte, war der Basar des alten Kairo das richtige. In der *musqi*, wie er genannt wurde, gab es Artikel aus Gold und Leder, Seide, Schilfrohr und Bast, Silber, Brokatstoff, Holz, Musselin, Messing, Emaille, Bernstein, Ton und Elfenbein, die auslagen oder -hingen oder irgendwo herabbaumelten, in Stapel geschichtet oder einfach auf Haufen lagen, die Wege übersäten und das Auge blendeten. Ich kann mich nicht daran erinnern, warum es so war, aber mein einziger Einkauf unter all den wunderbaren Sachen, die ich hätte erwerben können, bestand aus einem ziemlich uninteressanten Stück Stoff für einen Schleier – ein Quadratmeter schwarzen Georgettestoffs, den ich bald brauchen würde, um in Arabien mein Gesicht zu bedecken.

Das Flugzeug, das uns nach Dschidda in Arabien brachte, war eine schnelle, neue DC-3, die König Ibn Saud von der California Arabian Oil Company (später Arabian American Oil Company) geschenkt bekommen hatte. Wir verließen Kairo sehr früh am Morgen, und während des siebenstündigen Flugs machte Hamida ihre üblichen Runden, krabbelte von einem Schoß zum anderen. Einige von uns spielten Karten, andere redeten oder schliefen. Nach der Überquerung des Roten Meeres flog das Flugzeug entlang der arabischen Küste. Wir konnten die Riffe unter uns sehen, wie sie als helle und dunkle Stellen durch das Wasser schienen, und die grünen und blauen Schattierungen des Wassers, die ineinander verliefen wie das verschmolzene bunte Glas eines antiken Briefbeschwerers.

Lange bevor wir von der Küste ins Landesinnere abdrehten, drängte Ali mich schon, mit dem Herrichten des Schleiers zu beginnen, der an seinem Platz sein müsse, wenn wir landeten. Alle Männer Dschiddas würden am Flughafen sein, um die heimkehrenden Prinzen zu begrüßen, und mein Gesicht dürfe nicht einmal durch das Flugzeugfenster zu sehen sein. Ich sträubte mich plötzlich dagegen, mein Gesicht zu bedecken, und außerdem hatte ich nicht die geringste Ahnung, wie dies zu bewerkstelligen war. Damals gab es eine spezielle Technik, einen Teil des Schleiers zusammenzustecken und darüber als Vorderteil eine Art Klappe anzubringen, die je nach Notwendigkeit heruntergezogen oder zurückgeschlagen werden konnte; aber das war völliges

Neuland für mich, und ich wußte damit nicht umzugehen. Da meine Reisegefährten begannen, ihre Köpfe mit *sumadas* und goldenen *igals* zu bedecken, und die Leibwächter ihre Patronengurte, Pistolenhalfter und juwelenbesetzten Dolche anlegten, wußte ich, daß für mich die Zeit gekommen war, tätig zu werden.

Ich unternahm ein paar selbstbewußte Versuche, meinen Schleier mit Nadeln und Säumen herzurichten, aber es gelang mir nicht. Ich kämpfte still vor mich hin, bis mich einer der Männer dabei entdeckte und ein kurzes Lachen ausstieß, das sich innerhalb von Minuten zu einer großen Heiterkeitswelle steigerte, als alle zu mir geeilt kamen und mit vereinten Kräften behilflich sein wollten. Das Problem war, daß ihre Frauen eine andere Art der Kopfbedeckung trugen, deshalb waren sie mit meinem Schleier genauso wenig vertraut wie ich. Ali war auch keine Hilfe, weil er das Land in zu jungen Jahren verlassen hatte, als daß er mit solchen Dingen zu tun gehabt hätte. Die Stimmung wurde immer ausgelassener, als jeder sich einmal daran versuchte und ich das Drapieren, Wickeln und Feststecken geduldig über mich ergehen ließ. Manchmal schien es, als ob es jemand geschafft hätte, aber dann baumelten doch ein oder alle Enden des Schleiers lose herab, oder er hing schief und fiel herunter, wenn ich den Kopf bewegte. Ein andernmal rutschte er nach hinten und entblößte mein Kinn, oder aber er fiel nach vorne und hing dort wie ein Lätzchen, während mein Nacken entblößt war. Die Männer prusteten ausnahmslos vor Lachen, wenn sie zurücktraten, um ihr Werk zu begutachten, und sahen, daß mein Gesicht auf die eine oder andere Weise immer wieder zum Vorschein kam. Zweifellos amüsierten sie sich auch darüber, daß ich mich, als Amerikanerin, nun vor ihnen verschleiern mußte. Sie hatten mein Land bereist und kannten unsere Sitten, und wir hatten viele Meilen zusammen zurückgelegt, ohne daß mein Gesicht verschleiert gewesen war. Nun, da ich in ihre Heimat kam, war ich verpflichtet, mich zu verhüllen, und wenn ich die Komik dieser Situation auch nicht erfaßte, sie taten es. Das Gelächter verstummte, als die Aufforderung, die Gurte anzulegen, alle auf ihre Sitze zwang; ich aber saß mit nach wie vor unbedecktem Gesicht mitten in dem abklingenden Spektakel und war noch aufgeregter als zuvor.

Als wir landeten, starrte ich auf nichts als Wüste, beim Ausrollen sah ich jedoch eine große Menge von Männern – auffallend eintönig mit ihren Gewändern, ihren Kopfbedeckungen und ihren bärtigen Gesichtern. Die Kulisse war mir so fremd, als wäre ich in einer anderen Welt gelandet. Es gab nichts, womit ich mich hätte identifizieren können – ob Männer, Flugzeug oder Wüste. Es gab nicht einmal eine richtige Landebahn, geschweige denn Flughafengebäude oder ein Anzeichen dafür, daß außer uns auf der Welt noch etwas existierte. Meine Welt lag hinter mir oder vor mir oder irgendwo abseits, jedenfalls nicht hier, und ich wußte, ja ich fühlte, noch bevor ich einen Fuß darauf setzte, daß sie nicht nur mit den physikalischen Gegebenheiten des Landes zu tun hatte. Dies war ein abgeschlossenes Stück andere Welt, für das ich Amerika, England, Ägypten und alles übrige zurückgelassen hatte. Ich war so weit gegangen, wie ich gehen konnte, und das Gefühl, das mich in Arabien überkam, war ein Gefühl der Endgültigkeit.

Kapitel 4

Ich würde bald aus diesem Flugzeug steigen, mich als eine der Ihren in diesem Land niederlassen und mir die Anerkennung dieser Leute verdienen müssen, indem ich ihre Gebräuche studierte und mich anpaßte, wie ich es versprochen hatte. Zum ersten Mal hatte ich Angst, richtige Angst, ob ich dazu in der Lage wäre, während ich abwechselnd durch mein Fenster auf die fremde arabische Umgebung blickte und die Araber im Flugzeug beobachtete, die sich zum Aufbruch fertig machten. Ich versuchte, ihre Abschiedsgrüße fließend zu beantworten, und wußte, daß der Schleier, den niemand hatte befestigen können, sich nun doch ungefähr an seinem Platz befand. Dann verließen sie nacheinander das Flugzeug und verschwanden in der Menschenmenge, während Ali aufgeregt Mitglieder seiner Familie entdeckte und ich weiter hinten auf meinem Platz wartete.

Sobald die königliche Gesellschaft gegangen war, kamen die Männer unserer Familie an Bord, um mich zu begrüßen. Der erste war Onkel Yousuf, ein Mann mit einem gutmütigen Gesicht, der sechzig Jahre oder älter war. Er hatte einen weißen Bart und war in altem arabischen Stil mit *jubba* und *umama* bekleidet.* Er begrüßte mich herzlich, und ich versuchte, seine Hand zu küssen, wie Ali mir aufgetragen hatte, aber Onkel Yousuf wollte es nicht zulassen. Ich begann, Alis Bruder Mohamed die Hand zu schütteln, aber er beugte sich schnell zu mir vor, küßte mich auf beide Wangen und hieß

* *Jubba* ist ein langer Umhang, der über weißen Segeltuchhosen getragen wird, und *umama* ist ein Turban, der über einem steifen, weißen Scheitelkäppchen aus Baumwolle getragen wird.

mich willkommen. Danach schüttelte ich einigen von Alis Cousins die Hand. Ich dachte gerade, wie schön es für mich war, daß sie alle Englisch sprachen, als eine Reihe unserer Diener und Fahrer vortraten, um meine Hand zu küssen. Ich konnte nicht glauben, daß ich mich in Arabien befand und daß diese Araber um mich herum meinetwegen gekommen waren. Ich gehörte nicht hierher, aber einige dieser Männer waren Teil meiner neuen Familie und gekommen, um mich in mein neues Zuhause zu bringen. Ich fühlte mich plötzlich wie die Frau in den Wehen, wenn ihr Ehemann in heller Aufregung mit der Frage »Emily, Liebling, bist du wirklich sicher, daß du es zu Ende bringen willst?« herausplatzt. Ich wollte es vielleicht nicht, aber der Augenblick, an dem ich es tun mußte, rückte schnell näher, und ich hatte große Angst, mit diesem lächerlichen Stück schwarzen Stoffs über meinem Kopf vor diese riesige Menge von Männern zu treten.

Wir hatten es schließlich einfach über mein Haar geworfen, bevor die Alirezas an Bord kamen, und ich lächelte ein wenig, als ich bemerkte, daß Mohamed einen Schleier mitgebracht hatte für den Fall, daß Ali und ich es vergessen hätten. Ich dachte, er hätte seine Landsleute und mich ein paar Augenblicke zuvor sehen müssen! Seine offensichtliche Erleichterung darüber, daß ich wegen des Schleiers keine Schwierigkeiten machte, hielt keinen Vergleich aus mit meiner Bestürzung darüber, daß ich ihn tragen mußte. Als wir noch in der Luft waren, hatte ich Ali scherzeshalber vorgeschlagen, ich könnte doch einfach ohne Schleier hinausspazieren; aber der entsetzte Ausdruck seines Gesichts ließ keinen Zweifel über die Bedeutung aufkommen, die der Schleier für sie hatte. Für mich war es nicht nur ein ideologisches Problem – ich konnte dahinter einfach nichts sehen, und ich hatte Angst zu stürzen. Ich sah mich schon ausrutschen, in dem Moment, da ich aus der Tür trat, und meinen ersten Auftritt damit enden, daß ich vor aller Augen der Länge nach hinfiel. Ich steigerte mich in eine solche Angst, daß sie mich fast aus der Tür schubsen mußten. Der ungewohnte lange Umhang – genauso obligatorisch wie der Schleier – flatterte um meine Fußgelenke, und ich begann zu zittern, als man mich aufforderte, weiterzugehen.

Zum Ein- und Aussteigen diente damals tatsächlich noch eine Leiter, und ich werde nie im Leben vergessen, wie ich mich hinuntertastete. In dem Moment, als ich meinen Kopf hinaussteckte, drohte ein Windstoß den Schleier wegzuwehen, so daß ich ihn mit einer Hand festhalten mußte. Ein großer Hitzeschwall empfing mich, und ich fühlte, daß trotz meiner Verschleierung alle Augen auf mich gerichtet waren. Ich betete zum Allmächtigen, er möge mich nur sicher nach unten bringen, dann würde ich alles andere ertragen können. Noch wußte ich nicht, was »alles andere« war, aber ich wäre nicht überrascht gewesen, wenn es bedeutet hätte, daß ich aus einem Traum erwache.

Meine Knöchel versanken ein paar Schritte lang im Sand, bis mich eine helfende Hand barmherzigerweise zu einem Auto führte, jedoch verwandelte sich meine Erleichterung bald in Panik, als das Auto mit mir davonbrauste, sobald ich Platz genommen hatte. Ich war allein, denn Hamida war mir noch im Flugzeug aus den Armen genommen worden, und niemand hatte sich die Mühe gemacht, mir zu erklären, wie es mit ihr weitergehen würde. Es war schwer vorstellbar, daß ich einfach so, ohne weitere Erklärung, weggeschickt würde. Daher kamen mir ein paar schreckliche Gedanken, die mir zuflüsterten, ich sei als fremder, unliebsamer Eindringling entführt worden und würde meinen Mann und Hamida nie mehr wiedersehen. Der Fahrer sprach kein einziges Wort, während ich auf dem Rücksitz hin und her geworfen wurde. Ganz abgesehen davon – ich hätte ihn auch gar nicht verstehen können. Ich wagte es nicht, den Schleier nach hinten zu schieben oder gar einen verstohlenen Blick zu riskieren, damit er sich nicht umdrehte und brüllte: »Das kostet Sie ihren Kopf!« – eine Möglichkeit, die ich in Betracht zog und sogar für wahrscheinlich hielt.

In Wahrheit war der Fahrer angewiesen, mich so schnell wie möglich aus dem Blickpunkt der Öffentlichkeit zu schaffen, und das machte er so gut, daß niemand Gelegenheit hatte, mich auf der Fahrt zum Haus zu begleiten. Aber zu dieser Zeit wußte ich das noch nicht. Ich fühlte mich verlassen, allein und verängstigt, und ich versuchte mir einzureden, der Tag habe am Morgen in Kairo völlig normal begonnen und dies sei nur ein böser Traum. »Rettung naht!« flüsterte ich und atmete auf, als ich hinter uns wild hupende Autos vernahm, aber sie fuhren einfach vorbei und ließen uns ein paar Meilen weit ihren aufgewirbelten Wüstensand schlucken, bis schließlich alle Wagen rücksichtslos und laut hupend durch eine Toreinfahrt in ein von Mauern eingefaßtes Grundstück einbogen, wo ich das Haus zum ersten Mal erblickte, das mein Heim werden sollte. Alis Mutter kam die Stufen heruntergelaufen, als wir vorfuhren, und begrüßte freudig und unter Tränen den Sohn, den sie fünf Jahre nicht gesehen hatte, die in Amerika geborene Enkeltochter und die Schwiegertochter, deren eingebildete Ängste sich bei ihrer herzlichen Umarmung und ihrem vor Freude gerührten Gesicht in Nichts auflösten. Diese Art, Zuneigung zu zeigen, bedurfte keiner Übersetzung.

Wir beeilten uns, ins Haus zu kommen, um der furchtbaren, feuchten Hitze zu entfliehen, und als wir das Teezimmer erreichten, wurden mir Schleier und Umhang abgenommen. Für jemanden, der vor ein paar Jahren nicht einmal gewußt hatte, wo Saudi-Arabien liegt, befand ich mich jetzt sicherlich in einer einmaligen Situation. Zuvor hatte noch nie jemand wie ich dieses Land als Mitglied einer seiner Familien betreten. Ich gehörte dazu. Ich war nicht nur ein Besucher auf der Durchreise. Dieses große, vielstöckige Wüstenhaus mit den hohen Decken war mein Zuhause, die Frau, die mich führte, war meine Verwandte, die, die drinnen warteten, um mich kennenzulernen, waren meine Freunde, und ich war die Herrin der Dienstmädchen, die sich in dem Raum, den wir gerade betreten hatten, um den Samowar kümmerten. Alles war fremd, auch ich war eine Fremde, und die Wucht der Eindrücke traf mich mit jedem Schritt.

Die Szene, die sich mir im Teezimmer bot, glich einer Seite aus einem Buch, dessen Figuren zum Leben erweckt wurden. Die Frauen trugen altmodische arabische Kleidung, bestehend aus Pantalons und langen Überkleidern mit hohen Kragen, die von einer Kette mit goldenen Kragenknöpfen zusammengehalten wurden. Sie hatten kein Make-up im Gesicht, abgesehen von den mit einem *kohl* gezogenen Linien um ihre dunklen Augen. Ihre Köpfe waren mit einem Tuch aus reiner Baumwolle bedeckt, das teilweise in ihr Haar eingeflochten war, und darüber trugen sie ein weiteres leichtes Kopftuch, von dem winzige Quasten und Spitzen baumelten. Ihr Haar war in der Mitte gescheitelt und straff aus dem Gesicht nach hinten gezogen; mir fiel auf, daß sie alle eine sehr hohe Stirn hatten. Ich erfuhr erst Monate später, daß die Hejazi-Frauen* ihren Haaransatz durch Auszupfen zurückverlegen, um dieses begehrte Schönheitsideal zu erlangen.

Kaum hatte sich meine Überraschung darüber gelegt, daß sie nicht alle, wie meine Schwiegermutter, westliche Klei-

* Hejaz ist eine saudiarabische Provinz. *Hejazi* bedeutet »aus Hejaz«.

dung trugen, da mußte ich als nächstes feststellen, daß meine Versuche, freundlich zu sein, nicht allein an der Unkenntnis der Sprache scheiterten. Als ich zum ersten Mal meine Hand anbot, wurde ich mit ausgestreckter, aber ungeschüttelter Hand stehengelassen, da die Frauen in Arabien keine Hände schütteln, sondern sich mit den Fingerspitzen berühren und dann den Zeigefinger zu den Lippen führen und küssen. Ich brauchte eine ganze Weile, bis ich durchschaute, wie es funktionierte, aber zuvor verrenkte ich mir bei jeder Begrüßung fast die Finger, um wenigstens einen flüchtigen Handschlag zu ergattern. Man stellte mir Fragen, die ich nicht verstand und die von anderen für mich beantwortet wurden, während ich zwischen ihnen auf den *carawitas* saß, den gepolsterten Bänken, die an den Wänden entlang standen. Ich bemerkte zu spät, daß ich meine Schuhe noch anhatte – ich hätte sie an der Tür zurücklassen müssen –, und fühlte mich wie ein Hampelmann mit meinen baumelnden Beinen, während alle anderen sie elegant untergeschlagen hatten, so daß man sie nicht sehen konnte.

Als ich mich umschaute, verschwammen die grellen Farben der Stoffe, des Messings, der kunstvollen Teppiche und des Glases, des Goldes und der Spitzen vor meinen Augen. Der in seiner Ecke am Boden brodelnde Samowar drängte sich mit seinen Geräuschen in das fremde Gerede, so daß das Gesehene und das Gehörte sich vermischten. Mein Tag war noch längst nicht vorbei, aber es schien schon ein Jahrhundert vergangen zu sein, seit er begonnen hatte. Die Fliegen und die Hitze waren mein einziger Kontakt zur Realität, während die Frauen aus der Stadt und meine Schwiegermutter mir ständig nachschenkten und ich hilflos dabei saß und stumm beobachtete, was um mich herum vorging.

Daher war ich ziemlich überrascht, als Alis Schwester Zakia das ganze übliche Prozedere ignorierte. Sie kam durch die Tür gestürmt und zog mich mit einem Ruck von meinem Platz, packte mich, schlang ihre Arme um mich und küßte mich, sprach laut den Wunsch aus, daß ich viele Kinder haben möge, hängte dem einen Kind, das ich hatte, ein wunderschönes vergoldetes Koranmedaillon um, steckte mir eine Diamantbrosche an und ließ uns beide mitten im Raum stehen, während sie alle Anwesenden anstrahlte. Direkt nach ihr kamen Onkel Yousufs Töchter, die in Indien und Südafrika aufgewachsen waren und, Gott sei Dank, Englisch sprachen und mir alles erklären konnten. Trotzdem war immer noch alles so neu und fremd für mich, daß ich nicht lange stillsitzen konnte, ohne das Bedürfnis nach Alleinsein zu spüren. Mit Hamida als Ausrede suchte ich häufig das Zimmer im dritten Stock auf, das Alis Mutter uns überlassen hatte.

Sich in eine neue Welt zu wagen war ein faszinierendes Unterfangen, aber immer wenn mir alles unwirklich vorkam, wurde die Faszination zum Problem, dann mußte ich mit mir allein sein, um einen klaren Kopf zu bekommen und mir zu bestätigen, daß ich ich und dies mein Zuhause war. Als ich aus dem Fenster des oberen Stockwerks blickte, kam mir der Gedanke, daß die öde Wüste zu meinen Gefühlen paßte, weil der Sand sich anscheinend ins Nirgendwo erstreckte, genau wie mein Geist bei der Suche nach etwas Vertrautem. Aber alles, was ich fand, war ich selbst, und alles, zu dem ich zurückkehren konnte, war ich selbst. Es hätte mir geholfen, wenn ich auch Ali gefunden hätte, aber er war kurz nach meiner Ankunft verschwunden, und ich sollte ihn bis lange nach Mitternacht nicht wiedersehen.

Meine innere Flucht endete damit, daß ich auf dem Bett einschlief, als ich mich eigentlich nur für ein paar Minuten ausruhen wollte. Meine Schwiegermutter weckte mich Stunden später, und es war mir furchtbar peinlich. Sie hatte vorher schon einmal nachgesehen, warum ich nicht zurückgekommen war, und mich mit Hamida im Arm schlafend vorgefunden. Sie hatte es nicht übers Herz gebracht, mich zu wecken, da sie ahnte, wie müde ich war, und der Himmel weiß, womit sie mich bei den anderen Frauen entschuldigte, die nur gekommen waren, um mich kennenzulernen. Aber was sie auch gesagt oder getan hatte, sie ließ mich in Ruhe schlafen, bis die Pflicht es erforderte, daß ich mit unseren Gästen speiste.

Es war inzwischen dunkel. Der Raum wurde durch eine Kerosinlampe erhellt, die Alis Mutter heraufgebracht hatte. Zainabs etwa elfjähriger Sohn Hussein war bei ihr, er konnte mir auf englisch sagen, wie sehr seine Großmutter sich über das Fehlen der Elektrizität ärgerte. Er sagte, sie habe sich so gewünscht, daß alles reibungslos klappt, vor allem an meinem ersten Tag in ihrem Haus, und nun sei sie aufgebracht darüber, daß der Generator ausgerechnet an diesem Tag ausfallen mußte. Es war nicht leicht für Hussein, mein amerikanisches Englisch zu verstehen, da er erst seit kurzem britisches Englisch lernte, aber er war ein bereitwilliger und hilfreicher Übersetzer zwischen seiner Großmutter und mir. »Macht euch keine Sorgen wegen des Lichts«, sagte ich zu ihm, »und sage bitte deiner Großmutter, daß sie sich nicht den Kopf darüber zerbrechen soll.«

Es gibt keinen Zweifel, daß die Laternen an diesem ersten Abend meine Eindrücke prägten. Sie warfen im ganzen Haus Schatten; als wir zu den anderen ins Eßzimmer gingen und ich im flackernden Licht die Teller voll mit fremdem Essen sah und die Bewegungen der Menschen und den Ausdruck auf ihren Gesichtern mehr erraten mußte, als daß ich sie wirklich sah, wurde ich wieder vom Gefühl phantastischer Unwirklichkeit überwältigt. Ich glaube, ich wurde fast ohnmächtig, vermutlich wegen der Hitze, aber ich kann mich trotzdem an jede Einzelheit dieses Essens und die Gefühle, die es in mir auslöste, erinnern. Das Fest war in vollem Gange, was bedeutete, daß alle auf einmal redeten, ein Phänomen, das ich während meiner Jahre in Arabien wiederholt beobachtete. Ich war immer wieder erstaunt darüber, wie die Frauen so viele Unterhaltungen gleichzeitig führen und trotzdem derjenigen folgen konnten, an der sie beteiligt waren.

Wir saßen an einem Tisch, der unter der Last und der Vielfalt des aufgetragenen Essens fast zusammenbrach. Es war alles aufgeboten: gegrilltes und gekochtes Fleisch, gefüllter Teig und gefülltes Gemüse, Fisch, gewürzter Quark, mit Öl angemachte Salate, verschiedene Käsesorten, Oliven, drei Sorten Reis, Aufstriche und Dips für das Brot, Eier, Makkaroni, Nüsse, Puddinge, Kuchen, Melonen, Datteln und Dattelplätzchen, kurze, dicke Bananen, Weintrauben, und über allem schwebten die vereinten Düfte von Kardamom, Safran, Kreuzkümmel, Zimt und Pfeffer. Ich stöhnte, schon vom Hinsehen war ich satt. Mich plagte die Skepsis mehr als irgend etwas anderes, und ich hatte keinen Appetit. Die Hitze und die Feuchtigkeit hatten mit dem Anbruch der Nacht nicht nachgelassen, und die Gerüche der Gewürze und der exotischen Speisen benebelten meinen Kopf. Mein Körper kämpfte mit einem wachsenden Unwohlsein, allmählich wurde ich wütend auf Ali, der immer noch in der Stadt war und seinen Besuchsverpflichtungen nachkam.

Seine Mutter hatte sicherlich alles Erdenkliche getan, mir meinen ersten Tag in Arabien zu erleichtern, was ich von ihm nicht sagen konnte. Innerhalb weniger Stunden war ich in eine Reihe von Situationen gekommen, die mich ziemlich aus der Fassung gebracht hatten, und ich hatte sie nur deshalb mehr oder weniger erfolgreich durchgestanden, weil meine arabische Schwiegermutter mir mit Liebenswürdigkeit, guter Laune und verständnisvoller Rücksichtnahme geholfen hatte. Wir hatten nicht viel gemeinsam, aber sie zeigte mir von Beginn an, daß sie gewillt war, mir zu helfen, wenn ich gewillt war, zu lernen. Ich war mir darüber im klaren, daß es lange dauern würde, bis ich die Verbannung der Frauen in den Hintergrund so ruhig hinnehmen würde, wie sie es tat, und ich war regelrecht schockiert, daß Ali ihr am ersten Tag nach seiner Rückkehr nicht mehr Zeit gewidmet hatte. Sie verstand zwar meine Versuche nicht, mein Unverständnis in Worte zu fassen, doch spürte sie, was ich meinte, und ihr Achselzucken war ein vielsagender Ausdruck der Duldsamkeit, die den Frauen des Orients in die Wiege gelegt ist. Wenn wir in späteren Jahren über das Los der arabischen Frauen sprachen, pflegte sie zu sagen, »*Wallnifa, al hayat kidda*« – sie habe sich daran gewöhnt, denn so sei das Leben. An diesem ersten Tag jedoch weigerte ich mich sogar, mir die Tatsache einzugestehen, daß Ali, selbst wenn er dagewesen *wäre*, nicht bei uns hätte sein können. Die meisten der anwesenden Frauen hätten gewiß eiligst Deckung gesucht, wenn er auch nur seinen Kopf zur Tür hereingesteckt hätte.

Nachdem unsere Gäste gegangen waren und das Haus ruhig war, nahmen *mammi** und ich unsere Laternen und gingen zusammen die Treppe hinauf. Im Flur vor meinem Zimmer zeigte sie mir das Trinkwasser, das in einem großen irdenen Krug aufbewahrt wurde und dessen normaler Metallstöpsel mir zuliebe durch einen außergewöhnlichen antiken Silberstöpsel ersetzt worden war, den sie aus einem ihrer Schrankkoffer hervorgeholt hatte. Das untere Stück war massiv, oben jedoch war er mit einer wunderbaren Filigranarbeit verziert, und um den Rand herum klingelten win-

---

* *Wörtlich* marat-ammi, »Frau meines Onkels«, bei der Anrede durch eine Schwiegertochter.

zige Silbervögelchen. Nach dem, was ich an diesem Tag erlebt hatte, schien es völlig normal, daß zu einem Tonkrug ein schöner Silberkorken gehörte. Als ich mein Zimmer betrat, sah ich die Geschenke, die sie für mich dort ausgelegt hatte, bunte Kristallkaraffen mit Kölnisch Wasser aus ihrer eigenen Kollektion und ein herrliches, neues, elfenbeinfarbenes Nachthemd mit dazu passendem Negligé auf meinem Bett. Wieviel guter Wille steckte hinter dieser Art, Geschenke zu überreichen, offen und gebrauchsfertig! Es wäre nicht das gleiche gewesen, wenn sie eingepackt gewesen wären und ich sie hätte auspacken müssen, und dies war bezeichnend für den offenen Empfang, der mir bereitet wurde, und den Wunsch, mich zu akzeptierten, den ich den ganzen Tag gespürt hatte, ungeachtet dessen, daß *ich* mich weder heimisch noch wohl gefühlt hatte.

Ich konnte immer noch nicht glauben, daß es auf dieser Welt einen so andersartigen Ort geben konnte und daß ich die einzige Fremde in der Gegend bleiben würde, aber nachdem ich den ersten Tag hinter mir hatte, dachte ich, der nächste würde vielleicht leichter werden. Für meine Schwiegermutter war es sicher ebenfalls ein schwerer Tag gewesen, aber ich hatte das Gefühl, daß wir für zwei Frauen, die sich nie zuvor begegnet waren, einen guten Anfang gemacht hatten, trotz der unterschiedlichen Herkunft und der allgegenwärtigen Sprachprobleme. Glücklicherweise glättete unser Humor die spitzen Kanten, und wenn alles andere versagte, warfen wir einfach unsere Hände nach oben und lachten.

Es war jedoch an der Zeit, sich für diesen Tag zu verabschieden, und so zeigte sie mir, wie man die Laterne für die Nacht herunterdreht, und sagte: »*Tishbahi-alla khair.*«

»Gute Nacht«, erwiderte ich, »und danke für alles.«

Ihre großen dunklen Augen blitzten schalkhaft, als sie sich entschloß, es mit ein bißchen Englisch zu versuchen und ein passables »Good night« herausbrachte. Um nicht hinter ihrer kleinen Sondereinlage zurückzustehen, versuchte ich, es ihr auf arabisch gleichzutun, aber ich lispelte im ersten Teil und sagte am Ende »*kare*« statt »*khair*«, wodurch ich den letzten Lacher des ersten Tages auf meiner Seite hatte.

Das gute Gefühl, das ich beim Zubettgehen hatte, löste sich in Nichts auf, als nach Mitternacht endlich Ali kam und mich mit der niederschmetternden Neuigkeit weckte, daß er bei Tagesanbruch mit den fünf Prinzen nach Riad reisen müsse. Ich hatte den ersten Tag in der Sicherheit gebenden Gewißheit überstanden, daß von nun an wenigstens Ali bei mir sein würde, um mir beizustehen, aber dem war nicht so. Der König hatte telegrafiert, daß er ihre Anwesenheit bei dem großen Fest *Eid al-Kabir* wünsche, das dem Ramadan folgt, und so hatte es zu geschehen. Ich konnte es nicht glauben, aber als ich meinen Mund öffnete, um eine Tirade loszulassen, sagte er mir, ich solle einen Umhang überziehen und mit nach unten kommen. Sein Bruder und seine Mutter seien schon da und warteten darauf, uns das Haus zu zeigen. Verblüfft wie ich war, konnte ich nur gehorchen. Ich zog mein neues Negligé und ein Paar klappernde Holzsandalen an, die ich im Badezimmer fand, und traf mich mit den anderen am Springbrunnen auf der Hauptterrasse.

Die Hitze war geblieben, aber es lag eine stille, klare Schönheit über der Wüste, die fast ätherisch war. Es war schon eine Zumutung, mich in den frühen Morgenstunden durch einen Wüstenpalast zu lotsen und an den Mosaiken eines arabischen Springbrunnens eine Familienkonferenz abzuhalten. Ich traf meinen rotbärtigen, grünäugigen Schwager wieder, der mich beim ersten Mal mit einem Schleier gesehen hatte und mich nun mehr als ein bißchen unverschleiert sah. Es kam mir unwirklich vor, daß ich in einem weißen Nachthemd dort stand, wo ich war, und es war ausgesprochen unheimlich, mit zischenden Kerosinlampen, die *electriques* genannt wurden, im Haus umherzuwandern und auf hohe Decken und in Ecken gestapelte Möbel zu starren. Mohamed war gerade mit dem Bau des Hauses fertig geworden und unheimlich stolz darauf, und es war auch wirklich sehr schön mit seinen luftigen Räumen und weiten Fluren, dem großen Innenhof und allem anderen; aber ich konnte seine Freude und seinen Stolz erst nachvollziehen, als ich die alten Häuser besucht hatte, die innerhalb der Mauern der eigentlichen Stadt lagen.

Nach dem Rundgang versammelten wir uns noch einmal am Springbrunnen, und Mohamed hielt eine Rede darüber, wie froh sie seien, mich bei sich zu haben; er versicherte mir, daß sie mich genauso liebten, wie sie Ali liebten. Ich war sehr gerührt und dankte ihm, aber über den Zeitpunkt und den Ort konnte ich nur den Kopf schütteln. Ich wußte, daß er wegen Alis Abreise so gewählt wurde und weil es die erste Gelegenheit für eine Zusammenkunft war, aber ich war doch sehr verwundert, und was danach geschah, warf mich endgültig um. Mohamed griff in seine Taschen und überreichte mir eine Kette, deren Perlen sein Vater Stück für Stück für »Alis Braut« ausgesucht hatte. Ich war völlig benommen, als er sie mir um den Hals legte. Was für eine Kombination, Perlen und Nachthemd; aber beider zartes Leuchten paßte gut zusammen, und ein Funkeln wurde hinzugefügt, als Mutter mir ihr Geschenk am Handgelenk befestigte: eine diamantenbesetzte Armbanduhr aus Platin. Für das andere Handgelenk holte sie acht wundervoll ziselierte goldene Armreifen hervor. Vier davon waren von Alis Großmutter, die vor ihrem Tod darum gebeten hatte, sie dem Mädchen zu geben, das Ali heiraten würde, und vier von der alten Negerin, die Alis Kindermädchen war und ihn in seiner Kindheit geliebt und umsorgt hatte. Mutter hatte versprochen, sie persönlich anzulegen, wenn es soweit sei, aber die orientalischen Frauen haben einen wesentlich zarteren Knochenbau als ich, und die Armreife paßten nicht über meine Hände. Aber versprochen ist versprochen, und mit viel Seifenschaum und langem, schmerzhaften Drehen rutschten schließlich alle acht über meine Hand. Da stand ich nun, während alle kicherten, weil ich so geblendet war, und ich dachte, Arabien macht seinem Ruf alle Ehre. So wahr die Wüste mein Zeuge ist, wo sonst hätte ich im Nachthemd und mit hölzernen Pantinen zu einem nachmitternächtlichen Treffen gehen und mit Diamanten an einem Handgelenk, Gold am anderen und einer Kette voller makelloser Perlen um meinen Hals zurückkehren können?

Als ich wieder in meinem Zimmer war, kapitulierte die Anspannung schließlich vor der Müdigkeit, zuvor jedoch spulte ich im Geist immer wieder ab, was geschehen war und was ich noch zu erwarten hatte. Ich hatte in nur einem Tag entdeckt, daß Arabien viele aufregende und faszinierende Dinge zu bieten hat, aber ebenso vieles, was weder das eine noch das andere war. Groß war die Kluft zwischen äußerem Luxus und der Einengung von Körper und Seele. Wie ich später feststellen sollte, fanden sich wenige Dinge, die mir das Gefühl gaben, ein normales Leben zu führen –, und ich konnte es wirklich nicht. Arabien war mir zu neu und zu alt in einem, und in späteren Tagen klangen mir oft meine eigenen stillen Rufe in den Ohren: Ich bin eine Amerikanerin! Was hat dies alles mit mir zu tun? Aber es hatte keinen Sinn, gegen die Fremdheit mit der Waffe der Nationalität vorgehen zu wollen, und es kostete mich Monate, diesen Ruf auf ein Wispern zu reduzieren. Ich freute mich zwar über den Glamour und die Juwelen, aber trotzdem sehnte ich mich nach meiner Freiheit und weinte ihr oft nach. Ich fühlte mich besser, nachdem mir klargeworden war, daß sich meinetwegen nichts ändern würde, und daß die Dinge, die für mich schwierig und fremd waren, für sie Tradition und Alltag verkörperten. Doch zu Anfang ließ ich mich noch nicht von diesem Bewußtsein leiten. Seit meiner Ankunft am Flughafen, als ich mich zum ersten Mal verschleiern mußte, befand ich mich in einer Art Schockzustand und trieb von einer Situation zur nächsten, ohne wirklich etwas zu begreifen – weder die Sprache noch die Lebensweise. Ich paßte mich an, so gut ich konnte, und ging, wohin ich geführt wurde, aber ich schleppte lange den Anker meines altvertrauten, wundervoll freien präarabischen Lebens hinter mir her und machte es mir und denen, die mich umgaben, manchmal ziemlich schwer, bis ich mich an all das Neue angepaßt hatte.

KAPITEL 5

Am nächsten Tag trieb mich die stickige, von keinem Lüftchen gemilderte Morgenhitze auf den Balkon, um Ausschau zu halten. Und was ich sah, war meine Schwiegermutter, die auf einem Holztisch schlief, der zwei Wochen zuvor noch einem Bankett zu Ehren des Königs gedient hatte. Zwei Sekunden später öffnete sie die Augen, setzte sich auf und sagte, während sie ihre Brille suchte, »*Sabakhilkhair.*«*

»Um Himmels willen«, rief ich, »hast du auf dem Tisch geschlafen? Habe ich etwa dein Bett? Du hättest das nicht tun sollen. Es tut mir leid.«

»*Ma-alaish, ma-alaish*«**, sagte sie, und wir lachten beide über ihre Bemühungen, mir zu versichern, daß sie in heißen Nächten oft draußen schlafe und ihr Zimmer aufgegeben habe, weil ihr das Treppensteigen zunehmend schwerer falle. Außerdem, sagte sie, sie sei es gewohnt, auf einer harten Unterlage zu ruhen. Dafür konnte ich mich verbürgen – das Bett, in dem ich geschlafen hatte, war ihres gewesen, und es bestand lediglich aus einer dünnen Baumwollmatratze auf einem Unterbau aus Massivholz.

Die Hitze – ob drinnen oder draußen – lastete schwer auf uns, sie wollte und wollte nicht nachlassen. Kleine Rinnsale von Schweißperlen liefen an Mutters Hals herunter, sie tupfte sie mit einem Taschentuch ab, während sie mich ansah und den Kopf schüttelte. »*Har*«, sagte sie, und ich stimmte ihr zu. Es war sehr heiß. Wir gingen nach unten, wo

* »Guten Morgen.«

** »Mach dir deswegen keine Sorgen!«

es ein Frühstück mit Tee, Käse, Oliven, Fladenbrot und Marmelade gab, und ich war vollauf damit beschäftigt, die Schwärme von Fliegen zu verscheuchen, die unermüdlich über unserem Essen kreisten, bevor sie zur Landung ansetzten. Wenn mir jemals jemand erzählt hätte, wie viele es davon gibt, hätte ich ihm nie geglaubt. Das große Haus mit seinen vielen Veranden, Räumen, Fluren und Balkonen summte förmlich von Fliegen, obwohl unser Wüstenquadrat ziemlich isoliert war und wir uns weit von der Stadt entfernt befanden.

Während Mutter ihre Waschungen für das Morgengebet vornahm, durchstreifte ich die unteren Räume, bis ich Mohamed und jemand anders im Teezimmer sprechen hörte. Toll! Menschen! Englisch sprechende Menschen! Getragen von der freudigen Erwartung, mich auf Englisch unterhalten zu können, und völlig außer acht lassend, daß ich eigentlich hätte umkehren und unsichtbar bleiben müssen, platzte ich mit meinem entblößten Gesicht unangemeldet herein. Mohamed starrte mich eine Sekunde lang ungläubig offenen Mundes an und rettete uns dann aus unserer Verlegenheit, indem er mich seinem Freund Sayed Hussein Atlas vorstellte, der in Dschidda das Bankhaus der Netherlands Trading Society vertrat. Während Mohamed sich vermutlich fragte, ob dies die Art und Weise war, in der seine neue Schwägerin die gesellschaftlichen Bräuche einzuhalten bzw. nicht einzuhalten beabsichtigte, hatten Sayed Hussein und ich eine sehr nette Unterhaltung. Er erzählte mir von seiner Frau in Singapur und seinen Kindern, die in Ägypten zur Schule gingen, und ich berichtete ihm von unserer Reise nach Arabien und meinen ersten Eindrücken (zumindest von einigen). Beide Männer amüsierte meine Verärgerung über Ali, weil er mich so kurz nach unserer Ankunft verlassen hatte, und Mohamed sagte: »Mach dir keine Sorgen, wir fahren heute nachmittag alle nach Taif, um den Rest der Familie zu treffen, und die wird dich schon genügend beschäftigen.« Später hatte er mir noch etwas anderes zu sagen, nämlich, daß ich, obgleich ich mir glücklicherweise einen guten Freund der Familie ausgesucht hätte, um mein Gesicht zu zeigen, das besser nicht noch einmal tun solle. In den folgenden Jahren lachten Sayed und ich noch häufig über die ungenierte Art, in der ich zu ihnen hereinspaziert war, und er vergaß nie zu erwähnen, daß er der erste Araber in Arabien (abgesehen von den Familienmitgliedern) war, der mich so unverschleiert gesehen hatte, eine Auszeichnung, die er stets für erwähnenswert hielt.

Als wollte er die strikte Einschränkung meiner Freiheit abmildern, rief Mohamed mich am selben Tag noch einmal, um mich einem anderen männlichen Besucher vorzustellen; mir war sofort klar, warum dieser Besucher ebenfalls dafür in Frage kam. Der alte Mann, der mich aus blitzenden, von Falten umgebenen Augen ansah, muß mindestens hundert Jahre alt gewesen sein, und das einzige, was ihn interessierte, war das Goldsäckchen in Mohameds Schoß. Man erinnerte mich daran, daß heute der große Festtag war (als ob ich es hätte vergessen können), an dem die Reichen Geld an die Armen verteilen. »Dieser alte Mann ist ein freigelassener Sklave meines Vaters«, sagte Mohamed. »Er kommt, solange ich zurückdenken kann, jedes Jahr, um seine Goldstücke abzuholen und dann bis zur gleichen Zeit im nächsten Jahr wieder zu verschwinden.« Mohamed steckte seine Hand in das Säckchen und holte ein paar Goldmünzen heraus, die dann klimpernd in die runzelige alte Hand fielen. Der Mann nickte freudig, lächelte zahnlos und schloß mich in seinen Segen ein: »Möge Gott dich beschützen und dir ein langes Leben schenken!« Er war schon so alt, daß er sich kaum mehr um Sitten und Gebräuche kümmern mußte, und wahrscheinlich erkannte er mich weder als Fremde, noch wunderte er sich darüber, daß ich dort als Frau unter Männern saß. Aber natürlich wunderte ich mich wieder einmal. Sklaven und Schleier, und selbstverständlich Säcke voll Gold! Wie bin ich dorthin geraten, wo das Rote Meer im Westen schimmert, die weißen Türme und die Lehmmauern von Dschidda im Süden zu sehen sind, Beduinenzelte nördlich von mir in der Wüste verstreut liegen und die heilige Stadt Mekka im Osten hinter den Bergen?

Inzwischen herrschte auf dem Hof ein reges Treiben von Fahrern und Dienern, die unsere Fahrt nach Taif vorbereiteten. Ich riskierte einen kurzen Blick, gab aber diesmal acht, daß ich nicht gesehen wurde. Mohamed kam, um nochmals zu betonen, wie sehr ich, »die Braut«, in Taif von seiner Schwester, seiner Frau, seinen Kindern und dem Personal erwartet würde. Ich grübelte gerade darüber nach, wieso ich eine Braut sein sollte, als mich eine seltsame Stimme in meiner Nähe aufschreckte. Also ging ich auf die Terrasse, um nachzusehen. Dort kam mir aus dem Wohnzimmer ein leuchtend grüner Papagei entgegen, der »*Inal abouk, inal abouk*« krächzte, während er mit seinen gestutzten Flügeln possierlich um den Springbrunnen herumspazierte. Mohamed kam lachend herbei, er sagte, der Papagei stoße Flüche aus, und ich lachte ebenfalls. Das traf sich gut! Wo sonst hätten mich die Ereignisse eines einzigen Tages mit einem charmanten alten, von seinen Ketten befreiten dienstbaren Geist, der einen Turban trug und mir seinen Segen zuteil werden ließ, und mit einem arglosen grünen Papagei zusammengeführt, der mit heiserer Stimme »Verflucht sei dein Vater, verflucht sei dein Vater!« schrie?

»*Yallah, yallah*«* rief Mohamed ein paar Stunden später,

* »Beeilung, Beeilung.«

und es war Zeit für Mutter und mich, unsere Schleier anzulegen und zwischen Lebensmittelkörben und Wasserkrügen unsere Plätze in den wartenden Autos einzunehmen. Die vier Autos und der Lastwagen mit Gepäck, Bettzeug und Lebensmitteln erweckten den Eindruck, als ob wir eine lange Reise vor uns hätten. Deshalb war ich überrascht, daß unser Ziel nur etwa fünf bis sechs Stunden entfernt lag. Es war meine erste Lektion in Sachen Wüstenreisen, und ich lernte, daß man Lebensmittel, Wasser, Leuchtraketen und möglichst Fahrer braucht, die Erfahrung als Mechaniker haben. Keine Fahrt durch die arabische Wüste ist eine Routineangelegenheit, aber diese Reise sollte für jeden von uns ungewöhnlich werden – der Grund dafür war ich. Normalerweise nimmt jede Karawane, die Dschidda in Richtung Taif verläßt, die normale Route über Mekka, aber Mekka ist als heilige Stadt für Nichtmoslems verboten, und ich bin Christin. Da ich dabei war, mußte unsere Karawane den selten benutzten anderen Weg wählen, der Mekka umgeht. Auf diese Weise sorgte ich für den Hauch eines Abenteuers, das größer werden sollte, als ich zu diesem Zeitpunkt ahnte. Später wurde ich gewahr, daß sich in unserer Reisegesellschaft nur ein Mann befand, der den Weg so gut kannte, daß er uns führen konnte.

Als wir schließlich aufbrachen, war es nicht mehr so furchtbar heiß, aber unter dem Schleier war die Hitze immer noch sehr drückend. Ich versuchte, mich des Schleiers zu entledigen, weil wir weit von Häusern oder Straßen entfernt sein würden; aber da wir auf dem Weg in die Wüste die Außenbezirke der Stadt und mehrere kleine Dörfer passieren mußten, riet Mutter mir, verhüllt zu bleiben, bis wir in der offenen Wüste wären. Ich erspähte Beduinenfrauen, die eigentümliche Nasenverkleidungen und Kopfbedeckungen trugen, die mit Ornamenten aus Münzen und Perlen verziert waren. Aber als wir von der normalen Straße abbogen, um den fast unerforschten Weg in das gebirgige Gelände zu nehmen, wo die sogenannte Straße holprig wurde, gab es bald nichts mehr zu sehen. Hamida dachte, wir würden sie aus Spaß immerzu hopsen lassen; sie bekam einen Schluckauf, der bis weit in die Nacht anhielt.

Im Dunkeln war der Straßenverlauf noch schlechter zu erkennen, weil das vorausfahrende Auto Sand vor die Scheinwerfer wirbelte. Einer unserer Wagen ging verloren. Es wurde eine Suchmannschaft gebildet, die den Weg zurückverfolgte und kreuz und quer leuchtete, bis das verirrte Fahrzeug gefunden war. Jedes unserer Fahrzeuge blieb irgendwann einmal stecken, und wir Frauen sahen zu, wie die Männer, Diener und Herren, mit vereinten Kräften die Röcke hochzogen und sich mit den Schultern gegen die Stoßstangen stemmten, um die Autos aus dem Sand zu schieben. Sie begleiteten ihre Anstrengungen mit Gesang und paßten den Rhythmus der Lieder ihrem Arbeitsrhythmus an. So gesehen, schienen sie die Herausforderung fast zu genießen. Wenn die Autokolonne dann wieder in Bewegung kam und sich weiter aufwärts wand, konnte man die nie nachlassende Anstrengung spüren, die jedes noch so kleine Stück Wegs begleitete. Im krassen Gegensatz dazu waren die Ruhepausen von einer fast furchterregenden Stille gezeichnet.

Danach kamen wir in eine Gegend, die keinen Anfang und kein Ende hatte. Der sternenbedeckte Himmel sah aus wie ein kopflastiges Zelt, das über der irdischen Leere zusammenzubrechen drohte. An einer Station des Weges, während einer Essensrast, war der Effekt wieder ein anderer; wir schienen die ganze Wüste zu bevölkern. Ich sprang hoch, um auf einer hohen, aus Seilen geflochtenen Bank sitzen zu können, von wo aus ich das geschäftige Treiben beobachtete, das die Essens- und Getränkezubereitung begleitete. Ich hatte meinen Umhang eng um mich geschlungen und den Schleier um Kopf und Kinn gewickelt und festgesteckt, damit die frische Wüstenbrise ihn nicht wegwehen konnte. Jemand brachte mir Essen, ich trank dazu das schwere, süße Gebräu, das die Diener Tee nannten, während ich die faszinierenden Szenen beobachtete, die sich im Dunkeln vor mir abspielten. Die umherlaufenden Araber hielten respektvollen Abstand von uns Frauen, einige glichen eifrigen Bühnenhelfern, die hin und her eilen, um die Kulisse für die nächste Szene umzubauen. Hier und da sorgten ein paar Feuer für den einzigen Beleuchtungseffekt. Sie verloschen, als wir wieder aufluden und den Platz so öde zurückließen, wie wir ihn vorgefunden hatten.

Ich platzte innerlich fast vor Anspannung, aber die Stille der Wüste sorgte dafür, daß auch ich ruhig wurde. Abwarten, sagte ich mir, abwarten und Tee trinken. Das war auch wirklich alles, was ich tun konnte, so schwer es mir auch fiel zu glauben, daß ich dort war, wo ich war. Nach einer Fahrt von elf statt normalerweise sechs Stunden stieg ich schließlich aus dem Auto und ging durch das alte Tor, hinter dem ich die nächsten zweieinhalb Monate verbringen sollte; und ich sah sofort, daß mein Eindringen in die neue Welt gerade erst begonnen hatte.

»*Alhamdulilah, alhamdulilah alla salama*«*, – es war Zainab, die, zitternd vor Aufregung, hinter dem verriegelten Tor gewartet hatte und mich als erste umarmte. Ich wußte, daß sie die älteste von Alis Schwestern war, aber sie sah aus wie ein Teenager. Nach ihr kam Hayat, Mohameds Frau, von hinten auf mich zugestürzt, sie schlang ihre Arme um mich und wirbelte mich ein paarmal im Kreis. »Schwestär, Schwestär, ich sär glicklich; ich erzähle allen, Ali hat ameri-

* »Gott sei Dank, Gott sei Dank, daß ihr sicher angekommen seid.«

kanische *arusa* mitgebracht.« Hayat hatte als Kind im Libanon Englisch und Französisch gelernt, aber hin und wieder vergaß sie eine Vokabel und fügte die arabische ein, was eine Unterhaltung mit ihr zu einer charmanten Mixtur aus allen drei Sprachen machte. Sie machte mir verständlich, daß sie darauf gewettet hatte, daß Ali mit einem amerikanischen Mädchen zurückkäme, und sie hatte recht behalten. Da war ich, und sie war darüber so erfreut, daß sie sich gezwungen fühlte, es mir gleich in der ersten Minute mitzuteilen.

Danach kamen die weiblichen Bediensteten. Sie stellten sich im Flur in einer Reihe auf, und als ich ihre Hände schütteln wollte, versuchten sie die meinen zu küssen; ich hatte irgendwie Probleme mit dem Händeschütteln! Ich erinnere mich daran, wie rauh und trocken ihre Hände waren, und unter den Aufschlägen ihrer langen Baumwollpantalons konnte man sehen, daß auch die Haut an ihren Füßen trocken und rissig war.

Die Räume und Treppen des alten Hauses, die ich auf dem Weg zu meinem Quartier zu sehen bekam, hätten Kulissen aus dem Film »*Ben Hur*« sein können. Wir öffneten eine knarrende verriegelte Holztür, die zu dem Flügel führte, in dem ich wohnen sollte, wie Hayat mir fröhlich mitteilte. Ich sah mich verzweifelt um, während eine Dienerin die Babysachen und unser Handgepäck brachte. Direkt vor mir sah ich einen Brunnen – einen echten Brunnen, in die Mauer eingelassen. Ganz in der Nähe, auf einem schmalen Holztisch, stand ein Zinnteller, darauf ein oder zwei Kürbisse, Mohrrüben, eine Tomate, eine Kartoffel und eine Untertasse voll ungekochtem Reis. Daneben stand eine Dose Milchpulver mit arabischer Beschriftung, weiter seitlich ein dreibeiniges Gestell, das wie ein Herd aussah. Hayat hatte diese Dinge aufmerksam für mich vorbereitet, da sie nicht wußte, was ich an Babynahrung bei mir hatte. Sie hatte ja keine

Ahnung! Müde und verwirrt, wie ich war, und erschüttert von dem Anblick, den dieses alte Haus bot, konnte ich nur stumm nicken, als sie und Zainab mich herumführten.

Das nächste Zimmer lag eine Stufe tiefer – wir mußten über einen fünf Zentimeter hohen Türrahmen steigen –, und die Teppiche, die den Boden bedeckten, schienen sich vor meinen müden Augen zu wellen. Einbauschränke trennten den einen Raum vom nächsten, wo zwei große Nischen schon in Schlafflächen verwandelt worden waren. Die Steine waren mit Matratzen bedeckt, diese wiederum mit Laken, Decken und Kopfkissen verschiedenster Größe und Form. Kastenförmige Moskitonetze bildeten ein rechteckiges Zelt über dem Ganzen, wobei das Netzgewebe rundherum seitlich unter den Matratzen festgesteckt war und die vier Spitzen jeweils von Bändern oder Schnüren hochgehalten wurden, die an vier strategisch günstig plazierten Nägeln befestigt waren.

Dies war also der frühere Palast türkischer Potentaten zu Zeiten des Osmanischen Reiches! Die große »elektrische« Lampe zischte lauter, als ich es gekonnt hätte, und eine der Frauen betätigte die Pumpe, um den Druck wiederherzustellen. Als sie kurz vor der Explosion zu stehen schien, dachte ich, mir gehe es genauso. Müde steckte ich mein Baby unter einem der Moskitozelte ins Bett, meine Schwägerinnen bestätigten die Ankunft unserer letzten Gepäckstücke, und alle sagten *tisbahu-ala-khair.* Also eine gute Nacht! Ich kroch unter das andere Netz und fiel fast auf der Stelle in tiefen Schlaf, wie er nur durch totale Müdigkeit herbeigeführt wird. Ich träumte in dieser Nacht keinen Traum, der sich mit der Wirklichkeit hätte messen können.

Gegen Morgen schrie Hamida nach ihrer Flasche. Die hölzernen Fensterläden hielten das schwache Licht der frühen Morgenstunden ab, daher beschloß ich, die kleine Kerosinlampe anzudrehen, die neben dem Brunnen stand. Unterwegs stieß ich mir den Zeh an, weil ich vergessen hatte, vor der Stufe den Fuß zu heben. Dann brachte ich die Lampe zum Brennen, fand die Flasche und abgekochtes Wasser, stellte die Mischung her und ging zum Herd, um sie zu erhitzen. Ich erhitzte jedoch lediglich mein Gemüt, als ich an jedem der mir fremden Knöpfe zog, sie dann hineindrückte, einige sogar abdrehte, bis ich schließlich aufgab, als nichts funktionierte und ich schon eine ganze Schachtel Streichhölzer verbraucht hatte. Später, viel später erst, erfuhr ich, wie es zu handhaben war. Man mußte zunächst mit einer kleinen Drahtvorrichtung, die fast ständig verlorenging, ein Loch in den Brenner bohren, dann einen ersten dünnen Strom von Brennstoff hineinpumpen, anzünden und dann wieder pumpen wie verrückt, bis das Feuer prasselnd aufloderte.

Hamida trank ihre Milch kalt, aber es machte ihr weniger aus als mir. Mein angestoßener Zeh schmerzte, der Glaszylinder der Kerosinlampe war völlig verrußt, weil ich die Flamme zu hoch gedreht hatte, und ich war jedesmal den Tränen nahe, wenn ich den Herd sah. Zu allem Überfluß folgte mir eine ganze Schwadron von Moskitos, als ich wieder ins Bett kroch. Den Rest der Morgenstunden verbrachte ich damit, blind um mich zu schlagen, bis es hell genug war, daß ich sehen und mich von ihnen befreien konnte. Da brachte ein zu heftiger Schlag, der auf ein Ziel an der Decke des Netzes gerichtet war, die gesamte nordöstliche Ecke über mir zum Einsturz. Hayat hatte sich natürlich genau diesen Augenblick ausgesucht, um mir ihr Hochzeitsgeschenk zu bringen. Geschmückt mit dem Netzgewebe, das meinen Kopf umhüllte, stand ich da. Hayat stand auch wie angewurzelt, und um ihre Anwesenheit irgendwie zu erklären, brachte sie die Diamantbrosche in ihrer Hand zum Vorschein. Das war zuviel! Sie begann unkontrolliert zu lachen, und ich brach in dem Netz in mich zusammen. Wegen der wirklich unpassenden Gelegenheit, die das Schicksal für das Überreichen meiner Hochzeitsjuwelen ausgewählt hatte, bekam ich einen Lachkrampf. Zusätzlich zu dem komödiantischen Moskitoakt, den ich vorführte, hatte Hayat auch die verqualmte Laterne und den Stapel abgebrannter Streichhölzer gesehen und daraus richtig und amüsiert auf die verzweifelte Lage geschlossen, in der ich mich in der Nacht befunden hatte.

Unser Gelächter wurde begleitet von ziemlich außergewöhnlichen dissonanten Geräuschen, verursacht von hindustanischen Schallplatten, die in voller Lautstärke aus Onkel Yousufs Hof unter meinem Fenster heraufschallten, vom Schreien irgendwo in der Nähe befindlicher Esel, von Rufen an Bedienstete, die wiederum zurückriefen, und anderen Hausgeräuschen verschiedenster Art. Ich glaubte sogar, Pferde galoppieren zu hören, aber ich schüttelte diesen Gedanken ab und stieg aus dem Bett, um mein Geschenk entgegenzunehmen. Hayat umarmte mich und sagte mir, daß sie mich schon sehr liebgewonnen habe; dann saßen wir zusammen, während ich die Schale mit Kaffee und Milch trank, die die Magd Rogaiya gebracht hatte. Eigentlich war Tee das übliche Morgengetränk, aber sie hatten gehört, daß Amerikaner Kaffee trinken, und den bekam ich auch grundsätzlich jeden Morgen gereicht. Ich habe nie erfahren, wie sie ihn machten, sie brühten ihn jedenfalls anders auf – mit besonderen, zu Pulver gemahlenen Röstbohnen für den Kaffee nach türkischer Art und grünen Bohnen für die einheimische Sorte. Aber wie auch immer, das Ergebnis war köstlich, und ich wußte die Idee sehr zu schätzen.

Rogaiya durfte erst gehen, als sie unsere schmutzige Wäsche entgegengenommen hatte. Hayat öffnete unsere Koffer und nahm eine Menge Sachen heraus, darunter ein

Paar meiner schwer zu bekommenden Nylonstrümpfe aus Kriegszeiten. Sie packte alles zusammen und wies Rogaiya an, es bis zum Abend zurückzubringen. Ich bekam einen ordentlichen Stapel sauberer Wäsche zurück, meine schönen Nylonstrümpfe zuoberst. Allerdings in einer neuen Form – sie waren zu sauber zusammengeknäuelten Fadenbällchen geworden. Die Babysachen waren auch sauber geschrubbt, aber nicht fleckenlos, sondern mit Brandlöchern übersät. Niemand hatte Rogaiya, die es zu beträchtlichem Ruhm als beste Wäscherin der Gegend gebracht hatte, gesagt, daß Nylonstrümpfe und Synthetikwäsche nicht wie Leinenlaken gewaschen werden, und um ehrlich zu sein, die Brandlöcher waren auch nicht auf ihr Versagen zurückzuführen. Man benutzte hier noch häufig altmodische Bügeleisen, mit Kohlen beheizte, die man in ein spezielles Fach in ihrem Boden tat, und unvermeidlicherweise fielen ab und zu glühende Kohlestückchen durch die Belüftungsöffnungen und brannten sich durch die Kleidung.

Das Aussortieren der Schmutzwäsche inspirierte Hayat dazu, weiter auszupacken, und ihr das ausreden zu wollen wäre dem Versuch gleichgekommen, einen fahrenden Güterzug zu stoppen. Sie hielt sich nicht lange mit Fragen auf, sondern fuhr einfach unbeirrt mit ihrer Arbeit fort, räumte die Koffer mit beängstigendem Eifer aus und legte die Sachen in die schiefen blauen Schränke, die in einem unglaublichen Neigungswinkel an den Wänden standen. Es hatte keinen Zweck, ihr helfen zu wollen, und so nutzte ich die Zeit, unsere Zimmer zu inspizieren, alles in allem drei an der Zahl, wenn man das Vorzimmer dazurechnete, in dem sich der Brunnen befand und von dem je eine Holztür zum Außenflur, zur Toilette vom Typ Loch-im-Boden und zum kombinierten Wohn-/Schlafzimmer führte.

Der Brunnen hatte eine wacklige, schlechtsitzende Holzabdeckung, und das Wasser kam aus einem Hahn, der nur dreißig Zentimeter über dem Boden und außerdem so nahe an der Wand angebracht war, daß kein Behälter mit dem Rand darunter paßte. Wenn wir uns die Zähne putzten, spritzte das Wasser über unsere Füße, und die winzige Rinne am Boden, die das Abwasser an der Wand entlang und unter der Holztür hindurch in den Abfluß der Toilette führte, war fast nie groß genug, um den Wasserfluß zu bewältigen, so daß es ständig überfloß und ein fleckiges Bild getrockneter Rückstände auf dem rauhen Boden hinterließ.

Das Wohnzimmer hatte einen kleinen Fenstersitz, auf dem ein Teppich und Brokatrollen für die Arme lagen. Der Boden, der schon in der Nacht etwas wellig ausgesehen hatte, war es im Tageslicht noch mehr. Er war voller Senken, und die schönen Teppiche schienen in Bewegung zu sein. Sie bedeckten einen Boden, der stellenweise so abgenutzt war, daß das Erdfundament zum Vorschein kam, aber den Teppichen schien es nicht geschadet zu haben. Sie waren so alt, wie Teppiche nur werden können, doch die Farben erschienen immer noch kräftig und durch die Jahre und den Gebrauch nur noch schöner. Die leuchtend blauen Schränke, die Hayat gerade vollstopfte, konnten von jedem der beiden Räume aus geöffnet werden. Sie waren roh gezimmert, und das Holz war grob behauen; ihre eisernen Riegel waren alt und schwer, und die großen Schlüssel ließen sich erst in den Schlössern drehen, wenn man die Türen von unten anhob. Die Schlösser selbst waren falsch herum angebracht, ein Phänomen, dem man im Mittleren Osten so häufig begegnet, daß es schon keine Besonderheit mehr ist. Jetzt, da Tag war, konnte man erkennen, daß die unter den Fenstern aufgestellten Betten große, mit Teppichen und knallbunten Kopfkissen bedeckte orientalische Sofas waren, und die schmalen Fenster in den Außenwänden waren zwar zahlreich, hatten aber leider keine Scheiben. Ein Blick hinaus war nur möglich, wenn man die Fensterläden hochstemmte, herunterdrückte und geradeaus wegzog, je nachdem, wohin man schauen wollte. Die Decken waren allesamt hoch und die Wände dick. Wegen der fehlenden Scheiben heulte und pfiff der Wind unaufhörlich durch die Läden, auf der einen Seite herein und auf der anderen wieder hinaus, er schlug Türen zu, die nicht eingehakt waren, und riß bei denen, die es waren, Haken und Putz aus den Wänden. Man erzählte mir, es gebe auch pfeifende Schlangen, aber ich habe nie welche gesehen und tat nur so, als hörte ich sie.

Zum Frühstück gab es an diesem ersten Tag knuspriges, mit Backpulver gebackenes Fladenbrot und ein weicheres dunkles, grobkörniges Fladenbrot. Dazu reichte man *gishta*, das cremige, knusprige Produkt, das sich auf der Oberfläche erhitzter Milch bildet, wenn man sie in einem Kessel abkühlen läßt, schwarzen Honig aus Hadhramaut in Südarabien, Butter aus der Dose, Quittenmarmelade, weißen Ziegenkäse und kleine grüne Oliven aus dem Libanon (zu erkennen am Spalt in der Mitte), die wir aus einem Krug limonengewürzten Öls schöpften. Es schmeckte köstlich, aber wir mußten um alles mit den Fliegen kämpfen, und die Moskitos, die sich während der Nacht in den dunklen Ecken unter dem Tisch verkrochen hatten, begannen ihren Tag mit einem Frühstück mit mir. Mein fremdes Blut lockte sie an, Zainab holte mir deshalb einen ihrer baumwollenen *shershifs*, den ich zum Schutz um meine Beine wickelte. Von da an lag dieser *shershif* stets wie eine Serviette gefaltet an meinem Platz.

Da Staub, Sand und Wind jeden Tag zum Putztag machten, hörten wir an diesem wie an fast jedem Morgen das dumpfe Wischen der Tukroony*, der Dienstmädchen, die

* Name einer bestimmten Region und eines Stammes und ihrer Mitglieder in Afrika.

auf Händen und Knien rutschend jeden Raum von einem Ende bis zum anderen ausfegten. Noch bevor wir unser Frühstück beendet hatten, fing für die Kinder, die mit dem ihren schon lange fertig waren, der Unterricht an, und wir konnten sie mit ihrem Lehrer Eustaz Aish im angrenzenden Raum hören, wie sie Koranverse aufsagten. Zainabs Hussein stand an der Spitze der Schüler aus der Familie, gefolgt von Essam und Abdullah, den einzigen von Hayats fünf Kindern, die alt genug für den regulären Unterricht waren.

Nach dem Frühstück ging jede der Damen des Hauses ihren privaten vormittäglichen Aktivitäten nach, die aus Beten, Briefeschreiben, Nähen oder Anweisungen an die Dienerschaft bezüglich der täglichen Arbeiten oder Mahlzeiten bestanden; nur mich hatte Hayat unter den Fittichen, sie kam in mein Zimmer zurück, um das Auspacken zu beenden. Eigentlich hatte sie Hamida baden wollen, aber das Kind war eingeschlafen, und so wurde der Gedanke wieder verworfen, bis Hayat auf die begrüßenswerte Idee kam, daß ich vielleicht ein Bad möchte. Nichts wies auf ein Badezimmer hin, aber der Vorschlag gefiel mir, und schon meine milde Zustimmung reichte aus, Hayat auf volle Touren zu bringen. Sie klatschte nach ihrem Mädchen und rannte mit mir los, um Handtücher, Seife, Kölnisch Wasser, Talkumpuder und etwas, was einem überdimensionalen Weizenkeks glich, zu besorgen. Sie marschierte mit mir verschiedene Flure auf und ab, unter einem Bogen hindurch in einen gefliesten Raum und dann in einen anderen mit einer Kuppel, der mit nichts vergleichbar war, das ich bis dahin gesehen hatte. Nischen und Bögen bestimmten den Charakter dieses Orts, und gemalte, puttenhafte Gesichter starrten von Wänden und Decken. Ein einzelner Messinghahn stand aus der Wand hervor, weiter seitlich gab es eine winzige Kabine zum Umziehen. Der geflieste Raum war bis auf einen kurzbeinigen Hocker und einen übergroßen Zinnbecher leer. Aus einer der Wände trat Dampf aus, und ich stand da und war völlig verblüfft. Ich konnte irgendwo Wasser brodeln hören und war nicht einmal erstaunt, als ich erfuhr, daß sich in der Wand selbst ein Wasserbehälter befand, der von der anderen Seite aus gefüllt und von einem Holzfeuer erhitzt wurde.

Ich war so fasziniert, daß ich mich eigentlich erst nachträglich fragte, wo und wie man badete. Sicherlich nicht in dem Zinnbecher oder unter dem Messinghahn! Als ob sie meine Frage beantworten wollten, erschienen Hayats Dienstmägde mit drei Eimern, einem leeren und zwei mit kaltem Wasser gefüllten. Hayat füllte den leeren Eimer an der Heißwasserwand, nahm den *mograf*, den großen Zinnbecher, und mischte damit das Wasser, indem sie es zwischen den drei Eimern hin und her goß, mehr heißes Wasser aus dem Hahn hineinfließen ließ, die Temperatur prüfte und den Inhalt der drei Eimer mit einer Intensität austauschte, die der eines Schlagzeugers glich, der seine Instrumente bearbeitet. Dann drehte sie sich zu mir, stellte den kleinen Hocker neben die Eimer und sagte: »In Ordnung, komm jetzt her und setz dich!« Damit hatte ich wirklich nicht gerechnet, aber sie hatte eindeutig die Absicht, mich persönlich zu baden, und ich hatte keine Wahl. Ich saß nackt auf dem Hocker, während der Dampf um mich wogte und die gemalten Putten zusahen, wie ich eingeseift und mit dem Weizenkeks geschrubbt wurde, der eigentlich eine *loofa* war, ein Waschhandschuh aus einem tropischen Gewächs. Nachdem sie mich mit ihren erbarmungslosen Eimergüssen halb ertränkt hatte, beendete Hayat die Überschwemmung mit Kölnisch Wasser und Puder und am Ende war sie genauso naß wie ich. Was mich betrifft, so war ich jetzt peinlich sauber, und Hayat war nach der Erfüllung dieser Mission immer noch voller Tatendrang. Was für eine Art, ein freundschaftliches Verhältnis zu neuen Verwandten aufzubauen!

Kapitel 6

Aus Alis Viertagereise nach Riad wurden achtzehn Tage, also verbrachte ich meine ersten Wochen in Arabien ohne ihn. Da war ich nun und hatte auf einen Schlag eine neue Familie, die ich nie zuvor gesehen hatte, und da waren sie, mit einer Fremden, die gekommen war, um eine der Ihren zu sein, aber wir konnten uns nicht einmal unterhalten. Alles war neu für mich – neu, fremd und oft zum Verzweifeln. Es war leicht gewesen, das Tragen des Schleiers zu akzeptieren, aber ich war nicht auf das Eingesperrtsein vorbereitet gewesen, unter dem ich litt, weil wir jeden Tag in den Mauern unserer Zimmer, den Mauern des Hauses und den Mauern des Gartens verbrachten. Der einzige Mann bei uns, Mohamed, war meistens nicht da, und nur Onkel Yousuf sahen wir gelegentlich auf einen Gruß oder einen kurzen Besuch, obwohl er auf demselben Grundstück, wenn auch in einem separaten Gästehaus, wohnte. Ich fühlte mich so eingesperrt, daß ich es kaum aushalten konnte, und es fiel mir schwer zu glauben, daß mein Leben sich nun nur noch um Frauen und Kinder drehen sollte und es keinen Ort außerhalb des Hauses gab, wohin man gehen könnte.

Männer unter Männern und Frauen unter Frauen, das war der Gang des Lebens, und da ich an diese Trennung der Geschlechter nicht gewöhnt war, regte es mich auf und machte mich wütend. Ich kam jedesmal in Rage, wenn Mohamed für sich und seine Freunde einen eigenen Essenstisch im Haus aufstellen ließ; und wenn ich durch die hölzernen Fensterläden meines Schlafzimmers linste und die älteren Männer aus Onkel Yousufs Freundeskreis sah, die jeden Tag zum

Palavern, Teetrinken, Kaffeetrinken, zum Backgammon, Schachspielen und Essen vorbeikamen – ich nannte sie »die Stammgäste« –, hätte ich ihnen die Pocken an den Hals wünschen können, weil sie in meinen Augen den Garten widerrechtlich besetzt hielten. Wenn diese Männer nicht wären, dachte ich, könnten wir ins Freie gehen und durch den Obstgarten streifen (natürlich nur innerhalb der Grenzen unserer Mauern, aber wenigstens im Freien); wir kamen jedoch nur selten in den Genuß dieses Privilegs. Es wurde uns auch nicht speziell gewährt; nur trafen sich unsere Stammgäste an manchen Tagen woanders, und Onkel Yousuf war immer so aufmerksam, uns Bescheid zu geben, daß der Garten zu unserer freien Verfügung stände, wenn wir wollten.

Wollten? Er hatte ja keine Ahnung, wie sehr! Ich sehnte mich schon nach einer einzelnen Fensterscheibe irgendwo in diesem großen, weitläufigen Haus – ich sehnte mich nach einem ungehinderten Blick aus nur einem der Fenster. Diese Fensterläden machten das Haus zu einem Gefängnis, und ich mochte den vergitterten Ausblick nicht, den sie mir von der Außenwelt vermittelten. Jede Befreiung aus diesem Haus, und sei sie noch so begrenzt, war willkommen; und von dem Moment an, wenn Onkel Yousuf seinen – und auch meinen – Tag begann, indem er mit aller Kraft nach seinem Diener rief (»*Ya Awad, Ya Awaaaad!*«), bis zu dem Augenblick, in dem ich zum Schlafen auf mein Steinbett kroch, dachte ich über meine verlorene Freiheit nach und ersehnte sie zurück. Nie, nie wieder würde ich sie als etwas Selbstverständliches betrachten.

Wir hatten natürlich Betätigungen, die nützlich und befriedigend, nett und lustig waren. Die arabischen Frauen und ich entwickelten viel schneller, als man es für möglich halten sollte, eine Beziehung zueinander, die trotz aller Probleme funktionierte. Aber Freiheit ist etwas Besonderes. Sie ist ein Privileg, das, gerade in Verbindung mit den alltäglichen Pflichten und Freuden, das Leben erträglich und angenehm macht, und in Arabien waren wir nicht frei. Wir Frauen nähten, kümmerten uns um die Kinder, kochten hin und wieder etwas, machten Marmelade, redeten, spielten Spiele und schrieben Briefe, aber wir hatten nicht die Freiheit, zu kommen und zu gehen, wann wir wollten. Besuche boten uns mitunter die Möglichkeit, herauszukommen, aber im Prinzip vertauschten wir nur die Gefangenschaft in unseren eigenen Räumen mit der Gefangenschaft in den Räumen einer anderen Frau. Ein Mann mußte uns ein Auto besorgen, ein Mann mußte uns fahren. Dazwischen, verschleiert und verhüllt von der Minute, als wir aus der Tür traten, bis zu der, da wir oben im Salon derjenigen angekommen waren, die wir besuchten, hatten wir keinerlei Kontakt zu irgend jemandem oder irgend etwas. Wir waren gefangen, und unser ganzes Vergnügen bestand darin, von unseren Fenstern aus zu beobachten, was sich unten auf der Straße abspielte.

Die Wohnzimmerfenster boten einen Blick auf die Armeekasernen an der gegenüberliegenden Straßenkreuzung, wo die Wüstenstraße in die Stadt mündete. Vom Teezimmer aus konnte man die Stadttore sehen, und das Eßzimmer gewährte Sicht auf die Stadtmauern und die Straße, die zum Stadtbrunnen führt. Unsere Schlafzimmer auf der anderen Seite des Hauses lagen über dem eingefriedeten Garten, wo man ab und zu einen schwer arbeitenden Gärtner sehen konnte, wie er mit seinem primitiven Pflug eine Furche zog, ihn dann hochhob und langsam zurückging, um eine neue zu beginnen. Dort schien nie etwas zu wachsen, und jedesmal, wenn ich ihn sah, fragte ich mich, warum er nur in eine Richtung pflügte; aber vielleicht hatte es einen Sinn, und wenn ich in der Lage war, das zu glauben, machte ich tatsächlich Fortschritte, mich hier einzuleben.

Die Rekruten, die in der Wüstenanlage auf der anderen Straßenseite exerzierten, waren augenscheinlich Anfänger. Die saudische Regierung hatte vor kurzem ausländische Berater zur Truppenausbildung ins Land geholt, und Taif war eines der Ausbildungszentren. Die meisten Soldaten, die wir sahen, waren barfüßige Beduinen, deren langes Haar in dicken Locken neben ihren karierten *ghutras* herabhing. Die Armee hatte diese Männer zum ersten Mal in deren Leben in Hosen gesteckt, und wer sie beobachtete, konnte sehen, daß sie sich in ihrer neuen Kleidung unwohl fühlten. Wir sahen einen Mann, der wohl besonders große Schwierigkeiten mit der Anpassung an die neuen Gepflogenheiten hatte; er marschierte bei den Übungen in einer Hose, die falsch herum angezogen war.

An den zum Stadttor hin gelegenen Fenstern konnte man sich auf eines immer verlassen – daß man Sand in die Augen bekam. Der Staub hatte dort keine Gelegenheit, sich zu setzen, weil es einen nie erlahmenden Strom von Beduinen, Stadtbewohnern, Autos, Soldaten, Lastwagen, Eseln und Kamelen gab. Und manchmal bekam man sogar eine Frau zu Gesicht – eine verschleierte Hejaz-Frau mit einem Umhang oder eine Nejdi-Frau, deren Kopfbedeckung Teil eines langen Schleiers war, der hinter ihr eine Spur in den Sand zeichnete. Temperamentvolle Armeepferde gaben eine Morgen- und eine Abendvorstellung, wenn die Stallburschen der Kavallerie sie zur Tränke ritten oder trieben und das Haus unter ihrem Galopp erzitterte – ein Beweis dafür, daß ich an meinem ersten Morgen doch richtig gehört hatte, als ich donnernde Hufe zu hören glaubte.

Eine meiner ersten Pflichten, die ich lernte, bestand darin, jeden Tag auf die Wasserträger zu achten. Die anderen

Frauen wußten, daß sie sich außer Sicht zu halten hatten, wenn fremde Männer in der Nähe waren, ich hingegen mußte mir immer wieder bewußt die Notwendigkeit solchen Verhaltens in Erinnerung rufen. Die Wasserträger, jeder mit zwei Zehngalloneneimern Wasser an einer Schulterstange, schlurften in ihrem eigentümlichen Gang die Treppen hinauf und schrien »*Tareek, tareek*«* – um uns wissen zu lassen, daß sie im Haus waren. Aber mindestens zweimal hörte ich sie entweder nicht, oder ich dachte nicht darüber nach und wurde draußen zwischen zwei Räumen überrascht. Das einzige, was mir übrig blieb, war, mich hinter der Flurtür zu verstecken, bis die Luft wieder rein war, und für den Rest des Tages war ich ausgesprochen wütend auf mich selbst, weil ich mich zu solch einem Ausweichmanöver erniedrigt hatte. Es verletzte meinen Stolz, mich vor Männern verstecken zu müssen, und ich versuchte stets, solche Situationen zu vermeiden, indem ich sämtliche Bereiche mied, wo Männer Vorrang hatten.

Es gab so viele Dinge, die ich lernen mußte, und alle meine Tage waren von dem Gedanken beherrscht, daß ich es nie schaffen würde.

Die Luft war oft so trocken, daß unsere Lippen und die Knöchel unserer Hände aufrissen und bluteten, ein Zustand, den noch so große Mengen von Handlotion und massierenden Dienern nicht verhindern oder heilen konnten. Trotzdem hatte der Wind auch eine kuriose Auswirkung; er trocknete unsere Nasenlöcher so stark aus, daß wir jederzeit durch die Nase pfeifen konnten, und Hayat und ich mochten es, Zwei-Noten-Duette zu veranstalten, die wir vorwärts und rückwärts spielten, bis wir so heftig lachen mußten, daß wir nicht mehr pfeifen konnten.

---

* »Aus dem Weg, aus dem Weg!«

Zu den Spielen, die nicht so sehr von den Launen der Natur abhängig waren, gehörte *Karom*. Das Brett wurde auf ein Kissen auf dem Boden gelegt, und dann schossen wir stundenlang ununterbrochen die roten und grünen Ringe in die Seitentaschen. Hayat und Zainab waren Experten in diesem Spiel, sie brachten es mir bei, während Mutter eigentlich mehr zum Vergnügen der übrigen als zu ihrem eigenen mitspielte. Sie schaffte es nie, Finger und Hand in die richtige Position für einen vernünftigen Schuß zu bringen, und wenn sie glaubte, wir würden nicht aufpassen, lochte sie ihre Marke schnell ein, indem sie sie mit dem Daumen bis in die Tasche schob. Wir ertappten sie immer wieder, und obwohl sie Entrüstung heuchelte, konnte sie uns nicht täuschen – wir wußten, daß sie mogelte, um uns zum Lachen zu bringen. Karom erforderte ein gewisses Geschick, und ein gutes Spiel war reizvoll, aber vor allem sind mir die Stunden, in denen wir spielten, als Zeiten großartiger und guter Kameradschaft in Erinnerung geblieben.

Der Raum, in dem wir uns am häufigsten aufhielten, war das Teezimmer. Dort spielten wir Karom oder Karten, redeten, nähten und kümmerten uns tagsüber um die jüngeren Kinder. Der alte Messingsamowar brodelte vom frühen Morgen bis zum Abend über der Holzkohle, und ein weiteres vertrautes Geräusch kam von der alt aussehenden, aber immer noch nützlichen handangetriebenen Singer-Nähmaschine, auf der die Frauen Kleider für ihre Männer, sich selbst, die Kinder und die Dienstmädchen nähten. Irgendwo im Raum gab es immer zusammengelegte Gebetsteppiche und *shershifs*, die gebrauchsfertig herumlagen, und hier und da verstreut oder unter die Polster der *carawitas* gesteckt *mirwahas*, Fächer, die wie Strohmatten mit Bambusgriffen aussahen. Da die Hitze mir nicht soviel ausmachte wie den anderen, benutzte ich die *mirwahas* als Fliegenklatschen.

Ich kann mich nicht an irgendwelche Wanddekorationen erinnern, aber die Massen von Schuhwerk, die die Türeingänge dekorierten, werde ich nie vergessen. Ich lernte, wie jeder andere meine Schuhe auszuziehen, wenn ich einen Raum betrat, doch war es eines meiner größten Ärgernisse, ständig diese allgegenwärtigen Haufen zusammengestellten Schuhwerks, die den Weg versperrten, übersteigen oder umgehen zu müssen. An Tagen, an denen wir Besuch hatten, wurde jeder Weg zum Hindernislauf.

Ansonsten waren die Zimmer kaum dekoriert, es gab nicht einmal Lampen in den Zimmern, weil sie erst bei Einbruch der Dunkelheit zischend und flackernd hereingebracht wurden. Der Tür gegenüber stand ein Radio, das an eine große Autobatterie angeschlossen war, und wenn es möglich war, wurden die englischen Nachrichten für mich eingestellt. Sobald ich hörte, was andernorts vorging, fühlte ich mich noch stärker von dem abgeschnitten, was ich »die andere Welt« nannte. Auch das Telefon, das wir besaßen, war keine große Hilfe. Alles, was es bis dahin für mich getan hatte, war die Übermittlung der Nachricht, daß Alis Rückkehr sich weiter verzögerte, und es war genauso altmodisch und noch stärker statisch aufgeladen als das Radio.

Es war ein Telefon mit einer Kurbel, und seine Benutzung konnte einen verrückt machen – man mußte ewig kurbeln, bis man die Vermittlung hatte, noch länger, bis man Verbindung bekam, und nach dem ganzen Aufwand war diese meistens so schlecht, daß der Herr von der Vermittlung als Zwischenstation fungieren mußte. Er ließ erst einen Gesprächspartner sprechen, dann gab er die Nachricht an den anderen weiter. Die Leute von der Vermittlung machten ein gutes Nebengeschäft, indem sie ihre Kunden über die Ankunftszeiten von Flugzeugen informierten, mit denen liebe Angehörige von einer Reise zurückkehrten. Sie erkundeten, wer sich in einem eintreffenden Flugzeug befand und wann es landen würde, und vor der Ankunft der Maschine riefen sie bei den betreffenden Familien an. Telegramme, die die gleiche Nachricht enthielten, trafen meist erst nach den Personen ein, die sie aufgegeben hatten, somit war dieser private Informationsservice in der Regel so willkommen, daß er ein gutes Trinkgeld garantierte. Da sich die Anzahl der Starts und Landungen in den großen Städten mit der steigenden Zahl der Reisenden vermehrte, hatten sich die ehrgeizigsten dieser öffentlich Bediensteten zweifellos eine reiche Einnahmequelle erschlossen.

Eines Morgens kam ich ins Teezimmer und sah eine fremde Frau, und als ich meine Begrüßung brummte, dachte sie, ich sei auch eine Fremde. Die Art der Kleidung, die sie trug, hatte ich noch nie gesehen, und ihr leuchtend hennagefärbtes Haar war genauso auffallend wie die lässige Art und Weise, in der es zur Hälfte von einem ebenso stark leuchtenden Stoffband gehalten wurde. Wir waren allein im Raum und müssen ein wundervolles Paar abgegeben haben, denn sie war eindeutig keine Saudi. Unsere Versuche, freundlich zueinander zu sein, waren nicht gerade umwerfend. Sie wunderte sich vermutlich mehr über meine Anwesenheit als ich mich über ihre, weil sie zumindest die Sprache beherrschte. Als Mutter mit einem Dienstmädchen hereinkam, das der Frau ein paar Bündel gab, dachte ich, sie sei irgendeine arme Seele, die sich ein Almosen abholte. Aber sie war eine Hausiererin, und die Bündel enthielten ihre Waren. Sie war gebürtige Tscherkessin und hatte sich vermutlich vor Jahren nach einer Pilgerfahrt wie so viele andere zum Bleiben entschlossen.

Ihr Angebot bestand größtenteils aus Kurzwaren und billigem Spielzeug, ein paar Armreifen, Schmuckstücken und einer *buksha* voller Stoffe, die von billigen, knallbunten

Materialien bis zu feinem merzerisierten Baumwollstoff und sogar zwei Stücken Schweizer Spitzen reichten. Aus einer echten oder eingebildeten Notwendigkeit, aber vor allem aus dem reinen Vergnügen heraus, etwas selbständig erwerben zu können, kauften wir fast alles, was sie hatte. Seit ich angekommen war, hatte ich noch kein arabisches Geld in der Hand gehalten, daher »kaufte« ich gar nicht wirklich ein, sondern suchte mir aus, was ich haben wollte, und Mutter zahlte. Seit ich hier war, war mir alles, was ich brauchte oder haben wollte, von einer anderen besorgt oder zumindest bestellt worden, da wir für den eigentlichen Einkauf vom *suk* auf unsere Diener angewiesen waren.

Dies geschah auf folgende Weise: Die Ladenbesitzer gaben den ihnen bekannten Hausdienern die Waren zur Begutachtung mit nach Hause, und die zum Kauf ausgesuchten Waren wurden behalten, während der Rest zurückgebracht wurde. Falls nichts davon brauchbar war, wurde alles zurückgegeben und etwas anderes zur Ansicht mitgenommen. Der arme Kerl, der die Einkäufe für uns machte, hatte selten den gleichen Geschmack wie wir, und so machte er den Gang manchmal drei- oder viermal, bevor er mit etwas zurückkam, das uns gefiel. Und er mußte nicht nur so lange damit fortfahren, bis wir zufrieden waren, er mußte auch aufpassen, daß er keinen Ärger mit uns bekam, weil er uns Frauen nicht richtig informierte, was es auf dem *suk* zu kaufen gab. Es gereichte ihm in keiner Hinsicht zum Vorteil, wenn wir von anderer Seite erfahren mußten, daß es in der Stadt einen neuen Artikel oder ein neues Produkt zu kaufen gab, oder noch schlimmer, wenn wir hörten, daß ein interessanter Posten dagewesen, aber jetzt nicht mehr zu bekommen war, weil andere Frauen ihn aufgekauft hatten. Deshalb mußte ein guter Marktdiener den Geschmack der Frauen, für die er einkaufte, so gut wie nur möglich kennenlernen, sie ständig über das Angebot auf dem laufenden halten und dafür sorgen, daß sie den anderen Frauen der Stadt stets eine Nasenlänge voraus waren.

Tagtäglich ergaben sich neue Situationen in der Beziehung zu meinen Verwandten, die uns ein Stückchen annäherten, aber oft wurde dies durch die Sprachschwierigkeiten wieder blockiert. Lachen war eine Sache, die wir alle verstanden, und das taten wir dann auch, wenn alles andere versagte – wir lachten. Sie versuchten, an mich heranzukommen und mich zu unterweisen, und ich versuchte, ihnen zu bedeuten, daß ich alles lernen wollte. Aber ich tat immer irgend etwas, das mich in Verlegenheit brachte, und der Spaß ging meist auf meine Kosten. Es war normal, daß die Wörter, die ich am häufigsten hörte, auch am schnellsten hängenblieben, aber einiges von dem Gelernten mußte ich sofort wieder vergessen, weil es falsch war. Ich dachte lange, daß *ma fee ahad* bedeute, ich müsse keinen Schleier tragen – ein klassischer Fall von Wunschdenken. Ich marschierte also aus der Tür mit dem Schleier unter dem Arm, statt ihn zu tragen, und glaubte, daß die anderen Frauen den Schleier wohl sehr gerne trugen, weil sie es selbst dann taten, wenn es nicht nötig war. Aber auf halbem Weg in dem Garten wurde mein bloßer Kopf entdeckt, und alle mußten warten, bis ich ordnungsgemäß gekleidet war. In Wirklichkeit heißt es »es ist keiner in der Nähe«, also daß wir nicht übervorsichtig mit dem Verschleiern sein mußten, aber es hieß auf gar keinen Fall, daß wir uns unverschleiert vorwagen konnten.

Meine Ohren, die zumindest gut darin waren, Gehörtes aufzuschnappen, entdeckten einen anderen Ausdruck, den ich in die vielen Begrüßungsformeln einreihte, weil andere Frauen es zu mir sagten, wenn ich sie traf. »*Mashallah*«*.

* *Mashallah* heißt wörtlich »es ist Gottes Wille«, aber in dem Sinne wird eher benutzt, wie wir »Klopf auf Holz!« sagen.

»*Tawila*«, sagten sie und strahlten mich an, und ich formte die Worte lautlos mit dem Mund nach und übte sie im Geist, um sie eines Tages auch aussprechen zu können. Zum Glück war meine Zunge nicht so schnell wie meine Ohren, denn die guten Frauen hatten lediglich ihre Verwunderung darüber zum Ausdruck gebracht, wie groß ich sei. Ich zuckte später zusammen, wenn ich daran dachte, wie beleidigt ein ungewöhnlich kleiner Gast gewesen wäre, wenn ich ihn mit einem förmlichen »Meine Gute, sind Sie groß!« begrüßt hätte.

Als ich dann tatsächlich einen guten und authentischen Willkommensgruß lernte, *marrhaba* oder *marrhabtain*, neigte ich dazu, ihn mit dem Wort *marruba* zu verwechseln, das »Marmelade« bedeutet. Ich glaube, es wäre genauso schlimm gewesen, zu Frauen, die die Treppe heraufkamen, »Oh, Marmelade, oh, zweifach gute Marmelade« zu sagen.* Im allgemeinen Interesse lernte ich, daß es besser war, wenn ich nur ein unverständliches Murmeln von mir gab und mich nahe bei meinen Verwandten hielt, deren Geschick bei Rettungsaktionen proportional zur Anzahl meiner Schnitzer wuchs. Es kam trotzdem vor, daß ich auf mich allein gestellt war, wenn wir Gäste hatten, und es wurde von mir erwartet, daß ich die einleitenden Frage-Antwort-Spiele in der üblichen Form zustande brachte. Es wurde erwartet, aber es funktionierte nicht, da ich ständig die traditionellen Formeln bestimmter Antworten auf bestimmte Fragen durchbrach und dadurch auch die Besucherinnen aus dem Konzept brachte. »Gut, danke schön«, sagte ich, aus welchem Grund auch immer, anstelle von »Gott sei gedankt« und hob mir vornehmere sprachliche Feinheiten wie »Mir geht es gut, möge Gott Sie beschützen« oder »Gut, möge Gott Sie, Ihren Mann und Ihre Kinder nie verlassen« für die Zukunft auf.

* Ein gebräuchlicher Gruß: »Willkommen, doppelt willkommen«, *-tain* ist abgeleitet von *ithrain*, was »zwei« bedeutet.

Ich war immer für Höflichkeit eingetreten, aber nun hatte ich den entschiedenen Eindruck bekommen, daß das Arabische viel zu viele Höflichkeitsformeln besaß, die praktisch allgemein das gleiche bedeuteten. Es war entmutigend, die gebräuchlichen Ausdrücke wochenlang stotternd und stammelnd zu lernen, nur um feststellen zu müssen, daß ständig weitere auftauchten, die mich neuerlich in Verlegenheit brachten. Ich hatte einen gewissen Grad an Selbstzufriedenheit erreicht, daß ich wenigstens alle Fragen nach meiner Gesundheit zufriedenstellend beantworten konnte; aber als mich eine gute Seele aus dem Landesinnern »*Ish lonik?*«* fragte, konnte ich nicht antworten – ich hatte diese Lektion noch nicht gelernt! Und als eine mir völlig fremde Person auf mich zukam und verkündete: »Wir haben dich vermißt«, dachte ich nur, wie sie mich wohl vermißt haben konnte, wenn sie mich nicht einmal kannte. Wenn ich mit »Ich habe dich auch vermißt« geantwortet hätte, wäre ich mir albern vorgekommen. Vielleicht war dies ihre Art, mir zu sagen, daß ich zu ihnen gehörte, und mir war diese Begrüßung zu ironisch vorgekommen.

Jeder wollte etwas über Amerika erfahren, aber alles, was ich zu Anfang tun konnte, war, die Arme weit auszubreiten und »*Kabeerah*«** zu sagen. Das schien ihre eigenen Vorstellungen zu bestätigen, worauf sie die nächste Frage stellten, ob ich *salemt*, zum Islam übergetreten sei. Meine Familie teilte ihnen völlig offen mit, daß ich es nicht getan habe, sie nickten verständnisvoll, sagten »oh!«, und damit war das Thema erledigt. Die Tatsache schien niemals irgend jemanden aufzuregen, und wenn überhaupt, dann war ich es, die sich ausgeschlossen fühlte, wenn alle außer mir sich auf das Beten vorbereiteten.

---

* »Welcher Rasse gehören Sie an?«

** »Groß!«

Es war faszinierend, ihnen beim Gebet zuzusehen. Es ist beeindruckend und von unnachahmlicher Grazie, wenn es von solch gläubigen Menschen verrichtet wird. Vor dem Gebet müssen alle Moslems zuerst ihre Waschungen vornehmen – diese betreffen das Gesicht, die Füße, die Hände und die Arme bis zu den Ellbogen, wonach die Frauen sich von Kopf bis Fuß in das leichte wollene *shershif* hüllen müssen. Dieses Stofflaken wird zuerst über den Kopf gehängt und dann um den gesamten Körper drapiert. Dann werden die Enden hochgenommen und rundherum fest unter das Tuch gesteckt, mit dem das Gesicht eingefaßt ist, so daß keine Haare mehr zu sehen sind. Das Gebet beginnt damit, daß die offenen Handflächen über das Gesicht und die Augen gelegt werden, um alles Böse auszusperren. Danach folgt eine einleitende Verbeugung nach Osten gen Mekka, bevor die Gebetssequenz beginnt, während der man kniet und sich nach vorn beugt, bis die Stirn den Boden berührt, und sich dann wieder auf die Fersen setzt, während die Lippen in lautloser Rezitation bewegt werden.

Das Gebet der Moslems ist sowohl eine körperliche als auch eine geistige Übung, und man kann mit ziemlicher Sicherheit davon ausgehen, daß es nicht nur der Reinigung der Seele dient, sondern gleichzeitig auch der Lockerung des Körpers. Ich habe achtzigjährige Frauen beim Gebet beobachtet und dabei ihre Knie kaum knacken gehört, während meine wesentlich jüngeren Glieder schon vom Zusehen einschliefen. Das Unterschlagen der Beine auf dem *carawita*, mit dem sie alle aufgewachsen waren, bereitete mir erhebliche Probleme, und ich möchte nicht wissen, wieviel Zeit ich in den ersten Wochen damit verbrachte, das Kribbeln aus den Beinen zu bekommen, damit sie mich nach dem Aufstehen sicher tragen konnten.

In Arabien das Haus zu Besuchen zu verlassen, bedeutete

eine völlig neue Erfahrung für mich. Ein Auto und ein Fahrer mußten reserviert werden; wir mußten uns so zurechtmachen, daß wir für das Tragen von Schleier und Umhang vorbereitet waren. Mit diesen Schleiern saßen wir auf dem Rücksitz eines Autos, während der Fahrer uns durch enge Straßen fuhr, bis er uns schließlich vor einem Eingang mit einer alten Steintreppe absetzte, wo es naturgemäß nach Antiseptika roch. Sie war meist unglaublich uneben und ihre Stufen waren alle unterschiedlich hoch. Die Sicht wurde auch dadurch nicht besser, daß wir die Schleier vom Gesicht weghielten, weil das Treppenhaus immer dunkel war, so daß wir die Stufen ertasten mußten. Auf dem Treppenabsatz wurden wir gewöhnlich von einem Dienstmädchen oder der Herrin des Hauses erwartet, die uns Schleier und Umhänge abnahmen; hierauf wurden wir ins Wohnzimmer geführt, wo sich die anderen Damen des Hauses zu uns gesellten.

Unter Arabern ist Gastfreundschaft sehr hoch angesehen, und obwohl die Gesten, die Reden und die Handlungen, die zu jedem Besuch gehören, nach althergebrachten Mustern ablaufen, ist nichts Falsches daran. Es mögen zwar bei jedem Besuch die gleichen Dinge gesagt, die gleichen Abläufe eingehalten und die gleichen Details befolgt werden, und das traditionelle Servieren von Kaffee und Tee ist immer noch ein Muß, aber trotzdem wird ein echtes Gefühl des Willkommenseins vermittelt, und der Besucher fühlt sich wahrhaft als Gast und geehrt.

Aufgrund meiner Stummheit und meiner allgemeinen Unfähigkeit, allen Vorgängen eingehend zu folgen, tat ich am besten daran, mich im Hintergrund zu halten, was eigentlich nicht möglich war, da ich, ob gewollt oder nicht, stets im Vordergrund des Interesses stand. Die Anwesenheit einer *amerikania* in ihrer Mitte sorgte für eine gewisse Neugier, und wenn ich im Schlepptau meiner arabischen Familie irgendwo auftauchte, war ich alles andere als unauffällig, und das nicht nur, weil ich die meisten von ihnen überragte.

Hayats Streiche waren auch dafür verantwortlich. Ihr Lieblingsstreich bestand darin, der jeweiligen Gastgeberin weiszumachen, daß ich keine Zigaretten rauche, weil ich angeblich die *sisha* bevorzugte. (Sie alle rauchten amerikanische oder englische Zigaretten oder drehten sich ihre eigenen, aber ich sollte Wasserpfeife rauchen!) Erste dunkle Ahnungen stellten sich bei mir ein, als man plötzlich ein verwirrendes Gerät vor mich stellte, das aus Schläuchen, Wasserbehältern, bunten Quasten und rauchenden Kohlen bestand, und von mir erwartet wurde, daß ich etwas damit tat. Ich hatte noch nie so etwas gesehen, geschweige denn damit geraucht, und die einzigen Worte, die ich zusammenbekam, waren ein paar gutgewählte nichtarabische an Hayats Adresse. Diese verschlimmere meine mißliche Lage noch, indem sie behauptete, meine Ablehnung sei lediglich auf meine Schüchternheit zurückzuführen, und sie sei entschlossen, dafür zu sorgen, daß ich mich »wie zu Hause« fühlte. Ich bemühte mich, bei meiner beharrlichen Ablehnung deutlich und gleichzeitig diplomatisch zu sein, aber was mich wirklich erstaunte, war die Überraschung der Frauen, daß ich keine Zigaretten rauchte, und die Selbstverständlichkeit, mit der sie meinem vermeintlichen Wunsch nach einer *sisha* nachkamen.

Was ich auf unseren Fahrten durch die Stadt sah, machte es bedauerlicher, daß wir nicht aussteigen und zu Fuß gehen konnten. Es gab eine Menge interessanter Dinge, und ich wäre gerne nach Lust und Laune umhergestreift. Geschäfte, die nur aus Löchern in einer Wand bestanden und deren Besitzer mit übereinandergeschlagenen Beinen neben ihren Waren hockten, gab es in manchen Gegenden haufenweise, ferner kleine Cafés, deren winzige Tische praktisch auf der Straße standen, wo Männer saßen, die kleine Wasserpfeifen rauchten und Kaffee aus Gläsern schlürften. Jungen mit um die Hüften geschlungenen *tobes* fuhren schwankend auf zu großen Fahrrädern die Straße hinunter, und hier und da trabten hennagefärbte Esel mit bimmelnden Glöckchen am Hals, deren Reiter weit hinten auf dem weicheren Rückenteil saßen. Alte und schlecht gemauerte Gebäude verliehen einigen Vierteln ein baufälliges Erscheinungsbild, aber größere Bauten wiesen prächtige architektonische Merkmale auf, die sich im Laufe der Zeit zwar verändert hatten, aber erhalten geblieben waren – ein Zeichen für die Qualität der Baukunst zur Zeit ihrer Entstehung. Kunstvoll geschnitzte Holztüren und Tore, von Wüstensonne und Wind gezeichnet, bewachten Wände und Höfe, und von jedem Punkt in der Stadt konnte man die Silhouette der flachen Dächer, der von der Sonne ausgetrockneten Ecktürme, der Kuppeln und des Minaretts, das immer der höchste Punkt am Horizont war, sehen und mit den Augen verfolgen.

Anstelle von Fenstern gab es überhängende, abgeschlossene Balkone aus fein geschnitztem Holz, komplizierte, spitzenähnliche Muster, die von außen dekorativ und von innen praktisch waren, weil sie den Frauen Gelegenheit gaben, dort zu sitzen und das Treiben auf der Straße zu beobachten, ohne von unten gesehen zu werden.

Da wir uns keine Illusionen über das Funktionieren des lokalen Nachrichtendienstes machten, waren wir uns recht sicher, daß unsere Anwesenheit und Identität nicht verborgen geblieben waren und es sich herumgesprochen hatte, daß wir in der Stadt waren. Wir achteten deshalb darauf, unsere Stimmen und unser Gelächter zu dämpfen. Die Männer in den Straßen erkannten uns an unseren Autos und unseren Fahrern, und wenn sich die Gelegenheit dazu ergab, ließen sie uns wissen, daß sie es wußten. Es machte ihnen Spaß zu beweisen, daß wir sie, ob mit oder ohne Schleier, nicht täuschen konnten, deshalb riefen sie unseren Familiennamen, wenn wir auf der Straße vorbeifuhren.

Ich bin davon überzeugt, daß sie *wegen* unserer Schleier neugierig waren, nicht trotz der Schleier, aber unser Verhalten änderte sich dadurch nicht. Wir saßen stets züchtig und überkorrekt im Auto und wagten es nicht, unsere Köpfe in irgendeine Richtung zu bewegen, und in außergewöhnlich vollen Straßen verhielten wir uns diszipliniert und ruhig. Als wir uns einmal durch starken Fußgängerverkehr den Weg bahnten, rief Mutter plötzlich: »Mensch, um Gottes willen!«, weil ihr Schleier verrutscht war und eine unbedeckte Stelle ihrer unteren Kinnpartie und ihres Halses preisgab. Wenn in einer schwarzen Wand auf einmal ein Kinn und ein Hals mit einer Kette auftauchen, kann dies einen furchtbar komischen Effekt erzeugen, und so war es auch. Ihr Schleier war verrutscht, wir prusteten die unsrigen jedoch vor Lachen fast weg, während Mutter uns nach Wiederherstellung ihrer Anonymität fortwährend ermahnte: »Um Gottes willen, Mädchen, müßt ihr denn unbedingt jetzt lachen?« Ja, wir mußten, und keine von uns beruhigte sich, bis uns die Ankunft an unserem Ziel zwang, uns zusammenzunehmen.

Wenn wir drei jüngeren Frauen etwas allein unternehmen wollten, hatte Mutter immer Angst. Sie hielt uns nie davon ab, aber sie warnte uns. Eines Nachmittags versuchte sie uns zu überzeugen, daß es zu spät sei, um noch irgendwo hinzufahren, aber wir hatten von dem Haus die Nase voll und fuhren trotzdem. Unser Fahrer Saleh brachte uns ein paar Meilen weit in die Wüste hinaus, wo wir das Auto stehenließen und herumspazierten, während er außerhalb des Blickfelds wartete, jedoch nahe genug, um uns hören zu können, falls wir ihn brauchten. Ich sammelte ein paar Wüstenpflanzen, die dürr und trocken, aber als Überlebende der Versuche des Wüstenwindes, sie niederzuwerfen, von Interesse waren; und wir, interessante Objekte des gleichen Versuchs, verdrückten die paar Kuchenstücke, die wir bei uns hatten. Als die Sonne unterging, fingen alle außer mir an zu beten (ich betete in Gedanken), und die friedliche Stille, die die Wüste in der Abenddämmerung ausstrahlte, hüllte uns ein. Wir hatten keinerlei Lust, zu gehen, aber wenn wir zu lange blieben, würden sie einen Suchtrupp nach uns ausschicken, daher zogen wir unsere Oberkleider an und machten uns auf den Weg nach Hause.

Wir kamen nicht weit. Es gab keine richtige Straße, und im düsteren Licht des frühen Abends konnte es dem Fahrer leicht passieren, daß er die Bodenqualität nicht erkannte. So bleiben wir ziemlich bald stecken. Saleh mußte am Steuer ausharren und uns Mädchen das Schieben des Autos überlassen. Versuchen Sie, sich das Bild vorzustellen, das wir abgaben: Das Auto, bis zu den hinteren Radkappen im Sand, der arabische Fahrer hinter dem Steuer und drei schwarzumhüllte Frauen, die mit aller Macht versuchen, das Auto freizubekommen und gleichzeitig ihre Umhänge an Ort und Stelle zu halten.

Wir schaukelten das Auto vor und zurück, zurück und vor, und jedesmal, wenn Saleh den Motor aufheulen ließ, drehten die Räder durch, bis ein mächtiger letzter Ruck von uns ihnen die nötige Bodenhaftung gab, worauf das Auto einen Satz nach vorn tat und gleich weiter in Richtung festeren Untergrunds fuhr. Da wir uns alle drei bei unseren Bemühungen schon sehr weit vorgebeugt hatten und plötzlich ohne Halt waren, landeten wir, eins, zwei, drei, flach auf dem Boden mit den Gesichtern im Sand. Wir blieben lachend liegen, bis uns die Tränen in den Augen standen.

Dann blickten wir auf und sahen, daß Saleh wie ein verrückt gewordener Hampelmann über das unwegsame Land auf uns zugelaufen kam. Wir sprangen auf, voller Sand und verknittert wie wir waren, damit er sehen konnte, daß uns nichts fehlte, denn der arme Kerl hatte große Angst gehabt, als er nach hinten blickte und seine drei Schützlinge regungslos im Sand auf dem Bauch liegen sah. Er war außer sich vor Furcht, daß wir uns verletzt haben könnten, und hatte eine geradezu panische Angst davor, was man mit ihm machen würde, wenn etwas passiert wäre. Er war der einzige in unserer Gruppe, der still war, als wir unsere Heimfahrt ohne weiteren Zwischenfall fortsetzten, und er ließ sich einfach nicht aufheitern.

Unsere Fröhlichkeit war kaum zu überbieten, als wir das Haus erreichten. Wir beschlossen, barfuß zu gehen, und das machten wir auch. Die sandgefüllten Schuhe in den Händen, gingen wir vom Auto zum Tor, durch den Hof und die Treppe hoch und gaben unterwegs keine Erklärungen für unser zerzaustes Aussehen oder unsere Aufgekratztheit. Es sah aus, als ob die Dienerschaft trotzdem schon alles wüßte, bevor wir den dritten Stock erreichten. Deshalb beeilten wir uns, bei Mutter vorstellig zu werden, damit sie selbst sehen konnte, daß es uns gut ging – wir waren vielleicht etwas ausgelassen, aber in Sicherheit und gesund. Sie war eine ängstliche Seele, aber unsere Albernheit zerstreute alle ihre Sorgen. Sie erfreute uns damit, daß sie bei unserem Anblick genau das tat, was wir vermutet hatten; sie legte eine Hand über den Mund und sagte: »Um Himmels willen, seid ihr denn alle verrückt geworden?«

Der Ausflug hatte uns allen, Saleh vielleicht ausgenommen, gut getan, und unsere blendende Laune hielt den ganzen Abend lang an. Das Essen war wie immer gut, und mir fiel allmählich auf, daß die Dinge, die ich besonders gerne mochte, regelmäßig auf den Tisch kamen. Nach dem Abendessen gab Hayat uns eine Kostprobe ihrer Kinofilmdarbietungen, in denen sie alle Rollen mit großem dramatischen Talent spielte, und zwischendurch half ich Zainab bei ihren Näharbeiten, indem ich alte Nähte auftrennte. Zainab nähte, wie Penelope einst webte – sie arbeitete den ganzen Tag und riß abends alles wieder auf. Aber wenn sie endlich etwas fertiggestellt hatte, war das Ergebnis makellos und von exquisiter Schönheit.

Bei all dem Lärm, den Hayat machte, konnte man sich schlecht vorstellen, wie sich jemand entspannen konnte, aber Mutter hätte nach dem Essen auch dann noch ihr Schläfchen auf dem *carawita* gehalten, wenn die ganze Welt neben ihr zusammengestürzt wäre. An diesem Abend lag sie wie immer ohne Brille und mit geschlossenen Augen da, während ihr türkischer Kaffee neben ihr kalt wurde, obwohl der Unterteller mit der Oberseite nach unten über die winzige Tasse gelegt war, als Hayat ihre Kinofilmbearbeitung vorzeitig abbrach, zu Mutter hinüberstarrte und sagte: »Na, du süßes kleines Ding, du?«

Mutter schlief nicht sonderlich tief, und da sie ganz richtig vermutete, daß Hayat in ihre Richtung gesprochen hatte, schielte sie zurück und fragte: »Was ist los mit dir, Mädchen?«

Sie maß der Sache soviel Wert bei, daß sie ihre Brille aufsetzte. Als sie dies getan hatte, stellte sie fest, daß Hayat den Blick nicht auf sie richtete, sondern auf einen Punkt unmittelbar hinter ihr. Sie drehte sich um und sah eine kleine Maus, die auf dem Kopfkissen des *carawita* saß und ihren Blick erwiderte. Bevor das arme Tierchen auch nur blinzeln konnte, sprang Mutter schon auf und schrie.

Die Maus wurde hinausgejagt, vielleicht sogar getötet. Danach war keine von uns mehr zu Späßen aufgelegt, und so gingen wir zu Bett. Kurz nachdem ich in mein Zimmer gegangen war, kam die gute alte Rogaiya mit meiner warmen Milch, und mein einfaches »Dankeschön« war eine Art Dank an alle. Es war ein schöner Tag gewesen.

Andere Tage waren weniger heiter. Es gab nicht viel, was ich für sie tun konnte – und verdammt wenig, was ich für mich selbst tun konnte, abgesehen von dem Versuch, mich besser anzupassen. Aber in diesen ersten Wochen war ich mir zu keiner Zeit ganz sicher, was damit alles verbunden war. Die alltäglichen Pflichten und Gebräuche in Haushalten wie dem unseren waren althergebracht, daher lag es an mir, der einzigen Fremden, sich einzuleben und ein Teil des Ganzen zu werden. Mein Platz im dortigen Leben war der gleiche wie der der anderen Frauen, aber alles war für mich fremd. Die, die mir nah und teuer waren, versuchten, mir zu helfen, wenn ich kurz davor war, in Panik auszubrechen, weil ich nicht in der Lage war, ein Bedürfnis mitzuteilen, einen Wunsch zu erfüllen, eine Handlung zu verfolgen oder eine Unterhaltung zu verstehen.

Die Familie tat ihr Bestes, um ihr Leben soweit zu ändern, daß sie mich integrieren konnte, ich aber schreckte vor den Warums und Wofürs zurück und schaffte es nicht immer, mich an dem Platz wohl zu fühlen, der für mich vorgesehen war. Manchmal benahm ich mich richtig scheußlich, und einmal weigerte ich mich rundweg, am Essen teilzunehmen. Der wahre Grund dafür bestand darin, daß ich es nicht ertragen konnte, wieder auf demselben Weg durch denselben Flur zu gehen, am selben Platz am Tisch im selben Raum zu sitzen, nach dem Essen das gleiche zu tun wie immer und danach ins Bett zu gehen mit einem weiteren Tag vor Augen, der genauso ablaufen würde wie der heutige. Das konnte ich ihnen jedoch nicht sagen, selbst wenn ich das Vokabular dazu gehabt hätte, deshalb sagte ich einfach, ich sei es leid, mit den Moskitos zu kämpfen – was ja auch stimmte –, und um dies zu beweisen, hockte ich mich einfach unter mein Moskitonetz, das Rogaiya schon für die Nacht aufgetakelt hatte.

Ich muß albern ausgesehen haben, wie ich dort saß, und ich kam mir auch albern vor, als Mutter, Zainab und Hayat hereingeplatzt kamen, um mir Gesellschaft zu leisten, gefolgt von einer Dienerin, die auf einem riesigen Tablett unser Essen trug und es mitten auf meinem Schlafzimmerboden absetzte. Da ich nicht allein in meinem »Käfig« sitzen und gefüttert werden wollte, fügte ich mich und kam heraus, um mich wieder zu ihnen zu gesellen. Wir saßen um das Tablett herum und machten aus einer eigentlich schwierigen Situation ein großartiges Vergnügen, während ich im stillen ihre immense Klugheit bewunderte und dachte, daß ich es schon schaffen würde. Heute, und ich weiß nicht genau, warum, erinnert mich dieser Zwischenfall an etwas, das Joha, einer berühmten Gestalt aus der arabischen Folklore, passierte. Die Geschichte erzählt folgendes:

Eines Tages wurden Joha zehn Esel anvertraut, die er zum Markt treiben sollte, und so machte er sich auf den Weg und ritt dabei den Leitesel. Alles verlief problemlos, bis er sich umdrehte, um die Esel zu zählen, und dabei entdeckte, daß es nur neun waren. Beunruhigt sprang er ab, um sie nochmals zu zählen, und dieses Mal waren es zehn. Erleichtert stieg er wieder auf und setzte seinen Weg fort, kontrollierte jedoch nach einer Weile noch einmal, und wieder waren es nur neun. Wie schon zuvor, stieg er ab, um nachzuzählen, und er war froh, daß es wieder zehn waren. Daraufhin beschloß er, seinen Weg zu Fuß fortzusetzen. »Besser zu Fuß zum Markt gehen«, sagte er, »als einen Esel zu verlieren.«

KAPITEL 7

Schon das Wetter in Taif sorgte dafür, daß unsere Hände chronisch rot und ausgetrocknet waren, aber das war noch gar nichts im Vergleich zu dem, was geschah, als wir Mutter eines Tages bei der Herstellung ihrer berühmten Quittenmarmelade halfen. Wer schon einmal versucht hat, mit einem Messer eine rohe Quitte zu schneiden, wird mir zustimmen, daß die Dinger ein wenig Beton enthalten müssen. Wir benötigten den größten Teil des Tages, um etwa einen halben Scheffel dieses Obstes zu schälen, zu halbieren und zu vierteln, den größten Teil des Abends, um das Zeug zu kochen, und den größten Teil der Woche, um unsere zerschundenen Finger wieder zu glätten. Mutter saß auf einem niedrigen Hocker, der an der windgeschütztesten Stelle des großen Flurs stand, und wachte über das siedende, blubbernde Obst. Der lärmende *dafur* – der Herd, mit dem ich in meiner ersten Nacht solchen Ärger gehabt hatte – war zwar zu hören, aber nicht zu sehen, so sehr wurde er von dem großen Kessel verdeckt, der auf ihm stand. Ich meldete mich freiwillig zum Abschmeckdienst, als Mutter zu Testzwecken sirupartige Klumpen aus dem Kessel schöpfte und auf einen Unterteller kleckste, und da es außerordentlich lange dauerte, bis die Masse kauweich und apfelrot war, muß ich ein ganzes Pfund davon gegessen haben, noch bevor sie gar war.

Nicht lange nach der Quittenaktion wachte ich noch einmal von dem im Flur zischenden *dafur* auf und dachte: O nein, nicht schon wieder! Wir haben doch noch drei Gallonen! Aber es waren keine Quitten; diesmal kochte Mutter Ziegenkäse, einen besonderen, der nur zu bestimmten Zeiten des Jahres und nur von den Beduinen zu bekommen war (es hatte, glaube ich, etwas damit zu tun, wann die Geißen ihre Jungen werfen). Mutter kaufte einen Korb voll – einen dieser großen, dehnbaren afrikanischen Körbe –, und da der Käse voller Tierhaare und Staub war, als wir ihn bekamen, schnitt sie die schmutzigen Stellen ab, zerteilte ihn in gleichmäßige Portionen und ließ sie Stück für Stück in das kochende, gesalzene Wasser plumpsen. Das Kochen machte den gummiartigen Käse weich, und gleichzeitig wurde er dadurch gereinigt. Mutter war von Körben, Schüsseln und Tabletts mit Käse in unterschiedlichen Verarbeitungsstufen umgeben, und etwas abseits stand ein großes Aluminiumtablett, auf dem der fertige Käse abkühlte. Die Arbeit ging so lange weiter, bis das letzte bißchen der milchigen Masse aus dem Kessel geschöpft war, und zum Schluß drückte Mutter *habba soda*, ein Gewürz, in die warmen, weichen Stücke. Mutter mußte gesehen haben, daß ich nicht jedes Stück Käse in die Krüge tat, als ich dabei half, ihn zu verstauen, denn als ich mich an diesem Abend in mein Zimmer zurückzog, stand ein Teller davon an meinem Bett. Obwohl ich heimlich von dem Käse genascht hatte, war es Mutter nicht entgangen, daß ich ihn mochte, und nach guter alter arabischer Tradition ließ sie mir als Geste der Aufmerksamkeit mehr davon zukommen.

Es muß während des Käsekaufs gewesen sein, als Mutter sich daran erinnerte, daß die Beduinen von Taif früher ein Schauspiel aufzuführen pflegten, das sie *gaysa* nannten, ein spezielles Beduinenstück, das nur von diesem Stamm gespielt wurde. Awad, unser Hausmeister, wurde ausgeschickt, um sich zu erkundigen, ob dieses Schauspiel immer noch dargeboten würde, und es gelang ihm, eine einheimische Truppe zu engagieren, die sich bereit erklärte, es für uns aufzuführen. Das *gaysa* sollte in unserem Haus stattfinden, und das war ein so außergewöhnliches Ereignis, daß Mutter als Rahmen dafür eine richtige Gala plante. Sie lud viele Gäste dazu ein, war jedoch besonders froh darüber, daß ich es zu sehen bekommen würde, und sie verhieß mir, es werde alles übertreffen, was ich je erlebt habe.

Wie recht sie hatte! Ich bekam in der Nacht davor rasende Fieberanfälle, und an dem großen Tag war ich ans Bett gefesselt, während alle anderen mit den Vorbereitungen für das Ereignis beschäftigt waren. Die Beduinen kamen kurz bevor es dunkel wurde, entfachten Holzkohlefeuer zum Straffen ihrer Trommelfelle und überprüften ein letztes Mal ihre Kostüme, bevor sie einen der großen seitlichen Balkone zur Bühne umbauten. Sie schlugen ein paar Wirbel zum Aufwärmen. Aber schon bald hatten sie ihren Rhythmus gefunden, der zu einer alles durchdringenden Klangkonstante wurde mit stetig wachsendem Tempo. Diese Trommeln übten eine unwiderstehliche Wirkung auf mich aus, und ob es das Fieber war oder etwas anderes, jedenfalls wußte ich bald, daß ich meine Einsamkeit nicht mehr ertragen konnte, und geleitet von den Klangwellen, wankte ich unsicher hinaus zu den anderen. Meine Leute sprangen entsetzt auf, als sie mich fiebrig und zerzaust im Türeingang erblickten, und ich war schockiert von der Szene, die sich meinen Augen bot.

Wie in einer Vision, die durch mein Fieber bedingt war, schwirrte der gesamte Balkon in Farben und Aktionen. Sonderbar gekleidete Kreaturen mit menschlichen Körpern und Tierköpfen pirschten sich an schwerterschwingende Jäger heran, die die alten Trachten der Wüstenbewohner trugen. Während die Trommeln noch schneller schlugen, sprangen sie los, schlugen aufeinander ein und fielen zu Boden. Auf einer Seite stand eine sich wiegende und stampfende Gruppe von Musikern, die mit Tamburinen und winzigen Fingerzimbeln aus Messing das Geschehen auf der Bühne perfekt begleitete und mit ihren Instrumenten zwar den Klang der Trommeln dämpften, aber die allgemeine Wirkung der Musik erhöhten. Zwischen den verschiedenen Akten, in denen der Kampf zwischen menschlicher und tierischer List dargestellt wurde, hielten die Trommler inne, um ihre Trommeln über die von Feuer aus rotglühender Kohle aufsteigende Hitze zu halten. Sie erhitzten und probierten, erhitzten und probierten, und ich war erstaunt, wie dies die Resonanz der Trommeln veränderte. Wenn sie endlich mit ihren Trommeln zufrieden waren, konnte der nächste Akt beginnen.

Ich habe keine Ahnung, wie lange es dauerte. Ich weiß nur, daß ich, vermummt gegen die nächtliche Luft, wie angenagelt dasaß und jegliches Gefühl für Ort und Zeit verloren hatte. Völlig fasziniert und gefangen von diesem außergewöhnlichen Gewirr herumwirbelnder Körper, verschmelzender Farben und Schatten, und aufgewühlt durch die Rhythmen und den Klang der Musik, blieb ich bis zum Ende der Vorstellung. Und ich wollte auch dann noch nicht gehen, sondern wehrte alle Versuche ab, mich ins Bett zurückzubringen, weil ich die Menschen unter diesen außergewöhnlichen Kostümen sehen wollte, die so wundervoll für uns gespielt hatten. Zweifellos gehört das *gaysa* heute endgültig der Vergangenheit an, und ich wage zu behaupten, daß ich dank meiner Schwiegermutter einer der wenigen westlichen Menschen, vielleicht sogar der einzige bin, der dieses Beduinentheater je gesehen hat. Es hielt alle Versprechungen, die Mutter gemacht hatte, und ich hätte es um nichts in der Welt verpassen wollen.

Danach war ich für viele Tage ans Bett gefesselt, und ich soll ein sehr schlechter Patient gewesen sein. Ich hatte hohes Fieber und erschütterte alle, die um mich herum waren, weil ich jedesmal Tränen des Selbstmitleids vergoß, wenn ich nicht in der Lage war, meine Gefühle, meine Schmerzen und meine Bedürfnisse mitzuteilen. Mutter weinte ebenfalls; sie wandte sich ab und sagte: »Lieber Gott, ich kann das Mädchen nicht verstehen«, und als Hayat und Zainab versuchten, mir zu helfen, wehrte ich mich gegen ihre Bemühungen, indem ich nörgelte und die medizinischen Halspackungen herunterriß, die sie mir auflegten, sobald ich dachte, es mir erlauben zu können.

Während ich krank war, trafen immer mehr Familienmitglieder aus Dschidda ein und belegten die oberen Etagen unseres Hauses. Alle kamen, um mich zu besuchen, und ich begrüßte sicherlich mehr Frauen von meinem Bett aus als je zuvor. Meine teuerste Besucherin war eine große alte Dame, die wir *»Steta Oma«*, also »Große-Schwester-Tante« nannten, der Titel, mit dem die älteste und daher ranghöchste Tante der Familienhierarchie bezeichnet wird. Sie, Gott habe sie selig, besuchte mich trotz ihres Alters jeden Tag, obwohl sie kaum noch gehen konnte. Eine Dienerin mußte ihr beim Treppensteigen helfen und auf jedem Treppenabsatz einen Stuhl aufstellen, auf dem sie sich ausruhte, bis sie den Weg zu meinem Bett geschafft hatte.

Steta Oma trug eines der alten Kleider mit langen Ärmeln, die bis zum Boden reichen, und ihre schneeweiße Kopftracht verdeckte fast vollständig, aber doch nicht ganz ihr weißes Haar. Ihre Augen waren tiefbraun, und ich glaubte immer, in ihnen ein beinahe dringendes Verlangen nach einem richtigen Gespräch mit mir festzustellen, in dem wir unser Wissen von dieser Welt hätten austauschen können. Wir stellten beide für den jeweils anderen eine neue Erfahrung dar, aber leider mußten wir uns auf den Austausch formaler Floskeln beschränken, die ich noch nicht einmal richtig beherrschte.

Jeden Nachmittag ließ sie sich von ihrer Dienerin einen Stuhl neben mein Bett stellen, streckte ihre Hand unter dem Moskitonetz hindurch, um die meine zu fassen, und sagte mit unnachahmlich sanfter Stimme: »*Kaif halik alyom? Inshallah taiyibah. Salamtik.*«* Ich wußte genug, um als Antwort auf die ersten zwei Phrasen Gott zu danken, aber da ich in Arabien bis dahin noch nicht krank gewesen war, riet ich einfach, daß salamtik so etwas wie »gute Besserung« heißt, was ja auch stimmte. »*Ashkourik*«**, erwiderte ich und lächelte zurück, worauf sie mit dem Kopf nickte und leise in sich hinein lachte.

Dieses leise Lachen entschlüpfte ihr jedesmal, aber gleichzeitig nickte sie zustimmend, als ob sie mir versichern wollte, daß sie mich verstand, egal, was ich sagte. Sie amüsierte sich darüber, daß ich ihren Gruß nicht zurückgab, wie ich es hätte tun sollen, nämlich Gott bitten, sie zu beschützen und ihr ein langes Leben zu schenken. In ihren langen Jahren hatte sie vermutlich zum ersten Mal gehört, daß jemand diese Formeln falsch beantwortete, und das machte ihr großen Spaß. Wenn ich sie in späteren Jahren im großen Stadthaus in Dschidda besuchte und alle Dinge zur rechten Zeit sagte, hätten wir irgendwelche Araber sein können, die sich trafen – das gewisse Etwas war nicht mehr da. Sie war zwar bis dahin sehr vergeßlich geworden und lebte größtenteils in der Vergangenheit, in der ich sicher keine Rolle spielte, aber wir waren uns nie so nahe wie zu Anfang, als unser einziges Verständigungsmittel die menschliche Wärme war.

Ali kehrte schließlich aus Riad zurück und kam in mein Zimmer, als man, diesmal nicht ich, mir gerade eine weitere Halskompresse abnahm. Es war schwer zu sagen, wer schlechter aussah, er oder ich. Hinzu kam, daß er sich nicht rasiert hatte, seit er Dschidda verlassen hatte, daher erschau-

---

* »Wie geht es dir heute? Gebe Gott, daß es dir gut geht. Ich hoffe es. Möge Gott dich erretten.«
** »Ich danke dir.«

derte ich und sagte: »Du bist nicht der Mann, den ich geheiratet habe!« Er begann mich zu fragen, wie es mir ergangen sei, bemerkte jedoch die Anzeichen von dicker Luft und schlug sofort eine andere Richtung ein. Er nahm zu Recht an, daß alle Antworten unvermeidlich darauf hinauslaufen würden, daß er mir schnöde von der Seite gewichen war, als ich ihn am meisten gebraucht hatte. Statt dessen erzählte er mir von seinen eigenen, ziemlich ungewöhnlichen Erlebnissen im Palast in Riad.

Von dem ersten war ich nicht gerade begeistert, da es davon handelte, daß ihm jemand seine Auswahl an »schönen, jungen Sklavinnen« zur alleinigen Verfügung anbot. Als mein hohles Lachen verklungen war, erzählte er mir eine andere, sehr ergötzliche und absolut glaubwürdige Geschichte darüber, wie er allein den gesamten Tagesvorrat des Palastes an Badewasser aufgebraucht habe. Ich konnte mir gut vorstellen, daß ihm dies passiert war, denn in mancher Hinsicht wußte Ali, der sein Land als Jugendlicher verlassen hatte, um eine Schule zu besuchen, nicht viel mehr über das Leben in Arabien als ich.

In dem alten Lehmpalast in Riad war er auf Diener angewiesen, die ihn zu Verabredungen geleiteten und sich um seine Bedürfnisse kümmerten, und als er kein Bad finden konnte, fragte er den Kammerdiener. Er hätte ihn besser auch gefragt, wie man ein Bad nimmt, denn als er in das Badehaus kam, dachte er, die beiden Vorratsfässer, eins mit heißem und eins mit kaltem Wasser gefüllt, seien für ihn allein bestimmt. Prima, dachte er und stieg in das eine, um sich gründlich einzuweichen, und dann flink heraus in das andere, um sich abzuspülen. Auf dem Weg nach draußen grüßte er höflich die versammelten Botschafter und Geheimräte, die ihrerseits für ein Bad anstanden und *»Naiman«* zu ihm sagten, das höfliche arabische Grußwort zu jemandem, der frisch gebadet oder abgeseift ist. Ich wette, sie hätten ihre Worte am liebsten zurückgenommen, als sie merkten, daß Ali beide Fässer benutzt hatte und keiner mehr baden konnte, bevor die Fässer nicht geschrubbt waren und vierundzwanzig Stunden später mit der Lieferung für den nächsten Tag wieder gefüllt wurden. Einer der wartenden Männer war Seine Exzellenz Scheich Hafiz Wahba, damals saudischer Minister und später Botschafter am englischen Königshof. Er war einer der Altgedienten des Landes, und er war es auch, der am selben Tag während der *majlis** Ali beiseite nahm und sagte: »Sieh mal, mein Sohn . . .«

Scheich Ibrahim und Prinz Faisal waren zusammen mit Ali nach Taif zurückgekehrt, und in den folgenden Wochen schickten beide mir ihre ungeöffneten Exemplare der Magazine *Life, Time, Post* und *Asia,* die ich regelrecht verschlang und praktisch auswendig konnte, bevor ich sie zurückgab. Scheich Ibrahims Gärtner schickte mir jeden Tag ein Bouquet aus Rosenknospen, Jasmin und hübschen kleinen Geranien, die von oben bis unten so eng zusammengebunden waren, daß die vielen Blüten an ihren Enden ein dichtes Farbmuster bildeten, aus dem der Duft arabischen Parfüms strömte. Die Blumen kamen stets mit einer Nachricht: »Wenn ich irgend etwas für sie tun kann, *tahadomrik*«,** und ich dachte jedesmal, hier ist ein Freund, ein enger Freund und ein guter Freund, der aber in dieser arabischen Gesellschaft trotzdem weit von dir entfernt ist. Obwohl das Angebot ehrlich gemeint war, konnten weder er noch sonst jemand viel tun, um mich aus der Gefangenschaft der arabischen Sitten zu befreien.

In Anbetracht der herrschenden Gegebenheiten wurde

* Hofaudienz
** Ihr Wunsch ist mir Befehl

schon ein einfacher Spaziergang oder ein Ausflug zu einem großen Ereignis. Einmal picknickte ich mit der Familie in einer leihweise zur Verfügung gestellten privaten Gartenoase, wo unsere wüstengewöhnten Augen sich am Wunder eines fließenden Baches weideten. Es war das erste richtige Picknick, das wir veranstalteten, seit ich in Arabien war, und ich freute mich für die Kinder fast so sehr wie für mich selbst, denn ihr Freiraum und ihre Möglichkeiten, etwas zu unternehmen, waren ebenfalls begrenzt. Außer ein paar Karten- und Murmelspielen auf dem Wohnzimmerboden schien mir ihre Freizeit furchtbar eintönig zu verlaufen; ich beschloß deshalb, ihnen ein paar Spiele beizubringen und ihnen, ihrem Alter entsprechend, Freude an sportlichem Wettbewerb zu vermitteln. So ergab es sich, daß wir beim Picknick Blindekuh und Fangen spielten und ein so wildes Versteckspiel veranstalteten, daß sogar die Erwachsenen mitmachten. Beim Wettrennen ließen die älteren Kinder die jüngeren großmütig gewinnen. Die Suche nach Steinen für ein anderes Spiel machte in diesem Garten genausoviel Spaß wie das Spiel selbst. Nur ein Spiel lief aus dem Ruder, nämlich ein spontanes gegenseitiges Bewerfen mit Wassermelonenkernen. Auch nicht eingeplant war ein Fünfzigmetersprint zu Hamida, als ein umherirrender Esel plötzlich an einem Ende des Gartens auftauchte und zu der Stelle galoppierte, wo sie in ihrem Wagen schlief. Wir konnten ihn rechtzeitig abfangen, aber unsere Versuche, ihn dazu zu überreden, die Kinder auf sich reiten zu lassen, waren erfolglos, und so trösteten wir uns mit einem weiteren Stück von Abu Alis köstlichem *konafa,* einem libanesischen Kuchen.

Abu Ali war Mutters libanesischer Cousin, ein Koloß von Mann mit einer gewaltigen, dröhnenden Stimme, einem wunderbaren Humor und Talenten als Geschäftsmann, Geschichtenerzähler, im illegalen Überschreiten von Grenzen und anderen Intrigen und als Koch. Während des Picknicks mußte er sich ziemlich im Hintergrund halten, weil weibliche Gäste aus anderen Familien anwesend waren, aber wir konnten ihn dort hinten dabei beobachten, wie er half, die Sachen vorzubereiten, die es zu essen gab. Als wir von seinem Dessert probierten, einem köstlichen Kuchen aus mildem Quark, Honig und geschrotetem Weizen auf Blechen, die so groß waren, daß sie im Ofen des örtlichen Bäckers gebacken werden mußten, konnte ich kaum glauben, daß dies das Werk seiner Hände war. Abu Ali sah wie ein Proficatcher aus und hatte sich auch mit anderen Dingen einen Namen gemacht. Er war an waghalsigen Eskapaden und gefährlichen Nacht-und-Nebel-Aktionen in den vierziger Jahren beteiligt gewesen, als der Libanon um seine Unabhängigkeit kämpfte, um so verwunderlicher, daß er auch Leckereien wie einen *konafa* herstellen konnte. In den darauffolgenden Jahren sollte Abu Ali zu einem meiner liebsten Verwandten werden.

Ich dachte, das Picknick sei für die nächste Zeit unser Pensum an Abwechslung gewesen, aber dem war nicht so. Ein paar Tage später kam ein neues aufregendes Ereignis auf uns zu in Person einer türkischen Dame namens Shamsia Hanam, Mitglied von Prinz Faisals Palasthaushalt und langjährige Freundin Alis und seiner Familie. Sie hatte gehört, daß Ali wieder da war, und kam, sobald sie eine Mitfahrgelegenheit fand, um ihn und seine »Braut« zu besuchen. Als sie eines Morgens in der Frühe bei uns eintraf, warf uns die schiere Gewalt des Spektakels, das sie verursachte, aus dem Bett. Es war genauso unglaublich wie ihr Name – »Lady Sonnenschirm« –, und als ich hinausging, um nachzusehen, was los sei, waren alle Hausbewohner, Herrinnen wie Dienerinnen, im Flur versammelt. Der Lärm, den sie erzeugte, reichte aus, um mich davon zu überzeugen, daß sie etwas

Besonderes war, und Ali, der mitbekommen hatte, wie entsetzlich sie es fand, daß wir noch im Bett waren, beeilte sich, sie zu begrüßen, bevor wir im Sog ihrer einnehmenden Persönlichkeit untergehen würden.

Es war selbstverständlich, daß sie Ali als das Kind mit den goldenen Haaren begrüßte, das er für sie war, aber worauf ich nicht gefaßt war, das war das Ausmaß ihrer aufrichtigen, nicht zu bremsenden, überschwenglichen Freude über alles und jeden einschließlich mir, der Braut. Während die meisten Frauen, die ich in Arabien traf, sich mir gegenüber zwar nicht unbedingt in Zurückhaltung übten, aber doch ihre Neugier zügelten, schlug Shamsia Hanam mir auf den Rücken und ließ eine derbe Bemerkung los, die ich natürlich nicht verstand, aber über die sich alle anderen halb tot kicherten, jedoch »vergaßen«, sie mir zu übersetzen. Als wir mit ihr ins Teezimmer gingen, wo sie sich nicht eben sittsam auf dem *carawita* niederließ, feuerte sie ganze Salven von Fragen auf uns ab, ohne jedoch die Antworten abzuwarten. Das war auch gut so. Sie hätte mich für einige der Antworten, für die ich inzwischen berühmt war, in der Luft zerrissen!

Sie war blond, hatte ein rundes Gesicht und einen ebenso runden Körper, und ihr Alter hätte man auf vierzig, aber genausogut auf sechzig schätzen können. In den nächsten zehn Stunden erlebten wir, wie strapaziös nicht enden wollende Späße sein können. Selbst wenn man nur mit ihr zusammensaß, kam man nicht zur Ruhe. Sie hielt die Unterhaltung und alle Leute auf Trab und befand sich in ständigem Geplänkel mit den Dienstmädchen, die ihr den ganzen Tag lang unablässig Kaffee und Tee brachten, und mit uns anderen, die versuchten, ihren Launen und Aktivitäten zu folgen. Sie mokierte sich darüber, wie wir Zigaretten drehten, und griff nach der Dose mit dem Zubehör, um sich gleich darauf ihre eigenen zu drehen. Sie betrog schamlos beim Kartenspiel, und wir starteten verzweifelte Versuche, wieder etwas Ordnung in unseren Tagesablauf zu bekommen. Ihr Arabisch war grausam. Ich konnte kein Arabisch, aber das ihrige wurde auch dadurch nicht gerade verständlicher, daß sie es vorzog, auf ihre Zähne zu verzichten, obwohl sie ein Gebiß besaß. In der Tat rührte ein Teil ihres Ruhms daher, daß sie das zäheste Fleisch mit bloßem Gaumen kaute und alles mit Freuden genoß, was wir anderen gründlichst vorkauen mußten. Wie wir im Verlauf des Tages feststellten, erzählte sie auch gerne Geschichten, aber ich bin mir sicher, daß sie keine davon zweimal auf die gleiche Art erzählte.

Als Ali hinzu kam, was erlaubt war, da sie seit seiner Kindheit befreundet waren, weshalb sie sich auch nicht vor ihm verschleiern mußte (was sie vermutlich ohnehin nicht getan hätte), ging der Tanz erst richtig los. Bis dahin hatte sie nur Späße gemacht. Die beiden aber ließen einen nicht versiegenden Strom scheinbarer Beleidigungen aufeinander loß, die gewöhnlich darauf hinausliefen, daß Shamsia Hanam Ali anschrie, er habe keinen Respekt vor dem Alter, worauf er zurückschrie: »Aha, du gibst also endlich zu, daß du alt bist!« In der Hoffnung, dadurch für Ruhe zu sorgen, schlug jemand vor, *karom* zu spielen, und die beiden zeigten technische Feinheiten mit ihren Zehen, die kaum zu überbieten waren.

Das Picknick, Shamsia Hanam und der Enthusiasmus der Kinder hatten das Leben interessanter gemacht, aber übertroffen wurde alles noch von einer Einladung zum Essen, die Ali von Prinz Faisal erhielt und, Wunder über Wunder, auch für mich galt! Als Ali mir sagte, daß wir *beide* eingeladen waren, wollte ich es nicht glauben. Die kurze Zeit, die ich in Arabien verbracht hatte, war lang genug gewesen, um mich an den Gedanken zu gewöhnen, daß Männer und Frauen sich nicht auf einer gesellschaftlichen Ebene bewegen – Grund genug, um Angst vor dem Entdecktwerden zu haben, als wir am verabredeten Abend zusammen das Haus verließen, er in seinen Gewändern, ich vorschriftsmäßig verschleiert und verhüllt. Unser Fahrer brachte uns durch die dunklen Straßen der Stadt, und ich war ziemlich aufgeregt, als wir am Außentor von Prinz Faisals Palast ausstiegen. Eine Türwache ließ uns ein. Ich, immer noch verschleiert, fühlte mich zuerst wie die schwarze Dame des Grafen von Monte Christo, als wir durch eine Innentür schlüpften, dann eine Treppe hinauf und einen Flur entlang. Aber später, als ich mich hinter Ali her tastete, der mir so gut wie möglich half, fühlte ich mich eher wie jemand, der mit einem Sack über dem Kopf zum Schaffott geführt wird. Der Diener, der uns geleitete, öffnete dann die Tür zu einem hell erleuchteten Raum. Dort stand Prinz Faisal und brach nach einem erstaunten Blick auf mein verschleiertes Gesicht in Gelächter aus.

»Warum sind Sie denn noch verschleiert?« sagte Seine Königliche Hoheit.

»Weil mein Mann es mir befohlen hat«, sagte ich und zeigte anklagend auf Ali.

»Sie brauchen sich hier drinnen nicht zu verhüllen; Sie hätten den Schleier schon ablegen können, als Sie das Gebäude betraten.« Er winkte uns herein, und ich hörte ihn zu Ali sagen: »Schämen Sie sich, so streng zu sein!«

Ein sudanesischer Diener nahm mir meine Hüllen ab, dann wurde ich den anderen Gästen vorgestellt. Scheich Hafiz Wahba war da, jener, der in Riad auf sein Bad hatte verzichten müssen, Dr. Ramsey, der Arzt, der Ali zur Welt gebracht hatte, mein alter Freund Scheich Ibrahim Sulaiman und ein paar Herren aus der Türkei, Verwandte von Prinz Faisal. Prinzessin Iffat, Faisals Frau, weilte noch in Alexandria, wo ich sie während unseres Aufenthalts in Ägypten kurz kennengelernt hatte, so daß ich die einzige Frau unter all diesen vornehmen Herren war. Welch eine Offenbarung, verglichen mit den vorhergehenden Wochen, die ich in Arabien verbracht hatte, und wie großartig, wieder draußen in der großen Welt zu sein, selbst wenn ich mich wieder zurückziehen mußte, sobald dieser Abend vorüber war! Ich fühlte mich wie ein Schulkind, das die Schule schwänzte, um an einem vom Direktor organisierten Ausflug teilzunehmen, und lehnte mich zurück, um den Abend zu genießen.

Sudanesische Kellner in ihren prächtigen *galabeeyas* und Turbanen standen an den ihnen zugewiesenen Plätzen, bis das Essen angekündigt wurde. Wir nahmen es an einem Tisch ein, der wundervoll mit exquisitem Geschirr und Tafelsilber gedeckt und drei herrlichen Blumenarrangements geschmückt war, die am selben Tag im königlichen Garten gepflückt worden waren. Mein Platz war zur Rechten von Prinz Faisal, der uns das gedruckte Menü vorlas, bevor der erste von acht Gängen serviert wurde. Ich schwebte durch all das wie durch einen Traum, benommen vor Freude darüber, auf einer richtigen Party zu sein, statt in der Abgeschlossenheit meines Zuhauses *purdah* zu üben. Arabien erstrahlte für mich an diesem Abend in seinem vollen Glanz, ich freute mich und war Prinz Faisal dankbar dafür, daß er diesen Abend veranstaltete. Auf solch hoher Ebene dank der Freundschaft zu diesem wirklich großartigen und liebenswürdigen Mann zur Kenntnis genommen zu werden, das lockerte die Fesseln der Gebräuche seines Landes mehr als nur ein wenig. Ich war stolz, und als ich in dieser Nacht nach Hause kam, faßte ich den Entschluß, keine Fliegen mehr zu fangen – was ich dann auch nicht mehr tat – und mich statt dessen vom arabischen Leben treiben zu lassen.

Ich wußte, daß ich nicht auf viele Partys dieser Art hoffen

konnte, aber ich war froh, schon einige Erfahrung zu haben, bevor ich an der ersten großen Frauengesellschaft teilnahm, die in unserem Haus zu Ehren von Madame Ibrahim Sulaiman gegeben wurde. Alle prominenten Frauen der Stadt waren eingeladen, und ich rechnete damit, noch mehr neue Beobachtungen zu machen.

Der größte Teil der Essensvorbereitungen wurde Köchen und Bäckern der Stadt übertragen, aber bestimmte Spezialitäten wurden zu Hause zubereitet, wobei ich half, so gut ich konnte. Wir hatten keinen Tisch, der groß genug war, um die vielen Gäste daran unterzubringen, daher legten wir ein langes weißes Laken auf den Boden, und ich lernte, wie man einen Tisch auf arabische Art deckt. An jeden Platz legt man zwei Teller, einen auf den anderen, ein Messer, eine Gabel und einen großen Löffel, zwei oder drei Scheiben Brot, eine Serviette von der Größe einer Windel, aber kein Wasserglas. Wenn ein Gast Wasser oder Saft möchte, so bittet er während des Essens darum. Kleine Schüsseln mit Brotdips, zum einen aus zerstampften Kichererbsen und Sesampaste, zum anderen aus Auberginen, die ähnlich zubereitet, jedoch mit Knoblauch, Petersilie, Kreuzkümmel und Salz gewürzt und gleichfalls mit Öl übergossen waren, wurden über den ganzen »Tisch« verteilt. Außerdem gab es Spinat, Fleisch im Teigrock, Ziegenkäse, Bulgha (eine Art Kuskus) und Fleischpastetchen, knusprig frittierte Garnelen in Blätterteig, schwarze und grüne Oliven aus dem Libanon, kleine Untertassen mit *doogoose,* feurig-scharfe Pfefferpickles, Käsetaschen aus Blätterteig, rote Bete, Rübenpickles und eingelegte Zitronenhälften, mit Zitronenöl angemachte Salate aus würfelig geschnittenen frischen Gurken, Tomaten, Möhren und Petersilie. Das nenne ich ein richtiges Festessen, dachte ich bei mir.

Inzwischen kamen die ersten Gäste, die sich auf ihrem

Weg nach oben durch Händeklatschen ankündigten, worauf wir zum Treppenabsatz gingen, um sie wortreich mit vielen Umarmungen und unter ständigem Berühren und Küssen der Fingerspitzen willkommen zu heißen. Nachdem die ersten Begrüßungen ausgetauscht und Schleier und Umhänge von den Dienstmädchen rasch entfernt worden waren, gingen wir über den Flur. Die Schuhe blieben an der Tür zurück, und die Gäste nahmen im Salon Platz, dessen normales Erscheinungsbild sich auf wundersame Weise in ein Meer von bunten Brokaten und Fransen und glänzenden Kissen verwandelt hatte. Die Schonbezüge waren entfernt worden, und darunter kamen zu meinem Entzücken typisch arabische Stoffe zum Vorschein. Unmengen von Messingtabletts, Zigarettenetuis und Blumenschalen, die ich noch nicht gesehen hatte, zierten den Raum, und bald kam die *shisha* dazu, mein angeblich liebstes Rauchutensil. Gleich mehrere davon wurden hereingebracht, aber dieses Mal war für mich keine dabei.

Einige der älteren Frauen hatten um sie gebeten, und ich sah zum ersten Mal, wie damit geraucht wurde. Gefesselt beobachtete ich, wie es in dem kompliziert aussehenden Gerät blubberte und gluckerte, wenn der Raucher an dem hölzernen Mundstück am Ende des bunten Schlauchs zog, der sich um den Apparat wand. Der Brenner, wo ein kleiner Haufen *toombac* auf ein paar Holzkohlestücken lag, wurde jedesmal glühend rot, wenn Rauch eingezogen wurde, und der Obstgeruch – ein guter *toombac* enthält meist getrocknete Äpfel oder anderes Obst – bahnte sich beharrlich seinen Weg in unsere Nasenlöcher.

Als ich mich umsah, wurde ich wieder neidisch auf die arabischen Frauen, die so anmutig ihre Beine unterschlagen oder locker mit überkreuzten Beinen dasitzen konnten, während ich dazu immer noch nicht gelenkig genug war und

Probleme hatte, meine großen Füße überhaupt irgendwo hinzustecken. Ich versuchte immer, eine Ecke an der Wand zum Anlehnen zu finden, was sowieso ein besserer Platz zum Beobachten und Zuhören war und wo ich weniger auffiel, wenn ich die falschen Dinge zur falschen Zeit tat. Aber schade auch, daß ich dort sitzen mußte und keine vernünftige Unterhaltung zustande brachte, wo so viele interessante Personen anwesend waren! Doch gerade weil uns jegliche gemeinsame Basis fehlte, war die Art, wie wir uns verstohlen gegenseitig beäugten, ausgesprochen komisch. Bei solchen Gelegenheiten amüsierte es mich immer wieder, daß ich, trotz meiner Unzulänglichkeiten, eine der Damen dieses arabischen Hauses war; dieser Gedanke schien immer noch so widersinnig, daß sich jedesmal, wenn er mir kam, ein Grinsen auf meinem Gesicht zeigte. Dann lächelten die Frauen, die mich beobachteten, zurück, und für einen Augenblick war meine Welt in Ordnung.

Als zum Essen gerufen wurde, schlenderte ich mit den Gästen in den nächsten Raum und starrte mit offenem Mund auf den Tisch, den ich eine knappe Stunde zuvor fast fertig gedeckt verlassen hatte. Ich war völlig unvorbereitet auf all das Essen, das da vor mir ausgebreitet war, obwohl ich gewußt hatte, daß noch einige Gerichte angeliefert werden sollten. Auf zwei riesigen Tabletts jeweils ein ganzes Lamm, mit Kopf und allem, und beide Braten platzten fast vor Füllungen mit Makkaroni, hartgekochten Eiern und Mandelsplittern. Berge von weißem Reis, mit Rosinen und Pinienkernen verziert, standen neben Safranreisbergen, und hier und da sah man Teller mit Okra, kunstvoll mit Tomaten geschmückt. Es gab grüne Bohnen, mit Lamm gedünstet, Tomaten und Zwiebeln, Spinat, Saft, Auberginen und grüne Paprikaschoten, die mit Reis und Hackfleisch gefüllt waren. Gut, daß wir auf dem Boden aßen. Kein Tisch hätte diesen

Mengen und dieser Vielfalt standgehalten. Mutter beobachtete meine Verwunderung und über die Auswahl und Schönheit der Speisen mit unverhohlener Freude, und die Art, wie sie mich ansah, sagte mir, daß sie geplant und gehofft hatte, mich genauso zu überraschen, wie es letztlich ja der Fall war.

Eine Überraschung folgte der anderen. Ich sah zum ersten Mal in meinem Leben Menschen mit den Fingern essen, und ich gebe zu, daß ich entsetzt war. Manche Frauen gingen so weit, daß sie etwas auf ihre Teller nahmen, es probierten und dann auf die Servierplatte zurücklegten, wenn sie es nicht mochten. Zum Servieren und zum Essen wurde derselbe Löffel benutzt, so daß die Gerichte von allen Seiten angegraben wurden, da die Gäste sich selber bedienten, und manche aßen sogar direkt von den Platten. Mir war schon leicht übel, wenn mich nur die treuen Augen des Lamms anstarrten, aber meine Verwandten führten mich sicher durch die Situation und lieferten einmal mehr den Beweis ihrer allgegenwärtigen Aufmerksamkeit gegenüber ihrer amerikanischen Tochter. Ohne Kommentar sorgten sie dafür, daß mein Essen von einer unberührten Seite oder einer frischen Platte kam, wofür ich sehr dankbar war, weil alles einfach unglaublich gut schmeckte. Zainab sorgte sich auch um mich, als man nach genossenem Essen zu rülpsen anfing, aber dazu bestand kein Grund. Ich war zu sehr damit beschäftigt, mich vollzustopfen, als daß ich negativ reagiert hätte. Diese Gelassenheit war schon eine Art Fortschritt.

Ich hatte gerade die ganzen Leckereien auf meinem zweiten Teller drapiert, als einige Frauen überraschenderweise aufstanden und gingen. Ich erinnerte mich an den arabischen Brauch, den Tisch zu verlassen, sobald man mit dem Essen fertig ist, und nicht zu warten, bis die anderen soweit sind, aber es war mir noch nicht bekannt, daß manche Frauen die Angewohnheit haben, bei Festen so zu tun, als seien sie nicht hungrig, und mit ihrem Essen zu spielen, statt es zu verzehren. Ich glaube, von dieser Sorte gab es ein paar auf unserem Fest. Sie murmelten *»Alhamdulilah«*, einen Dank, der eher nach dem Essen als davor ausgesprochen wird; sie schienen schon satt zu sein (Zainab sagte, sie hätten wahrscheinlich gegessen, bevor sie kamen) und verließen den Raum. Ich verstand diesen Brauch überhaupt nicht und blieb bis zum Kuchen, zum Pudding, den geschnittenen Granatäpfeln und den kalten, süßen Weintrauben und sah den Dienern zu, die die Reste des Hauptessens abräumten, um das Personal hinter den Kulissen zu versorgen. Daher sind diese üppigen Mahle nicht so verschwenderisch, wie es erscheinen mag, und dienen einem doppelten Zweck, nämlich die Gäste mit einem überreichen Angebot zu ehren und den übrigen Haushalt, die Fahrer und die persönlichen Diener, die die Gäste begleiten, mit Essen zu versorgen.

Mutter hatte dafür gesorgt, daß einige alte Höflichkeitsriten eingehalten wurden. Vor der Eßzimmertür standen Diener mit speziellen Messingschüsseln und Krügen, Seife und sauberen Handtüchern, und jeder Gast wusch sich beim Verlassen des Raums die Hände und spülte sich den Mund aus, allerdings auf eine sehr gezierte Art und Weise. Die Schüssel hatte eine sehr kunstvoll perforierte Abdeckung mit halbmond- und sternenförmigen Löchern, durch die das Schmutzwasser verschwand, ohne je gesehen zu werden, eine sehr dezente Angelegenheit, von der ich beeindruckt war. Mutter behielt mich während dieser Vorgänge scharf im Auge, und ich war damals wie auch heute noch der Meinung, daß sie das Fest hauptsächlich meinetwegen gab – neben dem offiziellen Grund, daß eine lokale Persönlichkeit geehrt werden sollte. Sie wollte mich auf einen Schlag mit vielen ihrer Bräuche und Traditionen bekannt machen, die mit der Gastfreundschaft und der Gastgeberrolle zu tun haben.

Und es war noch nicht zu Ende! Nach dem Essen wurden im Salon Kaffee und Tee serviert, und danach rollte sich ein guter Teil unserer Gäste auf den *carawitas*, dem Boden oder in einem Nebenraum zu einem Nickerchen zusammen, bis es Zeit zum Gebet war, und bald waren wir alle wieder versammelt. Noch mehr Kaffee und noch mehr Tee wurden gereicht, woran nichts Ungewöhnliches war, aber ich war höchst erstaunt, als Insaaf, eine der *jarias* meiner Schwiegermutter, buchstäblich in eine Wolke gehüllt hereinkam. Es war nur kein Rauch; es war eine Art Dampf, der aus einem kleinen Metallbehälter strömte, einer durchlöcherten Kuppel ähnlich. Ich beobachtete mit großen Augen, wie Insaaf vor jeder der Damen stehenblieb und ihr den rauchenden Brenner so hinhielt, daß sie sich den Wasserdampf mit den Händen zufächern konnte. Als ich an der Reihe war, tat ich, was ich vorher bei den anderen gesehen hatte. Ich bekam noch größere Augen, als Insaaf den Brenner in die Mitte des Zimmers stellte und die Frauen eine nach der anderen vortraten, ihre wallenden Röcke hoben, um eine Art Zelt über dem duftenden Dampf zu bilden und dann ihre Kleider schüttelten, damit der Rauch frei darunter zirkulieren konnte. Das war für mich die Krönung der ganzen Party, und ich wette, für die anderen ebenfalls.

Das Fest begann sich aufzulösen, als Insaaf mit einer großen Flasche französischen Duftwassers zurückkehrte, aber sie tat nichts Spektakuläres damit. Sie schritt lediglich die Gäste der Reihe nach ab und spritzte ein wenig davon in jede emporgehaltene Handfläche, und das, so lernte ich, ist in jedem arabischen Haus das Zeichen dafür, daß die Party im Prinzip zu Ende ist und man, wenn man möchte, gehen kann, ohne jedoch dazu gezwungen zu sein. Eine sehr höfliche und nette Art, ein Treffen zu beenden.

Als ich an diesem Abend half, die Alltagsschonbezüge

wieder auf die *carawitas* zu ziehen, hatte ich das Gefühl, das gleiche mit mir selbst zu tun – die Alltagsbezüge kehrten auf mein Leben zurück. Morgen hat der Alltag mich wieder, dachte ich bei mir, aber dann lachte ich laut auf; wem hätte ich erzählen können, warum? Ich hatte fast zwei Monate lang ein Leben geführt, das für jemanden aus meinen Verhältnissen außergewöhnlich fremdartig war, und schon wagte ich, es als alltäglich zu betrachten? Es waren harte, faszinierende, unglaubliche Monate gewesen, in denen das einzig vertraute Ereignis darin bestand, daß der Tag auf die Nacht folgte, und an manchen Morgen überraschte mich selbst das. Ich hatte mich dem hiesigen Leben noch nicht angepaßt – ich lebte es einfach, wenn ich es konnte, und heulte mich aus, wenn ich es nicht konnte. Oder ich lachte, wenn dies das beste Mittel war, um mich selbst oder uns alle aus einer Notlage oder einem Mißverständnis zu befreien. Die Familie war wundervoll; das war die Hauptsache. Sie warteten mit unendlicher Geduld darauf, daß ich meine Probleme mit dem Schleier, dem Eingesperrtsein und den körperlichen Beschwerden in den Griff bekam, und teilten meine Freude in den vielen, vielen guten Minuten, die wir hatten. Die wurden immer häufiger, als ich nach und nach erkannte, daß diese Menschen mit dem, was sie hatten, zurechtkamen, und zwar schon seit langer Zeit, und daß diese Lebensweise einfach zu ihnen und ihrem Leben paßte.

Ich hätte mir eine moderne Küche gewünscht, aber ich hätte nicht sagen können, daß sie ein besseres Essen hervorgebracht hätte als ihre Kohlefeuer. Ich hätte ihre Methoden des Hausputzes schlechtmachen und versuchen können, die Dienerinnen dazu zu bringen, es auf meine Weise zu tun, aber wenn die schönen Teppiche immer noch so aussahen, wie es der Fall war, obwohl sie seit Jahren mit einfachen Handbesen aus Stroh gefegt wurden, wie hätte ich mir anmaßen können zu behaupten, daß meine Methode die bessere wäre? Wir bekamen kein Wasser aus der Leitung, aber an heißen Tagen schmeckte das Wasser in den langhalsigen Tonkrügen besser als irgend etwas, und es war rein und kühl. Und welches moderne Badezimmer hat jemals eine funktionierende Heißwasserwand besessen und lächelnde Putten, die einem beim Baden zusehen? Ich lernte sogar die steinharte Oberfläche meiner Bettplattform schätzen; sie war angenehm. Und ich schimpfte auch nicht allzu lange über das primitive alte Stehklo, weil jemand – ich bin nicht sicher, wer, weil niemand zugab, es gewesen zu sein – speziell für mich eines zum Hinsetzen konstruiert hatte. Eines Tages ging ich hinein und fand einen Holzsitz vor, der auf drei zierlichen eisernen Beinen über der Toilette stand. Man muß sich nur selbst etwas mehr bemühen, wenn die anderen um einen herum solche Anstrengungen unternehmen, um einen glücklich zu machen.

Kapitel 8

Anfang November begannen die Vorbereitungen für die Rückkehr von Taif nach Dschidda. Die Arbeit zog sich über mehrere Tage hin, und ich war erstaunt, daß man jedes Jahr so viele Mühen auf sich nahm, um ein paar Monate in den Bergen zu wohnen. Schlafsäcke, Kisten, Koffer, Schrankkoffer, Lebensmittel, Wasser, Obstkörbe, Geschirr, Küchengeräte und andere Dinge wurden von den Bediensteten in hohen Stapeln auf die Lastwagen geladen, und als es losging, kletterten sie auf die Ladung, wo sie die strapaziöse, heiße, holprige Fahrt zur Küste verbrachten. Für die meisten von ihnen war es schlimmer als eine Seereise; das wirkliche Wunder bestand jedoch darin, daß nie jemand einen Sonnenstich bekam, obwohl ihr einziger, völlig unzureichender Schutz vor der erbarmungslosen Sonne ihre leichten Kopfbedeckungen waren. Glücklicherweise waren sie alle Moslems, so daß sie die kürzere, normale Route über Mekka nehmen konnten. Die Karawane, zu der ich gehörte, mußte wieder die längere, selten benutzte Straße nehmen, die die heilige Stadt umging.

Ali war aus geschäftlichen Gründen schon abgereist, daher trug sein Bruder Mohamed die Verantwortung für unsere Reise. Am Morgen unserer Abfahrt war ich sehr böse auf ihn, weil er sich unnötigerweise und meiner Meinung nach viel zu früh darüber erregte, daß wir unsere Schleier noch nicht heruntergelassen hatten, und uns ungeduldig anschrie, wir sollten uns auf dem Weg zu den Autos gefälligst beeilen. »Ich wette, er könnte überhaupt nicht gehen, geschweige denn *sehen*, wenn er zwei Lagen Schleier über *seinem* Gesicht hätte«, brummelte ich, ohne jemanden speziell anzusprechen. *»Yallah, yallah – emshu«*, voran, voran, macht hin, so trieb er uns an, und ich gab verärgert zurück: »Wir sind doch kein Vieh, oder?« Er hörte es nicht oder wollte es nicht hören, doch das war gut so, denn ich hatte eine ziemlich üble Laune.

Ich war schon verärgert darüber, daß er uns während unseres Aufenthalts in Taif meist allein gelassen hatte, und obendrein wurde ich das Gefühl nicht los, daß er mich fortwährend mied. Später fand ich heraus, daß es sich tatsächlich so verhielt. Ihm war schmerzlich bewußt geworden, daß das, was ich in Taif vorfand, wenig mit dem zu tun hatte, woran ich gewöhnt war, und es war ihm peinlich, daß meine ersten Eindrücke vom Leben in Arabien durch dieses alte Haus geprägt sein mußten. Aber statt mir das zu erklären oder sich für die Unzulänglichkeiten zu entschuldigen, ließ er mich allein damit fertig werden. Vielleicht wollte er nicht dabei sein, wenn ich tagtäglich neue Situationen bewältigen mußte, und dachte sich: Nun, wenn sie da hindurch kommt, schafft sie alles andere auch. Sei's drum, es war an der Zeit, Taif zu verlassen, und meine Stimmung hob sich unvermittelt bei dem Gedanken, noch am selben Tag woanders zu sein.

Heute sind Taif und Dschidda durch eine moderne, ebene Autobahn verbunden, und die Reise dauert nur wenige Stunden, aber 1945 war das anders. Damals mußte man viele Stunden lang schaukelnd und holpernd eine kurvenreiche Straße und Autos in Kauf nehmen, deren Fahrer alle Hände voll zu tun hatten, ihre Gefährte durch die unwegsamen Stellen zu manövrieren. Steine und Kies schlugen in einem stetigen Rhythmus gegen den Unterboden, die Räder drehten durch, das Chassis schlingerte. Die Passagiere hatten keine Gelegenheit, sich auszuruhen, weil sie ständig hochgeschleudert wurden oder gegeneinander prallten. Man konnte glatt krank davon werden.

Ein Rastplatz auf halbem Weg nach Dschidda war unser geplanter Zwischenstopp. Als wir dort ankamen, teilten wir uns in Gruppen, Männer mit Männern und Frauen mit Frauen, selbst mitten in der Wüste. Meine Gruppe brachte ihre Ration an Wasser und Lebensmitteln in eine der Hütten, wo wir auf groben Strohmatten knieend begannen, Brot, Käse, Oliven und Obst auszubreiten. Innerhalb von Sekunden war das ausgepackte Essen durch Schwärme von Fliegen, die aus dem Nichts hereinschwirrten, schwarz gefärbt, und als wir versuchten, sie zu verscheuchen, flogen sie uns in die Augen und die Nasenlöcher. Ich verdeckte Hamidas Gesicht mit meinem Schleier, aber sie machte ein Spiel daraus, und bald gab ich den Versuch auf, sie zu schützen. Man konnte die Fliegen sowieso nicht besiegen, daher tat ich das nächstbeste – ich entspannte mich und genoß das Essen, Fliegen hin oder her.

In der relativ ruhigen Stunde der Rast, die folgte, saß ich da und dachte einmal mehr darüber nach, wo ich war. Mutter hatte die schwarze Lederkiste herausgeholt, die das ganze Brimborium enthielt, das man zum Kaffeemachen brauchte; sie stellte den kleinen Alkoholbrenner auf die Matte, mischte den Kaffee in der *jezwa** mit Wasser und brühte sich ihre übliche Tasse nach dem Essen auf. Saada kniete an einem kleinen Kohlefeuer und fächerte die Glut zu einer gleißend roten Masse, um unser Teewasser zum Kochen zu bringen, während Hayat und Zainab sich auf das Gebet vorbereiteten – aber erst nach einer kurzen und leicht hitzigen Auseinandersetzung darüber, in welcher Richtung Osten war. In dem

* Die spezielle Kanne, in der man das aufbrüht, was gewöhnlich als türkischer Kaffee bezeichnet wird.

weiten Land um uns herum gab es kein Anzeichen für irgendwelches Leben. Es kam mir befremdlich vor, daß nur unsere kleine Gruppe in dieser endlosen Landschaft weilte. Die Welt versank im Nichts.

*»Sitti Marianne, etfadhali ...«** Ich schaute auf und sah Saada, die mir ein Glas frisch gebrühten Tees anbot. Ich brauchte einen Augenblick, um mich wieder auf die Realität einzustellen, und Saada deutete meinen Blick falsch. *»Ma tibghi shahee?«* fragte sie. »Ja, natürlich möchte ich Tee. Danke.« Ich mußte lächeln. Tee war für mich immer etwas gewesen, das man in prunkvollen Salons und vornehmen Wohnzimmern einnahm, und da saßen wir nun und schlürften ihn in einer primitiven Wüstenhütte. Wie viele Reisende vor uns, Beduinen, arabische Händler und Kaufleute, Jäger, Wüstenkrieger – oder ihre Frauen – hatten wohl hier schon gesessen und wie wir ihren Tee geschlürft? Ich stellte mir eine solche Gruppe vor und fragte mich plötzlich, wie sie wohl reagiert hätten, wenn ich auf einmal bei ihnen aufgetaucht wäre.

Ich mußte mir in Erinnerung rufen, daß die Situation für die Einheimischen genauso neu war wie für mich. Während ich ständig darüber klagte, daß die arabische Gesellschaftsordnung mich einsperrte, hatte ich es nicht zu schätzen gewußt, daß sie mich zumindest nicht aussperrte. Ich war zwar eingeschnürt, aber ich war »drinnen«, und was sehr wichtig war, ich konnte – wenn ich wollte – aus dem Eingeschnürtsein auch Freiheiten gewinnen. Sie waren natürlich ganz anderer Art. Ich befand mich jedoch immer noch in einem Stadium, wo es durchaus angebracht war, wenn ich mir nach jedem durchstandenen Tag, an dem ich wieder neue Erfahrungen in meinem völlig neuen Leben gemacht

* »Frau Marianne, bitte ...«

hatte, selbst auf die Schulter klopfte, aber dieses neue Gefühl war erst ein Anfang. Die Orientalen haben ein Sprichwort: »Alles kommt und geht; es macht sich ein Loch und geht hindurch.« Vielleicht hatte ich damit begonnen, mir ein Loch zu machen? Das konnte nur die Zeit erweisen. Ich konnte mich nicht über Nacht an ein so völlig anderes Leben anpassen. Und da ich die Fesseln der Sitten und Gebräuche ohnehin nicht lockern konnte, bestand meine wichtigste Disziplin darin, trotz meiner in Ketten gelegten Freiheit das zu tun, was ich tun mußte. Es war kein Vergnügen, immerfort ins kalte Wasser geworfen zu werden, aber ich hielt die Nase oben, indem ich lernte, zu strampeln wie eine Verrückte.

Dschidda war nach Taif eine Wohltat. Unser Leben spielte sich zwar immer noch im und um das Haus herum ab, aber wir konnten wenigstens durch richtige Glasfenster sehen, auf das Rote Meer vor uns und auf die Berge hinter uns, und wir hatten das Vergnügen, uns relativ frei im Hof bewegen zu können. Wir lebten in einem der wenigen Anwesen, die außerhalb der damals immer noch von Mauern umgebenen Stadt lagen. Die Ruhe und Abgeschiedenheit unserer Gegend wurde nur ab und zu durch das Klingeln von Eselsglocken durchbrochen, wenn ein einsamer Reiter die Mauern passierte, ein Auto ein Hupsignal zum Öffnen des Tors gab oder die Rawais-Beduinen*, die nördlich von uns lebten, nachts auf ihre Trommeln schlugen. Noch im Jahr zuvor hatte unsere ganze Familie im großen Stadthaus der Alirezas in einem vielgeschossigen Labyrinth von Zimmern und Wohnungen gelebt, das über den Büroräumen des Familienunternehmens lag. Wenn dies mein erstes arabisches Heim gewesen wäre, hätte ich mich, da bin ich fast sicher, niemals eingewöhnen können. Statt mich daran zu machen, mir ein

* Rawais war ein Bezirk.

Heim in einem Heim zu schaffen, hätte ich mich nur noch abgeschottet. Das tat ich ohnehin manchmal, wenn ich Amerika nachtrauerte und mich über die Sprachprobleme, das frustrierende Verhältnis zur Dienerschaft und die gelegentlichen Mißverständnisse mit meinen Verwandten aufregte.

Meine erste Fluchtmöglichkeit aus Arabien bot sich noch im ersten Jahr, und als das Flugzeug abhob, überkam mich die Versuchung, meinen Schleier aus dem Fenster zu werfen. Ich hätte es auch tun können, bei den kleinen, kreisrunden Öffnungen, die die Flugzeugfenster damals bildeten, aber ich tat es natürlich nicht.

Unser Ziel war London, wohin Ali Prinz Faisal mit der saudischen Delegation zu einer Konferenz der Vereinten Nationen flog. Mit dieser Reise schuf Ali einen Präzedenzfall, der auch für lange Zeit einer bleiben sollte – nämlich mich und die Kinder (ein Kind bei diesem ersten Mal) auf Reisen außerhalb Arabiens mitzunehmen. Bevor es eine regelmäßige Flugverbindung gab, mußten wir uns Plätze in Flugzeugen organisieren, die auf dem Flughafen (oder dem so bezeichneten Sandstreifen, der oft unbefugt von Kamelen gekreuzt wurde) von Dschidda zwischenlandeten. Dies waren britische Maschinen aus Aden oder amerikanische, wo wir in den Schalensitzen der Fallschirmjäger Platz nehmen mußten und unseren mitgebrachten Proviant mit anderen Passagieren teilten, während die Unteroffiziere der Crew zusammengerollt auf dem Metallboden schliefen. Wir hatten die Wahl, entweder auf diese Weise zu fliegen oder eines der beiden alten britischen Dampfschiffe zu nehmen, die *Taif* oder die *Talodi,* die das Rote Meer nach Ägypten und zurück befuhren, wobei eine einfache Fahrt von Dschidda zum nächstgelegenen ägyptischen Hafen fünf Tage dauerte. Auf diesen Schiffen gab es (wie wir auf einer späteren Reise herausfanden) Ratten so groß wie Katzen, die nachts ihre Runde machten, Schlafkojen, die voller Wanzen waren, und selbst als Gast am Kapitänstisch bekam man Brot serviert, in dem sich Rüsselkäfer tummelten. Wir flogen, wann immer es möglich war.

In Kairo, der ersten Etappe dieser Reise nach London, mußten wir feststellen, daß der gesamte Flugverkehr immer noch den militärischen Bestimmungen der Nachkriegszeit unterworfen war. Ali gelang es, für sich selbst eine A-1-Priorität zu bekommen, während Hamida und ich per Schiff reisen sollten. Das war ein Schlag. Ich war in Reiseangelegenheiten immer noch hilflos und fühlte mich so sehr als Fremde in einem fremden Land, daß mich der Gedanke erschaudern ließ, mitten im Winter mit einem Kind eine Schiffsreise zu unternehmen; aber als wir ein britisches Truppenschiff mit Plätzen für Zivilisten ausfindig machten, das am 21. Dezember von Port Said in Richtung Liverpool auslaufen sollte, buchte Ali für uns Tickets erster Klasse und beruhigte uns mit dem Versprechen, nicht vor uns abzureisen. Er hatte jedoch keine Wahl und mußte uns verlassen, sobald er einen Platz bekam, denn in diesen Tagen spaßte man nicht mit A-1-Prioritäten. Er war bald weg, aber glücklicherweise kam Ahmed Yousuf nach Kairo und reservierte in Port Said eine Übernachtung für uns, bevor er uns am Abend vor dem Auslaufen mit dem Zug dorthin begleitete.

Das Hotel wußte nichts von unserer Reservierung, als wir dort ankamen, und so fuhren wir bis nach Mitternacht stundenlang in einer Pferdekutsche umher, um in der von vielen Reisenden bevölkerten Stadt nach einer anderen Unterkunft zu suchen. Die Straßen waren schon verlassen, als Ahmed Zimmer fand, die er als leidlich akzeptabel erachtete, und selbst dann war er noch nicht so zufrieden, daß er Hamida und mich hineinließ, sondern er veranlaßte den Nachtportier, in seiner Anwesenheit die Laken unserer miserablen Betten zu wechseln.

Am Schiff erledigte Ahmed die Formalitäten und überließ es dann dem Steward, Hamida und mich zu unserem Quartier zu bringen. Ahmed sagte, er habe ein paar Besorgungen zu machen, werde aber rechtzeitig vor dem Auslaufen zurück sein, um uns endgültig zu verabschieden. Es stellte sich heraus, daß unser Quartier beinahe nichts an Bequemlichkeiten aufzuweisen hatte. Meine Erste-Klasse-Reise bedeutete, daß ich eine Kabine, die normalerweise für zwei Personen gedacht war, mit fünf anderen teilen mußte, die schon alle anwesend waren, als der Steward mich hinein geleitete. Der Raum hatte sechs Kojen, jeweils drei übereinander, und das Badezimmer mußten wir mit der benachbarten Sechskojenkabine teilen. Da ich als letzte ankam, war nur noch eine der obersten Kojen übrig; eine Frau tauschte jedoch freundlicherweise ihre untere Koje mit uns, obwohl der Gedanke an eine neun Monate alte Mitreisende sie sicher nicht gerade vor Freude überschäumen ließ.

Ich legte Hamida verzagt in die Koje und ertrug wie benommen die Blicke der anderen, zu geschockt, mich dorthin zu setzen, wo Platz war. Ich blieb stehen, bis die Stewards mein Gepäck hereinbrachten, womit aber meine Probleme erst richtig anfingen. Der Raum war schon mit dem Gepäck und den Habseligkeiten der anderen angefüllt, und ich hatte weit mehr dabei als üblicherweise, weil Ali mir sein übergewichtiges Gepäck gegeben und Ahmed uns mit Pralinenkisten von Groppi's, Kairos berühmten Konfektherstellern, schwer beladen hatte. »Süßigkeiten sind in England rationiert«, sagte er, »und wenn ihr sie nicht alle essen könnt, könnt ihr sie ja verschenken!« Mit jedem Gepäckstück vermehrten sich die fragenden Blicke meiner Mitreisenden, und schließlich nahm auch mein Gesicht einen befremdeten Ausdruck an, als eine Mandarinenkiste auftauchte, auf der mein Name stand – eine käfigähnliche Kiste, aus deren Stroheinlage es bei jeder Bewegung an den Seiten rieselte. Man brachte eine weitere Kiste, diesmal mit Bananen von der kleinen Sorte, die die Größe eines Fingers haben und die typisch für Ägypten sind, dann folgte Kiste auf Kiste, insgesamt dreizehn an der Zahl, alle voll mit Obst.

Ich wußte nur, daß ich jetzt etwas tun mußte, damit sie nicht den verbleibenden Platz in der Kabine gänzlich in Anspruch nahmen. Sie wurden auf dem Flur gestapelt. Als ich versuchte, vorbeizukommen, um zu den Gepäckträgern zu gelangen, blieb ich mit dem Strumpf an den rauhen Bambusseiten einer Kiste hängen. Ich gab ihnen ein gutes Trinkgeld, damit sie das Obst und alles andere, was ich nicht brauchte, für die Dauer der Reise in den Frachtraum des Schiffes brachten. »Das kann nur Ahmeds Werk sein«, murmelte ich, nachdem der Platz geräumt war. Ich ging auf Deck, um nachzusehen, ob er schon zurück sei. Als ich ihn fand, durchbohrte ich ihn mit meinem müden Blick und fragte ihn, ob er irgend etwas von irgendwelchem Obst wisse.

»Oh, gut. Es ist angekommen, ja? Obst ist in England im Moment teuer und schwer zu bekommen, deshalb habe ich euch einen kleinen Vorrat besorgt.«

»Das hast du zweifellos getan«, entgegnete ich, »und ich will, daß du jetzt mit mir kommst, um nachzusehen, wo wir deiner Meinung nach das Obst, Hamida und mich hätten unterbringen sollen.«

Als er den Raum sah, konnte er nicht glauben, daß mein Erste-Klasse-Ticket mich nicht zu etwas Besserem berechtigte. Er stürmte zum Zahlmeister, damit der den Fehler korrigierte. Wir waren es jedoch, die mit unseren Vorstellungen von Luxus und Komfort in diesen schweren Zeiten falsch lagen. Unser Schiff, sagte er, sei ein Truppentransporter, und wenn wir der Meinung seien, daß der Raum überbelegt sei, sollten wir uns doch einmal die anderen Decks ansehen. Wir hatten verstanden. Ahmed tat es sehr leid für uns, daß wir unter diesen Umständen reisen mußten, und mir tat es nicht weniger leid; aber bald erklang die Glocke, die alle Besucher aufforderte, von Bord zu gehen, und wir liefen aus.

Was für eine Reise war das! Das Militär regelte unseren Tag. Ich mußte Hamidas Wäsche irgendwo unten im Schiffsrumpf aufhängen, wo all die Rohre verliefen. Nachmittags bekamen wir Berechtigungsscheine für eine Tasse Tee und zwei knochentrockene Kekse als Imbiß zwischen den Mahlzeiten, aber mehr auch nicht. Das Wetter war während der gesamten Überfahrt gräßlich. Tagelang wurden unsere Nerven zusätzlich durch den unaufhörlichen Klang des Nebelhorns strapaziert, das alle paar Minuten ertönte, während wir uns durch die stürmische See bewegten. Und außer Hamida und mir litt fast jeder an Bord an Übelkeit. Ich glaube, der einzige Grund, warum mir nicht übel wurde, bestand darin, daß ich es mir einfach nicht leisten konnte.

Wir hatten uns vor der Reise damit abgefunden, Weihnachten irgendwo auf hoher See verbringen zu müssen, an Neujahr befanden wir uns jedoch immer noch auf dem Wasser. Das lag nicht nur am Wetter, sondern auch daran, daß wir zwei nicht geplante Zwischenstationen machten, eine in Malta und eine im von Wracks übersäten Hafen von Neapel; verständlicherweise durften wir an beiden Orten nicht an Land gehen. Als wir in Sichtweite von Liverpool beidrehten, hatten wir fünf Tage Verspätung und konnten trotzdem noch nicht ins Dock einlaufen. Soweit ich es mitbekam, waren wir zu spät dran, um den Höchststand der Flut zu erwischen, und mußten außerhalb des Hafens warten, bis das Schiff sicher durch den Kanal navigiert werden konnte.

Zudem war ich nicht sicher, ob Ali da sein würde. Ich hatte auf dem Schiff ein rätselhaftes Telegramm von Ahmed erhalten, in dem stand, daß ich mir keine Sorgen machen solle, Ali sei gesund und in Sicherheit, aber ich hatte nicht die geringste Ahnung, worum es ging. Er war jedoch da, stand am Dock und trug ausgerechnet einen Homburger Hut – für mich genauso überraschend, als ob er ein arabisches Kopftuch getragen hätte. Er sah wie ein richtiger Diplomat aus mit seinem klassischen Mantel und der Aktentasche in der Hand, und ich dachte bei mir, wie unterschiedlich wir Menschen in unterschiedlichen Situationen wirken, weil ich mich an die Zeit erinnerte, als er von Riad nach Taif zurückkam und wie ein verlorener Nomade aussah.

Ali hatte sich die Erlaubnis verschafft, an Bord kommen zu dürfen, wodurch wir zunächst eine glückliche Wiedervereinigung an Deck feierten, bevor Ali mir seine Aktentasche zu halten gab und sich aufmachte, die Formalitäten meines Ausschiffens und meiner Einreise in das Land zu erledigen.

In der Aufregung vergaß ich, ihm von dem Obst zu berichten, aber vielleicht war es auch nicht schlimm, daß er es selbst herausfand. Von seiner Diplomatenhaltung war nichts mehr zu spüren, als er zu mir zurück gestürmt kam und sagte: »Was ist mit dem ganzen verdammten Obst, das angeblich dir gehört – was glaubst du wohl, wie ich es durch den Zoll, in den Zug, nach London und ins Hotel bekommen soll?«

»Schrei mich nicht an«, gab ich zurück, »das ist alles Ahmeds Werk! Er dachte, wir könnten es hier gut gebrauchen. Ist das nicht lieb?« Ich hatte leicht reden, da die Last jetzt wieder auf seinen Schultern lag.

»Lieb, so ein Unsinn! Mein Gott, du hast dreizehn Kisten davon da unten stehen!«

»Ja, ich weiß; ich weiß es nur zu gut!«

Im Zug nach London klärte Ali mich über das Telegramm auf, das ich erhalten hatte. Sein Flugzeug war nach dem Start in Kairo von einem Blitz getroffen worden, wodurch das Funkgerät ausgefallen war und sie in einem Sturm irgendwo über dem Wasser verlorengingen und so lange am Himmel herumbrummten, bis unter ihnen Land auftauchte. Sie hielten nach einem Flugplatz Ausschau, auf dem sie landen konnten, bevor der Treibstoff ausging. Letztlich gingen sie in Deutschland herunter und gelangten dann mit Zug, Auto und Schiff über Frankreich nach England. Eine Zeitlang wußte niemand, wo sie waren, und Ali erzählte, daß während der Notfallsituation im Flugzeug kaum noch jemand an ein glückliches Ende geglaubt hatte. Ali war erleichtert, daß seine hartnäckigen Bemühungen, Hamida und mich mit sich zu nehmen, erfolglos geblieben waren. Während die anderen sich schweigsam und nachdenklich verhalten hatten, hatte Ali sich unbeliebt gemacht, indem er Sandwiches bestellt und fröhlich verzehrt hatte, obwohl keinem der anderen zum Essen zumute war. Er war so offensichtlich glücklich über irgend etwas, daß die anderen sich fragten, ob er noch ganz richtig im Kopf sei.

Ali zuckte zusammen, als die Gepäckträger am Londoner Bahnhof unser Hab und Gut aus dem Zug luden und mehrere Taxis für uns bestellten. Unser leeres Abteil hatte eine leichte Ähnlichkeit mit einem Viehwaggon gehabt, und Ali war sich sicher, daß die Taxifahrer über uns lachten, wenngleich es keiner offen zeigte. Aber das wirklich letzte Stroh fiel im vornehmen Claridge's Hotel, dessen heilige Hallen in ihrer ganzen Länge eingestreut wurden. Ich glaube, dies wird das einzige Mal gewesen sein, daß Gäste im Claridge's von einem Angestellten mit Besen und Kehrblech begleitet wurden. Aber das war noch nicht das Ende aller Aufregungen. Oben angekommen, stellte ich fest, daß die Aktentasche, die ich mit meinem Leben geschützt hatte, nur einen Schlafanzug und eine Zahnbürste enthielt. Daraufhin brauchte ich etwas zu lesen, um meine angegriffenen Nerven zu beruhigen. Ich ging zur Rezeption, die wie ein Richterpult aussah, und fragte den Portier: »Können Sie mir bitte sagen, wo ich den Zeitschriftenstand finde?« Der Portier sah auch aus wie ein Richter und antwortete mir pikiert: »Madam, *das Claridge's hat* keinen Zeitschriftenstand.«

Ich würde die Geschichte gerne damit beenden, doch es gibt noch mehr zu erzählen. Zunächst einmal lachten die Leute nicht lange über mein Obst. Mein Zimmermädchen mußte sogar weinen, als ich ihr ein paar Bananen gab, so etwas Seltenes und Wertvolles stellten sie dar. Dann kam ich auf die Idee, als nette Geste Geschenkkörbe damit zu füllen und einen an Seine Königliche Hoheit Prinz Faisal, einen an Seine Exzellenz Scheich Ibrahim as-Sulaiman und einen an Seine Exzellenz Scheich Hafiz Wahba, unseren Minister in London, zu schicken, was ich auch tat. Ich kaufte die Körbe, Zellophan und Schleifen und stellte ein paar sehr kunstvolle Arrangements mit einer Schachtel Groppi-Pralinen als Mittelpunkt zusammen, befestigte unsere Karte an den Korbgriffen und ließ sie überbringen. Prinz Faisal erkannte auf Anhieb die günstige Gelegenheit, ersetzte unsere Karte durch die seine, konfiszierte die anderen beiden Körbe und tat das gleiche: Er sandte einen mit besten Empfehlungen an den Buckingham Palast, einen an Premierminister Clement Attlee und den dritten an irgendeinen anderen hohen Beamten. Ahmed Yousufs gut gedachte Gabe hatte zuerst nur Kopfschmerzen bereitet, endete aber schließlich als Geschenk, das eines Königs würdig erschien, und wurde nach allem, was man weiß, auch als solches zu schätzen gewußt.

Ich glaube, Ali vergab mir den Ärger, den er damit hatte, denn er fand später bei einer Episode, die sich während einer

Ausschußsitzung ereignete, sehr nette Worte über mich. Er kramte gerade in seinen Papieren, als er aufsah und bemerkte, daß Frau Eleanor Roosevelt neben ihm saß, worauf eine leise Unterhaltung zwischen den beiden begann. Sie fragte ihn ein paar persönliche Dinge, dann etwas über sein Land, wobei sie an beidem Interesse bekundete, und abschließend sagte Frau Roosevelt: »Und wie gefallen Ihnen die Amerikaner?«

»Oh, sie gefallen mir sehr gut«, sagte Ali, »und sie gefallen mir nicht nur, ich liebe sie – ich habe eine von ihnen geheiratet!«

Ich wohnte dank Scheich Ibrahims Delegiertenausweis einer Reihe von Sitzungen bei, und es machte mich glücklich, dazuzugehören, auch wenn ich nur Zuschauerin war. Hinter den Kulissen lauschte ich lange und eingehend den Berichten der Männer über den Fortgang der Konferenz und ihren manchmal lustigen Schilderungen der Begebenheiten am Rande. Eines Abends zog Prinz Faisal Ali furchtbar auf, indem er ihn ständig mit Königliche Hoheit anredete, und schließlich bekam ich aus ihnen heraus, was dahintersteckte. Am Nachmittag hatten Seine Königliche Hoheit und Ali gemeinsam in Prinz Faisals Hotel auf den Lift gewartet, der sie zu seinem Zimmer bringen sollte, als eine gut gekleidete Dame auf sie zu rauschte, sie musterte, dann Alis Hand ergriff und sagte: »O-o-oh, Königliche Hoheit, ich bin ja so erfreut, Sie kennenzulernen«, und so weiter und so fort; woraufhin Prinz Faisal zur Seite sah und Ali auf Arabisch zuraunte: »Ich breche dir das Genick, wenn du ihr sagst, daß ich der Prinz bin und nicht du!« Sagte es, verschwand im offenen Lift und überließ es Ali, der freudig erregten Dame charmant und liebenswürdig zu antworten.

Wir blieben bis zum Ende der Konferenz in London, arbeiteten in der Woche schwer und fuhren an den Wochenenden in das schöne Landhaus der Gesandtschaft, von dem mir die kalten Schlafzimmer in Erinnerung geblieben sind, das Mädchen, das uns treu jeden Morgen bei Sonnenaufgang weckte, um uns den Morgentee zu servieren, die wundervollen Anlagen, der große offene Kamin im Eßzimmer, das großartige Billardzimmer und das Ei, das Hamida jeden Sonntagmorgen bekam.

Schließlich war es wieder an der Zeit, die Geschäftsanzüge und Alis Homburger einzupacken, die Kopfbedeckungen und den Schleier hervorzuholen, die von mir verwahrten Einsätze vom Penny-Poker an alle männlichen Gefährten zurückzugeben und das Flugzeug nach Arabien zu besteigen. Ich würde das andere Leben wieder an dem Punkt fortführen müssen, wo ich es verlassen hatte; aber wo war das? Ich glaubte, in einigen Dingen wieder von vorn beginnen zu müssen, und wußte, daß ich einiges von meinem arabischen Vokabular selbst in dieser relativ kurzen Abwesenheit vergessen hatte. Ich brauchte die arabische Umgebung und die Geräusche des Hauses, um mich wieder an diese Worte zu erinnern – so viele von ihnen bezogen sich nur auf das dortige Leben.

Es war mir lange schwergefallen, das Haus, in dem wir alle lebten, als mein Heim zu betrachten, und Hayat und ich hatten, soweit wir dazu in der Lage waren, große Diskussionen über das Thema geführt. Für sie war es leicht, das Haus als »mein, dein, sein, ihr, unser« zu bezeichnen, ich aber war an das Gemeinschaftsleben nicht gewöhnt und beharrte darauf, daß es nicht *mein* Zuhause war, obwohl ich dort lebte. »Es wäre so schön«, sagte ich, »wenn ich mein eigenes Zuhause hätte.« Wie unrecht ich hatte! Ich war so sehr mit meinen eigenen Problemen beschäftigt, daß ich nur allmählich erkannte, was es bedeutete, die tausend Dinge zu organisieren, die ein Haushalt wie der unsrige von der Person verlangte, die ihn führte. Selbst in einem kleinen Rahmen wäre ich in diesen ersten Jahren nie in der Lage gewesen, einem arabischen Haushalt vorzustehen. Wie hätte ich es bewerkstelligen sollen, Nahrungsmittel oder Waren einzukaufen, die Rechnung zu kontrollieren, alles und jedes zu überwachen, die Dienerschaft zu beaufsichtigen, Leute einzustellen und zu entlassen, Pflichten zuzuweisen und ständig alles zu überprüfen und nochmals zu überprüfen, damit alles seine Ordnung hatte und reibungslos funktionierte? Ich hatte schon genug Probleme mit meinen minimalen Pflichten und keine echte Verantwortung außer der für das Kind.

In unserem Haus hielt Mutter die Fäden in der Hand, und sie machte es, von meinem heutigen Standpunkt aus gesehen, auf geniale Art und Weise. Sie war *sitti kabeera*, die »Große Dame«; und ihr natürlicher Geschäftssinn und ihr echtes Führungstalent glichen ihre fehlende formale Ausbildung mehr als aus. Wir jüngeren Frauen halfen, wo wir konnten, aber im Vergleich zu ihren Pflichten waren unsere ziemlich gering. Wir kümmerten uns nur um unsere persönlichen Angelegenheiten innerhalb des geschlossenen Kreises des gemeinsamen Lebens und betrachteten, zumindest was mich betrifft, viele Dinge als selbstverständlich.

Es muß gar nicht so einfach gewesen sein, die Lebensmittel und all die anderen Dinge, die in unserem Haushalt verbraucht oder benutzt wurden, einzukaufen, den Bedarf daran vorauszuberechnen und die Rechnungen zu kontrollieren. Kein Wunder, daß Mutter sich am Abend oft mit den Worten *»Ya Oomie yarate-ik my jipteeny«** von ihrem *carawita* erhob, wenn nach dem Essen der Boy kam, um mit ihr die Rechnungen durchzugehen. Listen und Quittungen wurden methodisch überprüft, und wenn Mutter davon über-

* »O Mutter, ich wünschte, du hättest mich nie geboren!«

zeugt war, daß die Endbeträge stimmten, schlurfte sie mit klappernden Sandalen zu ihrem Zimmer und schloß die große Teakholztruhe auf, wo sie unter anderem das Haushaltsgeld aufbewahrte. Aus den festen Leinensäcken voller Silberrials zählte sie den entsprechenden Betrag ab und gab ihn dem Boy für die Begleichung der Tagesausgaben. Diese Prozedur wiederholte sich tagtäglich. Ich weiß bis heute nicht, wie unsere persönlichen Rechnungen verbucht oder bezahlt wurden; vielleicht wurden sie alle in einen Topf geworfen und aus einem allgemeinen Fond bestritten, oder vielleicht mußten sie mit unseren Männern abgerechnet werden. Wie es auch gemacht wurde, ich weiß nur, daß ich in diesem ersten Jahr nie mit Geld umgegangen bin. Ich hätte ohnehin nichts damit anfangen können, da sich immer irgend jemand um meine Bedürfnisse kümmerte.

Mutter hatte viele Dinge für mich gekauft und in den verborgenen Winkeln einer ihrer Teakholztruhen versteckt; und von Zeit zu Zeit erinnerte sie sich an einen längst vergessenen Gegenstand und lief, ihn zu holen. Zainab hatte handgenähte Sachen für Hamida und mich, und sowohl Zainab als auch Hayat hatten immer wieder Stoffe zurückgelegt, die als Geschenke für mich bestimmt waren. Mohamed hatte ein schönes neues Kurzwellenradio für mich gekauft und in der Garage versteckt, um die anderen nicht in Versuchung zu führen. Aber er fand keine ruhige Minute mehr, nachdem alle das Versteck entdeckt hatten und bettelten, es ihnen zu geben. »Es ist für Marianne«, lehnte er dieses Ansinnen jedesmal glattweg ab, und als er mir den Karton endlich in die Hände drückte, hatte ich das bestimmte Gefühl, daß er froh war, ihn loszuwerden.

Mohamed erstand auch einen Eisschrank, aber nicht, um ihn mir zu schenken. Er übertrug mir lediglich die Aufgabe, mich darum zu kümmern. Heimkühlung war damals in Arabien eine völlige Neuheit, und es gab nicht viele, die einen Eisschrank oder andere moderne Haushalts- oder Küchengeräte hatten. Es war mir nie in den Sinn gekommen, irgendeine Art von Kühlschrank, modern oder nicht, als Eßzimmermöbel in Betracht zu ziehen, aber genau dort ließ Mohamed ihn von den Dienern aufstellen. Er machte eine weit ausholende Geste in Richtung des glänzendweißen neuen Modells und sagte: »Nun, Marianne, es kommt aus Amerika wie du, also übernimmst du die Verantwortung dafür, ja? Und zeige den anderen bitte, wie man damit umgeht.«

Was gibt's da zu zeigen? dachte ich. Man steckt das Stromkabel ein, öffnet und schließt die Tür, füllt die Eisschalen hin und wieder und wischt ab und zu mal aus, damit hat sich die Sache. Wenn ich meinen Kopf zu Hilfe genommen hätte, wäre mir eingefallen, daß wir nur nachts Elektrizität hatten und daß ein Kühlschrank, der den ganzen Tag über abtaut und nachts alles nachzuholen versucht, schlechter war als gar keiner. Aber nein, der unsere wurde mit Kerosin betrieben – etwas, wovon ich bis dahin nicht gewußt hatte, daß es das gibt –, und es war an mir, mich mit der Mechanik des Geräts vertraut zu machen, Diagramme und Betriebsanleitungen zu studieren und das ganze Drum und Dran zusammenzubauen. Dann füllte ich den Brennstoffbehälter, stellte den Docht ein (ich entwickelte auch einiges Geschick darin, ihn zurechtzuschneiden), regulierte die Flamme, und siehe da, es funktionierte. Abgesehen von ein paar kleinen Störungen, die von Zeit zu Zeit auftraten, hielt ich ihn sogar in Gang. Ich schuf mir dadurch einen ziemlich unverdienten Ruf im Umgang mit technischen Dingen, den ich nie ganz los wurde, aber dem ich selten gerecht wurde, wenn mir im Laufe der Jahre etwa museumsreife Schreibmaschinen und Nähmaschinen, alle möglichen Küchengeräte und die verschiedenartigsten Zigarettendrehmaschinen zum Reparieren gebracht wurden.

Bis dahin wurden verderbliche Lebensmittel nur selten länger als einen Tag aufbewahrt, weil Hitze und Feuchtigkeit sie schnell verdarben, und es kostete mich erhebliche Mühe, das Personal davon zu überzeugen, daß über Nacht kühl aufbewahrte Gerichte unbedenklich verzehrt werden konnten. Saada zum Beispiel bestand hartnäckig darauf, daß übriggebliebene Wassermelonen giftig seien – sie müßten am selben Tag gegessen werden, an dem man sie anschneidet –, deshalb versuchte sie eines Tages, mir zu meiner eigenen Sicherheit ein Stück Wassermelone zu entwinden, das ich zwecks späteren Genusses aufbewahren wollte. Ich gewann das Gerangel, legte das Stück in den Eisschrank und lud sie dazu sein, mir am nächsten Tag beim Essen zuzusehen. Sie kam tatsächlich (in der Überzeugung, *jemand* müsse zugegen sein, um mich aufzufangen, wenn ich umfiele), aber ich betrachtete es nicht als Sieg, daß ich überlebte und die Geschichte erzählen kann, denn in gewisser Weise behielt sie doch recht. Zurückgelegte Wassermelonenstücke waren *nicht* sicher! Sie verschwanden. Nachdem alle, einschließlich Saada, endlich davon überzeugt waren, daß gekühlte Wassermelonen genausogut wie frische und nur doppelt so kalt waren, sanken die Chancen, noch *irgendwelche* zu finden, fast auf Null.

Der arme Kühlschrank wurde in der Folge von viel zu vielen Menschen benutzt, als daß er eine Funktion noch richtig hätte erfüllen können. Die Tür blieb selten länger als fünfzehn Minuten geschlossen, und als irgendein Frühaufsteher immer das Eis für sich vereinnahmte, das sich über Nacht ungestört bilden konnte, blieben die Schalen für den Rest des Tages in einem fast konstant flüssigen Zustand. Tagsüber entstanden höchstens winzige Eismurneln, die im Wasser herumtrieben, weshalb die Heimproduktion durch Thermobehälter voll Eis von der örtlichen Eisfabrik unterstützt werden mußte. Man ließ die Eisschalen daraufhin mehr und mehr ungenutzt, und ich bekam Gelegenheit, mir meinen Wunsch nach selbstgemachter Eiskrem zu erfüllen.

»Eistafeln« wäre ein besserer Name für die gefrorenen Milchkristalle gewesen, die immer wieder dabei herauskamen, und ich weiß jetzt, daß ihr großer Erfolg wohl nur darauf zurückzuführen war, daß sie kalt waren. Ich hätte sie so gern kremig und weich gehabt, aber als Ergebnisse meiner Mühen gerieten mir frustrierenderweise immer nur die gleichen kalten Tafeln. Außerdem kamen Fliegen von meilenweit her, um mir zuzuschauen, und sie versuchten so verzweifelt, an der Prozedur teilzuhaben, daß man sehr aufpassen mußte, damit man nicht ein Dutzend davon oder mehr in jede Portion hineinmengte.

Frische Sahne war nicht zu bekommen, und die als Ersatz dienende gekühlte Kodensmilch blieb in dem heißen Raum nie lange genug kalt, um mehr als einen breiigen Schaum zu bilden. Die daraus resultierenden gefrorenen Spezialkreationen fanden überall Anklang, erreichten jedoch nie den Stellenwert der üblichen kalten Naschereien wie etwa die mit Zucker und zerstoßenem Eis (soweit verfügbar) pürierten Melonen und Granatäpfelkerne, die rot und wunderhübsch in Schüsseln mit gezuckertem Eiswasser schwammen. Nach der Eiskrem versuchte ich es mit der Einführung von Eistee, schaffte es aber nicht, auch nur einen Menschen dazu zu bekehren. Die Teetrinker bevorzugten selbst mitten im Sommer heißen Tee, und das war auch in Ordnung so, denn es gab ohnehin nie genug Eis.

Später trafen wir ein Abkommen mit dem Eishersteller, damit er anständige Eiskrem für uns machte. Er besaß die entsprechende Ausrüstung und erklärte sich einverstanden, falls wir die Zutaten liefern, ihm einen Tag Zeit geben und unsere eigenen Transportbehälter mitbringen würden. Sein einfaches Vanilleeis war großartig, und ich kann mich heute noch daran erinnern, wie ich mir die Ellbogen damit eincremte, als ich es vom Boden eines hohen Kühlbehälters mit großer Öffnung kratzte; aber am liebsten mochten wir immer Mangoeis. Unser Freund verwandelte dosenweise indisches Mangofruchtfleisch in die am herrlichsten getönte, köstliche Krem, die ich je gegessen habe. Ein Behälter davon machte den Tag zum Festtag.

Ich hatte eine Schwäche für diesen Eismann, aber er war nur einer der vielen Männer der Stadt, mit denen unser Haushalt Geschäfte machte und die wir Frauen nie zu sehen bekamen. Unsere Männer bekamen sie zwar wahrscheinlich auch nie zu Gesicht, weil Diener und Bürohilfen die meisten Besorgungen erledigten und für den Kontakt zu den Geschäftsleuten zuständig waren, aber das war etwas anderes. Selbst der Arzt war für uns Frauen tabu, außer wenn eine von uns die Patientin war. Wenn ein Kind krank war, sprachen wir jungen Mütter nie mit dem Arzt, wir saßen bei seinen Besuchen nie am Krankenbett – Mutter tat dies für uns. Sie war dabei nicht verschleiert, aber die Sitten verlangten, daß sie ihren Kopf mit einem leichten Tuch bedeckte. Diese Einschränkungen lockerten sich schließlich, und wir durften in einer gemischten Gruppe aus Männern und Frauen zusammensein, wenn ein guter Freund der Familie uns besuchte, und dazu gehörte der Doktor zweifellos; aber zu Anfang war dies nicht der Fall. Ein gelegentlicher Zeitvertreib der Frauen bestand darin, sich hinter den Fenstern zu verstecken, um einen kurzen Blick auf einen männlichen Besucher zu erhaschen, der die Auffahrt heraufkam, oder verstohlen durch die arabesken Verkleidungen eines der oberen Balkone in den Garten zu spähen, wenn die Männer dort feierten. Heute bin ich froh, daß ich zu der Zeit nach Arabien kam, als diese Dinge noch zu sehen und mitzuerleben waren, aber damals war ich davon weniger entzückt. Als ich unsere Frauen zum ersten Mal dabei beobachtete, war ich im Namen aller Frauen schockiert und verärgert.

»Niemand wird mich je herumschleichen sehen, bloß um einen Mann zu sehen«, sagte ich; doch als es mir zum ersten Mal passierte, handelte es sich nicht einfach um irgendeinen Mann, sondern es war Seine Königliche Hoheit Prinz Mohamed bin Abdul Aziz, der zu Besuch kam. Ich schnaubte trotzdem. »Immerhin hat er mich schon einmal um einen See gerudert, und ich habe ihn ohne seine Kopfbedeckung gesehen« – was immer das auch bedeuten mochte. »Ich weigere mich, mich dazu herabzulassen, ihn heimlich zu beobachten!«

Wenn Männer kamen, die ich sehen durfte, wie der gute Onkel Jusuf und sein Sohn Ahmed, Schwager Ahmed Zahid, die Cousins Abu Ali und Om Abdullah Abdul-Hassan, um nur einige zu nennen, kam es oft zu Mißverständnissen. Es verblüffte mich, daß ihre Begrüßungen manchmal bereitwillig von einem herzlichen Händeschütteln begleitet wurden, während sie bei anderen Gelegenheiten meiner ausgestreckten Hand auswichen. *»Mutawuddi«*, pflegten sie dabei zu sagen, und in der Annahme, daß dies nur wieder eine weitere Form der Begrüßung sei, schüttelte ich ihnen trotzdem die Hand. Die armen Seelen versuchten mir beizubringen, daß sie ihre Waschungen vollzogen hatten und für das Gebet gereinigt waren. Aber selbst wenn ich das Wort verstanden hätte, es hätte nichts genutzt, da mir niemand erklärt hatte, daß ein Mann zwischen den Waschungen und dem Gebet keine Frau berühren darf. Mein Händedruck verunreinigte sie, und ihnen blieb nichts anders übrig, als die ganze Prozedur zu wiederholen.

Ich stellte mich auf diese Dinge ein; aber mein Leben hatte sich unglaublich verändert. Die anderen Frauen waren in diesen Modus vivendi hineingeboren, wogegen ich mich erst hineinleben mußte. Ich kämpfte gegen die Fesseln an und fragte nach Gründen, obwohl ein jeder Grund, der mir genannt wurde, nur ein schwacher Trost dafür war, daß ich mein Gesicht und meinen Lebensraum verhängen mußte. Weil es so viele so verbindliche Einschränkungen gab, war ich schnell in Rage zu bringen, und Flexibilität fiel mir gerade in bezug auf meine beschnittene Freiheit schwer. Aber ich litt selten still vor mich hin; ich versuchte mich in wortgewandten, dreisprachigen Reden über das, was ich für die Rechte der Frau hielt. Die anderen Frauen taten jeglichen ernsthaften Gedanken an die Abschaffung des Schleiers einfach ab, und wenn ich mich soweit beruhigt hatte, das ganze von ihrem Standpunkt aus zu betrachten, verschlug es mir die Sprache, was alles geschehen müßte, bevor die Frauen es selber akzeptieren könnten.

Damals gab es nur sehr wenige arabische Frauen, die über die Grenzen ihres Landes hinausgekommen waren oder so gebildet waren, daß sie wußten, wie es in der weiten Welt aussah. Die meisten älteren arabischen Frauen hatten nie eine Schule besucht, da die vorhandenen öffentlichen Schulen den Jungen vorbehalten waren. Ob ein Mädchen unterrichtet wurde oder nicht, hing ganz allein von den Wünschen ihrer Familie und ihren Möglichkeiten ab, einen Hauslehrer zu bezahlen. Alle Frauen aus meiner direkten Verwandtschaft waren ins Ausland geschickt worden, und Alis Vater hatte dafür gesorgt, daß seine Töchter genausoviel lernten wie seine Söhne, aber diesen Vorteil teilten sie nicht mit vielen Altersgenossinnen. Die arabischen Väter begannen gerade erst damit, ihren Töchtern bessere Ausbildungsmöglichkeiten zu bieten, und nur die wenigsten schickten sie in ausländische Internate, weshalb ein arabisches Mädchen in der Regel nur lernte, den Koran zu lesen und zu zitieren. Ansonsten war das Zuhause ihre Schule und bis sie heiratete, war ihr ganzes Leben, und die Stadt, in der sie lebte, für sie so verschlossen wie Saudi-Arabien selbst für den Rest der Welt.

Veränderungen waren in Sicht, nachdem Öl entdeckt und die Vorkommen erschlossen worden waren, wodurch Saudi-Arabien sich von einem Land, dessen Wirtschaft hauptsächlich von den Kopfsteuern der Pilger, von Perlenzucht, Ziegenfellen und Kamelwolle, primitiver Landwirtschaft und Handel abhängig war, zu einem Land entwickelte, dessen Kassen randvoll von den Öleinnahmen waren. Aber ein Wandel geht langsam vonstatten, wenn so viel zu tun ist. Es war noch nicht allzulange her, seit König Ibn Saud verschiedene Regionen erobert und die Beduinenstämme vereint hatte, um das Arabien der Sauds zu bilden, und das Öl gab ihm erst seit kurzem die Mittel, es auf einen höheren Entwicklungsstand zu bringen. Daher konnte der Status der Frauen sich nur langsam und nur mit dem Wachstum von Industrie und Landwirtschaft entwickeln: dem Bau von Straßen, Wasserwerken, Krankenhäusern und Kliniken, Häfen; der Verbesserung von Gesundheitswesen und sanitären Bedingungen; der Eröffnung von Schulen auf allen Ebenen und der Herausbildung eines Volkes, das sich für neue Ideen interessiert und zunehmend bestrebt ist, sie zu verwirklichen. Die Frauen, die ich kannte, hatten noch nichts gesehen, was sie zu solchen Bestrebungen hätte ermutigen können. Das Leben, das sie kannten, war zu traditionsorientiert und das auf dem Vormarsch war noch zu neu. Und weil ihr Leben sich immer hinter den Kulissen abgespielt hatte, bedeutete der Schleier für sie auch Sicherheit und Schutz. Im Gegensatz zu mir empfanden sie ihn nicht als

Behinderung der Freiheit; er war der Beweis dafür, daß ihre Männer sie respektierten und liebten und sie in jeder Beziehung beschützen wollten.

Als meine Mutter einmal aus Kalifornien zu Besuch kam, wurde sie gewahr, wie es ist, wenn man sich in Arabien unverschleiert zeigt. Sie und drei von uns Alirezas fuhren eines Nachmittags durch die Straßen von Dschidda, als sie mir plötzlich zuflüsterte: »Um Himmels willen, gib mir auch einen Schleier – ich komme mir neben euch wie verloren vor.« Wenn sie sich in »Ausländerkreisen«, wie ich es nannte, bewegt hätte, wäre sie sich nicht so fehl am Platz vorgekommen, weil die Frauen der westlichen Diplomaten, der Geschäftsleute und der Flugzeugpiloten nie verschleiert gingen; aber als Teil unserer arabischen Familie spürte sie den Druck, die einzige unter uns zu sein, die ihr Gesicht zeigte, und bald flüchtete sie sich vor der Öffentlichkeit in die Anonymität. Nichts von alledem brachte mich von dem Wunsch nach anderen Verhältnissen ab, aber ich mußte, wie die anderen Frauen, warten.

Die Aufgabe, uns vor den Augen anderer zu schützen, übernahmen die männlichen Bediensteten, und mit meinem Diener Baawad erlebte ich ein Drama, das meine Ungeduld mit dem Status quo in ungeahntem Maß steigerte. Wir hatten Handwerker im Haus, die durch unseren Bereich gehen mußten, weil sie auf unserem Balkon ein zusätzliches Zimmer bauten. Obwohl ich mittlerweile genug wußte, um mich außer Sichtweite zu halten, wenn sie in der Nähe waren, hielt Baawad es für seine Pflicht, meine Schlafzimmer- und Flurtüren zu schließen und so lange geschlossen zu halten, wie fremde Männer anwesend waren. In der Hitze war ein geschlossener Raum schlimmer als der Tod, deshalb öffnete ich meine Türen jedesmal wieder, wenn er sie geschlossen hatte. Der Kampf dauerte drei Tage – Wortgefechte gab es nicht, nur ein- und ausklinkende Türschlösser. Am Rande des Wahnsinns beschuldigte ich Ali (der nichts damit zu tun hatte) schließlich, mich in meinem eigenen Heim zu einer Gefangenen zu machen. Gut, daß er nicht lachte; ich war nämlich so weit, daß ich womöglich auf der Stelle meine Koffer gepackt hätte und nach Hause zu meiner Mutter gereist wäre. Oder ich hätte es zumindest versucht!

Ich habe nie nach Mitteln und Wegen geforscht, so etwas in Arabien in die Tat umzusetzen, dort, wo wir Frauen nicht einmal einen kleinen Besuch innerhalb der Stadt ohne größere Planung machen konnten. Ich habe auch keine Vorstellung, wie jemand, der fest entschlossen ist, den Ehemann zu verlassen, aus dem Haus käme, geschweige denn zu einem Ticket, um das Land per Flugzeug oder Schiff zu verlassen. Selbst in unserem halbwegs fortschrittlichen Haushalt hatten die Männer alle Pässe in Gewahrsam, was eine Flucht ins Ausland unmöglich machte. Meine beiden Pässe, der saudiarabische und der amerikanische, waren in Alis Tresor im Büro eingeschlossen, zu dem ich genausowenig Zugang hatte wie alle anderen Frauen auch. Die Araber gehen in ihrem Bemühen, ihre Frauen den Blicken anderer vorzuenthalten, so weit, daß sie sie davon befreien, Fotos in ihre Pässe zu heften. Und ich vermute, daß dies dazu führt, daß sie diese Pässe einander leihen, wenn es nötig scheint. Wie dem auch sei, Ali lachte nicht und hielt sein Versprechen, mit Baawad zu sprechen. Und so wurde die Angelegenheit nach guter arabischer Tradition geregelt: Beide Seiten »siegten«, indem man die einfache Methode anwendete, sich auf halbem Weg entgegenzukommen – ich erklärte mich einverstanden, die Tür nur halb offenzulassen, und Baawad willigte ein, sie nur halb geschlossen zu lassen.

Kapitel 8

Es dauerte nicht lange, bis sich die Sorge, daß mich *irgend jemand* sehen könne, zumindest für eine Weile verflüchtigte, da sich fast jeder in Dschidda auf Pilgerreise oder im Aufbruch dazu befand. Im Haus zurück blieben nur ein, zwei Diener und Hayat, um mir Gesellschaft zu leisten, und nach dem geschäftigen Treiben, das die Vorbereitungen begleitet hatte, war die Stille dieser relativen Einsamkeit richtig unheimlich. Gläubige Moslems aus aller Welt strömten seit Tagen nach Dschidda, sie waren auf dem Weg zu ihrer heiligsten aller heiligen Städte, Mekka, das fünfundvierzig Meilen östlich von uns lag. Der Hafen war voller Schiffe, die Pilger brachten; Charterflüge trafen in Minutenabständen ein, andere kamen mit Autos oder Lastwagen über Land, und manche waren seit Monaten oder gar Jahren zu Fuß unterwegs. Die Regierung hatte am Hafen Notunterkünfte errichtet, in denen Tausende eine Bleibe fanden, während die örtlichen Agenturen sich um deren Weitertransport nach Mekka bemühten.

Kamelkarawanen, von denen es normalerweise nur wenige gab, waren rund um die Uhr unterwegs. Zu jeder Tageszeit konnten sie beobachtet werden, wie sie, mit privatem Besitz und Lebensmitteln beladen, durch die Stadttore trotteten. Früher hatten sie auch Frauen und Kinder in einem auf ihrem Rücken befestigten Traggestell transportiert, das *shoogdoof* genannt wurde, ein farbenfroh verziertes Gestell mit Quastenvorhängen rundum zur Wahrung der Privatspähre und bunten Teppichen und Kissen innen drin. Mutter erzählte mir, wie sie früher den ganzen Weg nach Mekka hinüber geschaukelt wurden, ständig damit beschäftigt, die Kinder vor dem Hinausfallen zu bewahren, und dankbar, wenn sie durch den Schaukeleffekt der eigentümlichen Gangart des Kamels in den Schlaf gewiegt wurden. Man brauchte einen guten Rücken und Magen, um die Reise gut zu überstehen. (Das Kamel wird nicht nur deshalb »Wüstenschiff« genannt, weil es Lasten transportiert.) Ich weiß, daß ich es wundervoll gefunden hätte, aber der Ritt in einem *shoogdoof* bleibt einer meiner unerfüllten Träume. Man stelle sich vor, in solch einem Ding zum Picknick in die örtliche Oase getragen zu werden, entspannt in der orientalischen Pracht seines Inneren zu sitzen und ab und zu zwischen den Vorhängen hindurch nach draußen zu spähen. Ich war von der Idee so begeistert, daß Mutter später versuchte, einen aufzutreiben, und wenn ich nur darin über den Hof gezuckelt wäre. Leider verlief ihre Suche erfolglos. Der *shoogdoof* war eines der Dinge, für die ich zu spät nach Arabien gekommen war.

Ein Pilger muß, nachdem er sich Mekka über einen bestimmten Punkt hinaus genähert hat, eine besondere Kleidung anlegen. Die Pilger aus unserer Familie zogen die ihre jedoch schon an, bevor sie das Haus verließen. Die Frauen tragen dabei lange, einfache, ganz weiße Kleider, ungeschmückte weiße Baumwollkopftücher, die eng um den Haaransatz herum gewunden sind und während dieser Zeit keinen Schleier. Die Männer tragen zwei lange Tücher – eines um die Hüften geschlungen und über einem Gürtel festgesteckt, das andere über der Schulter –, keine Kopfbedeckungen und Sandalen an den Füßen. Die Tücher dürfen weder Stickereien noch Ziernähte aufweisen, damit keines besser genäht sein kann als ein anderes. Dahinter steckt der Gedanke, daß ein Mann, ob König oder Bauer, Bettler oder Edelmann, sich äußerlich nicht von seinem Nebenmann unterscheiden soll, denn in den Augen Gottes sind alle gleich.

Dschidda ähnelte während des achten, neunten und zehnten Tages des Dhul-Hijja, dem Monat, in dem die Moslems die vorgeschriebenen Pilgerriten vollziehen, einer Geisterstadt. Und so dachte ich, ich sähe einen Geist, als am zweiten Tag der Hadj oder »Pilgerfahrt« plötzlich ein tropfnasser Ali vor mir stand, der doch eigentlich irgendwo hinter Mekka sein sollte. Seine Pilgertücher klebten schwer und naß an seinem Körper, und die sichtbaren Bereiche seiner Haut waren mit großen roten Striemen übersät.

»Du lieber Himmel, du siehst ja furchtbar aus!« platzte ich heraus, anstatt ihn freudig zu begrüßen. »Was ist denn mit dir passiert?«

»Hagelkörner«, sagte er. »Hagelkörner so groß wie meine Faust! Ich muß aber wieder zurück, ich bin nur nach Hause gekommen, um mich umzuziehen.«

»Hagelkörner?« fragte ich mit ungläubigem Staunen und ignorierte dabei die Tatsache, daß er bald wieder weg sein würde. »Wo in aller Welt kamen *die* denn her?« Eine dumme Frage, ich weiß, aber Hagelkörner waren das letzte, was ich in Mekka erwartet hätte. Vor allem keine, die groß genug waren, um einen Mann von Alis Statur zu verletzen. Während er sich ausruhte und auf seinen Fahrer wartete, der ihm ein paar neue Tücher bringen sollte, erzählte er mir, was passiert war.

Der erste Tag der Pilgerfahrt, an dem wie üblich Tausende und Abertausende die Riten an der Großen Moschee von Mekka vollzogen, war ohne Komplikationen verlaufen. Zuerst hatten sie die *kaaba** aufgesucht, ein nahezu 15 Meter hohes Bauwerk, das im Hof der Moschee steht und in schwarze

* Vom arabischen *ka'b* – »Würfel«.

Seide gehüllt ist, in die wunderschöne arabische Schriftzeichen gestickt sind. Die Araber glauben, daß sie von dem Patriarchen Abraham und seinem Sohn Ismael, auf die sie ihre Abstammung zurückführen, gebaut worden ist und daß der heilige Schwarze Stein, der in einer Ecke steht, vom Propheten Mohamed dorthin gebracht worden war. Die Pilger küssen den Schwarzen Stein und besuchen dann einen weiteren Stein in einem anderen Teil des Hofes, der Abrahams Aufenthaltsort genannt wird. Auf diesem Stein sollen Abraham und Ismael gestanden haben, als sie die Kaaba bauten.

Ich war fasziniert. Diese Erzählung erinnerte mich an meine Bibelstunden, und die Geschichten, die ich als Kind gelernt hatte wurden noch lebendiger, als Ali mir erzählte, daß man glaubt, innerhalb der Großen Moschee befinde sich der Weg, dem die Magd Hagar auf ihrer Suche nach Wasser für ihren Sohn Ismael folgte, ebenso wie die Quelle, die aus der Wüste entsprang und sein Leben rettete. Die moslemischen Pilger müssen zum Gedenken an Ismaels Errettung den gleichen Weg gehen. Nachdem sie siebenmal zwischen den Hügeln as-Safa und al-Marwah hin- und hergelaufen sind, besuchen sie die Quelle namens Zam Zam und trinken daraus. In meiner Bibel wird die Geschichte folgendermaßen erzählt:

»Und der Engel Gottes rief vom Himmel der Hagar und sprach zu ihr: Was ist dir, Hagar? Fürchte dich nicht; denn Gott hat erhört die Stimme des Knaben, da er liegt.

Steh auf, nimm den Knaben und führe ihn an deiner Hand; denn ich will ihn zum großen Volk machen.

Und Gott tat ihr die Augen auf, daß sie einen Wasserbrunnen sah. Da ging sie hin und füllte den Schlauch mit Wasser und tränkte den Knaben.«*

---

* Vergleiche Altes Testament, 1. Buch Mose, Kap. 21, Vers 17–19.

Ich bekam Gänsehaut, als mir bewußt wurde, wie nah ich den Orten war, die für mich Bibelgeschichte darstellten, und alle Einzelheiten über die Heiligtümer der Moslems erfuhr. Aber ich hatte noch nichts über den Hagelsturm gehört und bat Ali, weiterzuerzählen. Nach Mekka, sagte er, begeben sich die Pilger nach Arafat, einer etwa zwölf Meilen östlich gelegenen Ebene, wo alle über Nacht lagern und bis zum Sonnenuntergangsgebet des folgenden Tages bleiben. Dort hatte der Sturm eingesetzt und Hunderte überrascht, die schutzlos den Hagelkörnern, die auf sie herabprasselten, preisgegeben waren. Ali und andere hatten getan, was in ihrer Macht stand, um für Frauen und Kinder irgendeinen Unterschlupf zu finden. Sie hatten sie möglichst in anderen Zelten untergebracht oder sich um sonstige Schutzmöglichkeiten für sie bemüht. Sie waren so sehr damit beschäftigt gewesen, daß sie ihre eigenen Verletzungen erst bemerkten, als der Sturm aufgehört hatte. Daraufhin war Ali nach Hause zurückgekehrt. Jetzt war er sehr bestrebt, wieder nach Arafat zu kommen und die Hadj zu beenden, an der er als Kind schon viele Male teilgenommen hatte, die man aber als Erwachsener vollziehen muß, um vollwertiges Mitglied der religiösen Gemeinschaft zu werden. Vor allem wollte er die Gebete auf Arafat und dem nahegelegenen Jebel ar-Rahama, dem Berg der Gnade, nicht versäumen, weil das dortige Gebet »das wichtigste der Gebete« genannt wird. Es muß eine intensive emotionale Erfahrung für die Tausende sein, die auf der weiten offenen Ebene ihre Gebete abhalten, eins mit sich und Gott. Ein atemberaubender Anblick!

Anschließend machen sich viele Pilger wieder auf den Rückweg nach Mekka, viele zu Fuß, wie sie gekommen sind; unterwegs halten sie für die Vollziehung eines weiteren Ritus im Dorf Mina, wo sie sich um drei Pfeiler herum versammeln, die Teufel darstellen. Jeder Pilger wirft sieben Steine gegen den Pfeiler, der Mekka am nächsten ist. Damit taucht die Zahl sieben wieder an einer bedeutenden Stelle der Pilgerfahrt auf: Siebenmal umkreisen die Pilger die Kaaba, siebenmal beschreiten sie Hagars Weg, und sieben Steine werfen sie zur Abwehr des Teufels. Glücklicherweise hat diese Zahl beim darauf folgenden großen Schafopfer keine Bedeutung. Für jeden Pilger wird einem Tier auf traditionelle Art die Kehle durchgeschnitten, und ich fragte schockiert, was mit so vielen geschlachteten Schafen gemacht würde. Das Gesetz verlangt, daß das Fleisch unter den Bedürftigen von Mekka verteilt werden soll, aber wie ich herausfand, wird der Bedarf weit überschritten, und die Regierung muß zur Beseitigung der Kadaver Männer mit Lastwagen schicken. Das Opfer wird zum Gedenken daran gebracht, daß Gott das Leben von Abrahams Sohn verschonte, als dieser bereit war, ihn zum Beweis seiner Gottesfürchtigkeit als Brandopfer darzubringen. Nach der Bibel war Isaak der Sohn, der geopfert werden sollte, aber die Araber identifizieren dieses Ereignis mit Abrahams Erstgeborenem, Ismael. Als meine guten Ismaeliten zurückkehrten, war ich sprachlos vor Freude – sie hatten mir eine Flasche mit Wasser aus der Zam Zam Quelle mitgebracht. Es war eine warmherzige menschliche Geste, daß sie mich auf diese Weise an ihrer eigenen religiösen Erfahrung teilhaben ließen – man könnte sagen, an einem Glauben, der auf den gleichen Ursprüngen wie meiner basierte –, und ich war seinerzeit genauso bewegt wie auch jedesmal, wenn ich den *muezzin* die Gläubigen zum Gebet rufen hörte. Die Worte bedurften keiner Übersetzung, um einen die Schönheit, die Kraft und den Glauben spüren zu lassen, die aus ihnen sprachen. Gute Worte und gute Taten enthüllen für jedermann einen Sinn, ganz gleich in welcher Sprache und in welchem Land man ihnen begegnet.

Nach der Pilgerfahrt fiel das Leben in seinen gewohnten Trott zurück, und der bestand in erster Linie aus kleinen Haushaltspflichten und der Versorgung der Kinder. Die gemeinsam verbrachten Stunden im Teezimmer am Morgen und am Nachmittag, das Warten auf die Rückkehr unserer Männer aus dem Büro, die gemeinsamen Mahlzeiten, das Erdulden von Hitze und Insekten und die obligatorische Arabischlektion füllten meine Tage und Nächte aus. Die Sprache ist so reich an Wörtern, daß man ein ganzes Leben damit verbringen könnte, sie zu lernen, wobei ich zugeben muß, daß ich die Sache nicht von der wissenschaftlichen Seite aus anpackte. Tag, Nacht, Brot, Butter, die Tageszeit, Nadel, Faden, Knopf, (»Könntest du mir bitte dies geben? Wie heißt das auf Arabisch?«), Waschen, Bügeln, Luft, Wasser, Meer, Himmel, Mond, Hunger, Durst, sauber, gut, schlecht und »Ich habe nichts verstanden« waren die ersten Worte und Redewendungen, die ich mir aneignen mußte.

Anfangs gingen alle Laute zu einem Ohr hinein und zum anderen wieder hinaus, aber allmählich setzten sich die alltäglichen Begriffe in meinem Gedächtnis fest, da ich tagein, tagaus nur Arabisch hörte; soweit es ging, machte ich mir selbst einen Reim auf das Gehörte und benutzte die Wörter gleich selbst. Dadurch geriet ich oft in Situationen, die entweder sehr lustig oder sehr unangenehm waren, je nachdem, ob ich die Wörter richtig gebrauchte oder nicht, sie falsch aussprach oder in Lebenssituationen hineinzwängte, die mir unbekannt waren. Aber das war immer noch einfacher, als allen Englisch beizubringen, und meistens konnte ich auch eine Menge aus meinen Fehlern lernen. Aber mir war bald klar, daß nicht ich mir das dortige Leben zu eigen machte, sondern daß das arabische Leben mich vereinnahmte und mich zwang, zu handeln, zu sehen, zu hören, zu fühlen, zu schmecken und zu berühren, bevor ich all den Dingen, die mein Leben ausmachten, einen Namen geben konnte. Und hinter dem reinen Vokabellernen lauerten die unausgesprochenen Dinge, die das Leben bestimmten: die Gebräuche, Glaube, Aberglaube, Werte, Humor, Sitten und Lebensweisen. Diese Dinge verschlimmerten meine Schwierigkeiten mit dem Vokabular, oder, anders gesagt, meine Schwierigkeiten mit dem Vokabular verschlimmerten diese Dinge (und brachten sie durcheinander). Weil ich durch meine Ankunft in diesem Land mitten ins kalte Wasser geworfen worden war, strampelte ich unermüdlich weiter, um mit den Abläufen Schritt zu halten.

Mehr als Worte benötigte ich Wissen darüber, was die Dinge funktionieren ließ, damit ich nicht ständig Kopfschütteln auslöste. Meine Worte trafen oft den Lebensnerv der arabischen Traditionsvorstellungen, die sich meist unter der Oberfläche verbargen, und sie legten unvermutete Überzeugungen und Aberglauben frei. Besucher überraschten mich nicht mehr, wenn sie der Hoffnung Ausdruck gaben, ich möge meine Tochter behalten, oder wenn sie diese »die den Namen Gottes trägt«, riefen, statt bei ihrem richtigen Namen. Ich begriff, daß dies Ausdruck der hohen Kindersterblichkeit und der allgegenwärtigen Sorge um die Gesundheit und das Wohlergehen der Kleinen war. Ich ließ mich jedoch davon zu der falschen Annahme verleiten, daß meine freudigen mütterlichen Hinweise auf Hamidas gesunden Appetit und ihre Gewichtzunahme auch von der Gegenseite freudig aufgenommen würden. Ich traf damit jedoch einen empfindlichen Nerv und erntete lediglich bestürzte Blicke, sonderbar dahingemurmelte Antworten, die wie Gebete klangen, und schließlich eine Instruktion bezüglich des »bösen Auges«. Man sagte einfach keine positiven Dinge über die Entwicklung und das Wachstum eines Kindes, weil das einer Herausforderung an dieses unergründliche böse

Auge gleichkam, das Kind dahinzuraffen. »Aha!« sagte ich. »*Deshalb* sehen die Leute meine niedliche Kleine immer an und sagen dann ›armes Ding‹.« Das konnte einen als Mutter ganz schön irritieren, aber jetzt wußte ich ja, daß sie es sagten, gerade weil sie so schön war, damit das böse Auge nie davon erfahren sollte. Wenn sie schon ein »armes Ding« war, würde es keine Zeit für sie verschwenden. Eine einleuchtende Erklärung, sofern man daran glaubte. Vielleicht erklärt sich dadurch auch, warum die Araber den Ausdruck »nicht schlecht« so häufig benutzen, eine niederschmetternde Angewohnheit, wenn man etwas vorzeigt, das ohne jeden Zweifel wunderschön ist, oder etwas gekocht hat, das einfach köstlich schmeckt.

Ermutigende Dinge folgten den entmutigenden, wenn es nur nicht so viele Fallen gegeben hätte. Es war sicherlich keine Strategie zur Bekämpfung des bösen Auges, als ich eines Tages ein Kind, das zu Besuch kam, am Kopf tätschelte und mit »Na, du kleiner Bastard«, anredete. Ich gebrauchte nur einen Ausdruck, den Hayat tagtäglich benutzte, wenn sie mit unseren Kindern spielte, sie hoch in die Luft warf und auf ihren Knien hopsen ließ. Es klang so liebevoll, wenn sie es sagte, und ich entnahm ihrem Verhalten, daß es »Heh, du kleiner Liebling«, oder etwas ähnliches bedeuten mußte. Ich lernte die Redewendung, und gab sie stolz in meinem besten Arabisch von mir. Man stelle sich meine Überraschung vor, als meine Worte wie eine Bombe einschlugen und für herunterfallende Kinnladen und erstaunte und ungläubige Blicke in meine Richtung sorgten. Ach du je, was ist jetzt schon wieder? dachte ich. Und als sie mich aufklärten, war es an mir, schockiert zu sein. Es ist nämlich eine Sache, seinen eigenen Nachwuchs so zu titulieren, aber doch zuviel des Guten, den Sproß anderer mit diesem Schimpfnamen zu bedenken.

Danach wurde ich sehr vorsichtig mit dem, was ich sagte. Aber nie hätte ich mir träumen lassen, daß ich mich in größte Schwierigkeiten bringen würde, indem ich Zainab sagte, wie schön ihre Ohrringe seien. Die Juwelen waren von erlesener Schönheit, und das sagte ich ihr. Daraufhin nahm sie sie auf der Stelle ab und schenkte sie mir. Sie amüsierte sich darüber, daß meine Ohren mit dem Rot der Rubine wetteiferten, während sie mich davon überzeugte, daß sie sie auf keinen Fall zurücknehmen würde. Wieder so ein alter arabischer Brauch, aber was für eine Schwierigkeit, damit konfrontiert zu werden. Ich sprach nie wieder offen meine Bewunderung für irgend etwas aus, das einem Araber gehörte, noch ließ ich zu, daß irgend jemand mir meine Ohrringe wegbewunderte. Sie bedeuteten mir zu viel, und wenn Zainab sie nicht zurück nahm, sollte sie auch sonst niemand bekommen.

Jahre später verloren wir auf ähnliche Weise ein neu erbautes Haus an keinen geringeren als König Ibn Saud, der eines Tages auf einem seiner seltenen Besuche in Dschidda während einer Sonnenuntergangsfahrt am Strand das Haus sah, fragte, wem es gehöre und wissen ließ, wie sehr es ihm gefiel. Ach, diese alten arabischen Bräuche! Wir schenkten es ihm, nur behielt er es nicht für sich, sondern überließ es dem damaligen Finanzminister Scheich Abdullah as-Sulaiman, der es jedoch auch nicht behielt. »Wie könnte ich in einem solchen Haus wohnen, wenn der Vizekönig von Hejaz kein vergleichbares besitzt?« Wie wahr! Also gab Scheich Abdullah es dem Vizekönig, der auch Außenminister war und kein anderer als unser guter Freund, Seine Königliche Hoheit Prinz Faisal Al-Saud, der dort, wie wir hoffen, auf ewig glücklich ist.

Eines meiner albernsten Probleme war meine Unfähigkeit, ausgerechnet den Namen meines Mannes richtig aussprechen zu können. Was machte es Hayat für eine Freude, mich damit aufzuziehen! Sie spazierte durch die Flure und rief, »Aa-lie, Aa-lie, oh, Aa-lie«, wenn sie wußte, daß ich in Hörweite war, und ich muß zugeben, daß es lustig war. Mein Problem war der erste Buchstabe, der kein richtiges *a*, sondern ein arabisches *ein* ist, ein Laut, der irgendwo im Bereich unterhalb der Mandeln gebildet wird. Ich lernte es schließlich, genau wie das *ghain*, das *dhal*, das *gaf* und das *kha* und verschiedene andere arabische Laute, die der westlichen Zunge fremd sind, aber es kostete mich mehrere Freitage – der Freitag ist in Arabien der Ruhetag, nicht der Sonntag.

Mutter versuchte aber auch Englisch zu sprechen, und ihre Kostproben wurden stets von einem Blitzen ihrer Augen begleitet, weil sie wußte, daß es jenseits ihrer Fähigkeiten lag, diese Sprache wirklich zu erlernen, und sie es mehr aus Spaß tat.

Ich versuchte, ihr zu helfen, aber wie sehr wir uns auch bei unserem informellen Unterricht bemühten, ihre P kamen immer noch als B heraus, V waren stets W, und jeder, der ihre Versuche beobachtet hätte, ihre Zunge in die richtige Position für ein *the* zu bringen, würde gedacht haben, daß irgend etwas in ihrem Hals steckengeblieben sei. Als Übungsgrundlage nahmen wir den berühmten Slogan aus dem Zweiten Weltkrieg, »V for Victory«, aber ihr hartnäckiges »Uie for Uiectory« beendete diese Lektion. »Love« stand ganz oben auf der Liste der zu lernenden Wörter, und eines Tages erwischte ich Mutter dabei, wie sie es alleine übte. Sie stand nach vorne gebeugt und hielt einen kleinen Blumentopf in den Händen, der soeben eine ihrer Lieblingsblüten, eine Hyazinthe, hervorgebracht hatte, und sprach zu ihr, »I low you«, und so war es auch.

Während ich an arabischen Morgen- und Abendgrüßen arbeitete, grüßte sie mich gerne mit den englischen Pendants, und lange Zeit war nicht klar, wer es besser machte. *Good evening* war bei ihr natürlich »Good ie-uen-ning«, aber das war auf Dauer anstrengend für ihre Lippen, deshalb machte sie *»Good-e-nien-ing«* daraus – was erheblich einfacher für sie war. Ein Problem blieb jedoch, nämlich die Anwendung zur richtigen Zeit, was ihr manchmal gelang und manchmal nicht. Wenn ich mich mit ihr zum Morgenkaffee traf, kam mir oft ein fröhliches *»Good-e-nien-ing«* entgegen, und häufig genug stapfte ich nach oben ins Bett und hatte noch ihr freundliches *»Good morrning«* in den Ohren. Mit dem Ersatzwort *toodle-oo* löste ich einen Teil des Problems und brachte schließlich den ganzen Haushalt dazu, es zu benutzen. Mutter liebte es wegen des doppelten O, und weil man es sowohl beim morgendlichen als auch beim abendlichen Abschied benutzen konnte; die Dienstmädchen mochten es, weil sie jedesmal dabei kichern mußten; und mir machte es Spaß, so ein albernes Wort aus ihren Mündern zu hören. Das Wort wurde schon im ganzen Haus benutzt, als Sitti Fatma Rawasa, eine entfernte Verwandte von Mutter von der türkischen Seite ihrer Familie, zu Besuch kam und es fast zu einem Synonym für unsere entstehende Freundschaft wurde. Sie machte ein Ritual daraus, indem sie mir fast jedesmal, wenn ich einen Raum verließ, übertrieben heftig mit den Fingern hinterherwinkte, den Kopf schief legte und *»Toodle-oodle«* sagte.

Sitti Fatma war eine zierliche, aber sehr rüstige kleine alte Dame mit schmalen, feinen Gesichtszügen, heller Haut, blauen Augen und wunderschönem, sehr langem weißen Haar, das wir gerne offen getragen sahen. Ihrer Gewohnheit entsprechend trug sie ein langes hochgeschlossenes Kleid und Pantalons mit spitzenbesetzten Stulpen. Wenn wir es zuließen, steckte sie ihr herrliches Haar zusammengebunden unter ihre Kopfbedeckung. Ihr Mund protestierte, aber ihre

Augen blitzten verräterisch, wenn wir sie überredeten, ihr Haar zu öffnen, und so fand sie immer einen Vorwand, uns den Gefallen zu tun. Ihre Stärke war das Geschichtenerzählen; wenn man eine gehört hatte, hatte man ein Theaterstück gesehen. Sie machte jeden Raum zur Bühne und spielte alle Personen, die in ihren Geschichten vorkamen, mit absoluter Perfektion, was immer sie darstellten – einen forschen Prinzen, einen übertölpelten Dorftrottel, eine begehrte Magd oder einen geknechteten Sklaven.

Sie täuschte über ihr Alter hinweg, indem sie umherspringend, grimassenschneidend und gestikulierend folkloristische Erzählungen nachspielte und dabei großartige Einblicke in die menschliche Natur bot, die lehrreicher waren als die Fabeln von Aesop. Einige der Geschichten, die sie im Laufe ihres Lebens gesammelt hatte, waren zweifellos erfunden; einige waren jedoch über jeden Zweifel erhaben. Ihr Timing war grandios; sie setzte die Pointe zu einem Zeitpunkt obendrauf, wenn jedermann schon vor Lachen kaum noch an sich halten konnte, und sie schaffte es mit diesem Trick, daß die Zuhörer lachten, wie sie noch nie in ihrem Leben gelacht hatten. Wenn sie in Hochform war, krümmte sich nicht selten ein ganzes Zimmer voller Leute über ihre schmerzenden Bäuche, und alle flehten diese zarte Frau an, mit ihren Possen aufzuhören. Ich konnte ihren Worten nie ganz folgen, aber sie spielte so gut, daß ich glaubte, alles zu verstehen, und das ist schließlich die wahre Kunst.

Die Monate, die Sitti Fatma bei uns verbrachte, waren so unterhaltsam, daß wir sie nicht gerne fortließen. Aber es gab viele Familien, die um ihre Besuche konkurrierten, und letztlich kam sie deren Bitten nach und zog weiter. Ihre Habseligkeiten waren spärlich. Sie war eine Frau mit sehr geringen Mitteln und hatte keine eigene Familie, eine in jeder Gesellschaft bedauerliche Situation. Die Araber lassen die

Ihren jedoch nicht im Stich, und Sitti Fatma, wie auch viele andere Frauen, die ihr Leben hinter dem Schleier verbracht hatten und auf Grund ihres Alters oder weil sie verwitwet waren auf die Hilfe anderer angewiesen waren, war bei ihren Freunden und Verwandten stets willkommen und durfte sich so lange bei ihnen aufhalten, wie sie wollte. Und dies geschah aus echter Gastfreundschaft und wahrem Großmut und roch nie nach Herablassung oder Wohltätigkeit.

Hausgäste wie Sitti Fatma, die sich schnell unserem Tagesablauf anpaßten und weder eine Sonderbehandlung erwarteten noch einer solchen bedurften, machten mir Freude und bereiteten mir keinerlei Unbehagen oder Probleme. Es waren andere Besucher, vor denen ich mich fürchtete wegen der schwierigen Unterhaltungen und der Konventionen, die ich beachten mußte. Ganz gleich wie einfach die Dinge waren, die ich lernte, sie erforderten zur richtigen Anwendung allzuoft ein immenses Hintergrundwissen. Es reichte beispielsweise nicht aus, die Namen der Wochentage zu kennen, die vom Sonntag angefangen in logischer Folge jeweils »Erster Tag«, »Zweiter Tag« und so weiter heißen, abgesehen vom Freitag, der »Tag der Zusammenkunft« genannt wird. Man mußte auch wissen, daß ein Tag bei Sonnenuntergang endet und der nächste dort beginnt, weil man sonst den Montagabend zum Beispiel »Montagabend« nennen würde, was nicht stimmt. Der Montagabend heißt in Arabien »Dienstagvorabend«, der Dienstagabend ist der »Mittwochvorabend« und so weiter. Wenn man »Montagabend« sagt, spricht man tatsächlich von Sonntagabend, *Lailat Al-Ithnane.**

Ferner ist es in Arabien bei Sonnenuntergang stets zwölf Uhr, und alle Uhren werden gewissenhaft auf diese Zeit ein-

* Wörtlich: »Der Abend von Montag dem zweiten.«

gestellt. Auch wenn es überall anderswo sechs Uhr sein sollte, dort ist es zwölf Uhr, warum, weiß ich bis heute nicht. Zainab war diejenige in unserer Familie, die meist die genaue Zeit festhielt. Dazu stand sie an einem Fenster im Westflügel und beobachtete die Sonne, um die genaue Zeit festzuhalten, wann sie im Roten Meer versank. Erst dachte ich, sie sehe sich lediglich ungewöhnlich gerne Sonnenuntergänge an. Von zwölf Uhr aus gerechnet, fand das Abendessen dann um zwei, drei oder vier Uhr statt; Mitternacht und Mittag waren um sechs Uhr, meine Zehnuhrkaffeepause verschob sich auf die ungewöhnliche Zeit von vier Uhr und der Vieruhrtee auf die noch seltsamere Zeit von zehn Uhr. Als ich mich eingehender mit dem System befaßte, stieß ich auf weitere Punkte, in denen die arabische Zeit nicht mit der meinen übereinstimmte. Einmal sagte ich zu jemand, es sei zwölf Uhr zwanzig, was ja auch stimmte. Nachdem das Gelächter verebbt war, erhielt ich eine Lektion in Sachen Bruchrechnen und lernte, es richtig zu sagen – *ein Drittel nach* zwölf. Der Gebrauch von *viertel nach* und *halb* war in Ordnung, aber wenn mich jemand fragte, wie spät es sei, und meine Uhr zeigte drei Uhr fünfunddreißig, tat ich so, als hätte ich nichts gehört. *Zwanzig nach* war lustig genug gewesen, und ich tat den Teufel, mich an *fünfunddreißig Minuten nach* zu probieren. Nach ein paar weiteren arithmetischen Lektionen lernte ich, *halb-nach-und-fünf* zu sagen, aber man kann sich leicht vorstellen, wie man sich mit etwas Phantasie endlose Kombinationen ausdenken kann, und ich leistete mir einige Schnitzer, bevor die Gesichter ernst blieben, wenn ich die Zeit verkündete.

Eigentlich bot das Thema Uhrzeit keinen Anlaß zur Heiterkeit, wenn man es in dem Licht betrachtete, daß man zu bestimmten Zeiten Dinge tun oder an bestimmten Orten sein sollte. Denn Zeit war für uns Frauen definitiv »nicht von

Bedeutung« und ich fand es sehr passend, daß unsere schönen Armbanduhren nach der ewigen Sonne gestellt wurden! Wir hatten ja keine dringenden Verabredungen einzuhalten, für die wir die Uhr hätten im Auge behalten müssen – keine Kellner, die Tische für uns reserviert hielten, keinen Friseur, der unsere Namen im Terminkalender hatte, keine Stechuhren zum Stempeln, denn keine Frau arbeitete in einem Büro. Es gab keine Züge oder Busse, die wir hätten erreichen müssen; kein Kino in der Stadt, wo wir rechtzeitig zum Spielfilm sein wollten; keine Probleme mit den Öffnungszeiten von Parks, Museen, Büchereien, Märkten, Geschäftsbüros, Warenhäusern, Läden; keine Sorgen damit, die Kinder pünktlich zur Schule zu bringen. Sogar wenn wir unsere Kinder in staatliche Schulen geschickt hätten, wäre dies ohnehin nur den Jungen erlaubt gewesen, und keine von uns ging in die Kirche oder die Moschee. Für mich war die nächstgelegene Kirche in einem anderen Land, und die arabischen Frauen besuchen nur die heiligen Moscheen von Mekka und Medina, und das auch nur bei besonderen Anlässen. Im Islam sind keine offiziellen Gottesdienste vorgesehen, wenn man vom Freitagmittaggebet absieht, an dem nur die Männer teilnehmen. Die Religion der Araber ist mehr eine einfache tägliche kraftspendende Quelle als eine Religion der formalen Lehre und der Predigten. So beteten die Frauen zu Hause, und wenn es denn tatsächlich Tageszeiten gab, nach denen sie sich richteten, so waren dies die fünf vorgeschriebenen Zeiten für das Gebet – nach Möglichkeit vor Sonnenaufgang, mittags, am späten Nachmittag, bei Sonnenuntergang und am Abend – und selbst hierbei hatte man etwas Spielraum.

Was mich betrifft, so war es schon die Ausnahme, wenn ich den Tag und das Datum genau im Kopf hatte. Meist wußte ich keins von beiden. Ich datierte Briefe häufig um eine ganze Woche vor oder zurück, aber zumindest schickte ich nie einen Brief nach Hause, der ein arabisches Datum trug. Ich war nicht sicher, ob meine Familie in den USA wußte, daß die arabische Zeitrechnung sich von unserer darin unterscheidet, daß der Kalender mit der *Hegira* (»Flucht«) des Propheten Mohamed von Mekka nach Medina im Jahre 622 nach Christus beginnt. Ein aus dem 14. Jahrhundert datierter Brief hätte vielleicht große Sorgen bezüglich meiner geistigen Verfassung ausgelöst. Sie wären erst recht verwundert gewesen, wenn ich ihnen erzählt hätte, daß ich bei jedem Neumond mit dem Zählen wieder von vorne anfangen mußte, denn danach richtet sich im islamischen Kalender der Anfang eines Monats. Zwölf davon sind ein Jahr, das elf Tage kürzer als ein gregorianisches Jahr ist, da jeder Monat nur neunundzwanzig oder dreißig Tage hat. Ferner haben die Monate keinen direkten Bezug zu den Jahreszeiten; sie rotieren im islamischen Jahr, so daß ein jeder Monat der Reihe nach in allen vier Jahreszeiten vorkommt. Das macht vermutlich nur für diejenigen einen Unterschied, die das einmonatige Fasten während des Ramadan einhalten, wenn dieser in den Sommer fällt und die Tage länger sind, oder für solche, deren Geburtsurkunden verlorengegangen sind oder deren Geburt nie schriftlich festgehalten wurde. Ein alter Mensch, der nur weiß, daß er im Frühling irgendeines Jahres geboren wurde, könnte der Alter nur schätzen, da der »Frühling« jedes Jahr etwas später anfängt, bis der Kreislauf von vorne beginnt. Wie soll man daraus erkennen, wie alt man ist? Genau genommen gab es dort, wo wir lebten, gar keine Jahreszeiten. Das Wetter war das ganze Jahr über ziemlich gleich, und der Sand änderte nie seine Farbe, außer nach einem sintflutartigen Regenfall, durch den die Wüste so viel Wasser aufgesaugt hatte, daß sie ein wenig Grün hervorbrachte.

Wir hatten Glück, etwas mehr Grün um unser Haus zu haben als die meisten anderen. Mohamed hatte an den Längs- und Breitseiten der Außenmauern unseres Gartens Akazienbäume gepflanzt und Hennabüsche, Jasmin und *fulle,* eine andere wohlriechende, nachtblühende, weiße Pflanze in Kübel gesetzt, die mit guter Erde gefüllt waren, die er von irgendwoher hierhin geschafft hatte. Dschidda konnte sich jahrelang nur eines einzigen Baumes rühmen, der im Stadtzentrum stand, aber neue Häuser, wie das unsrige, die am Stadtrand aus dem Boden schossen, hatten in der Regel Gärten, Schatten, Lauben und Blumen, und man löste das Bewässerungsproblem, indem man regelmäßig Wassertankfahrzeuge aus Mekka kommen ließ. Das Wasser für unseren privaten Verbrauch mußte auch auf diesem Weg beschafft werden, um unsere Zisternen zu füllen, wenn die Regenfälle auf sich warten ließen. In den frühen fünfziger Jahren entdeckte man große Wasserreserven in der Nähe, so daß sie durch Leitungen in die Häuser von Dschidda gepumpt werden konnten und das Versorgungsproblem verringerten. Aber bis dahin stand Wasser ganz oben auf der Liste der Dinge, die ich nie wieder als selbstverständlich betrachten würde.

Kapitel 10

Wenn ich auf meine Tage und Nächte in Arabien zurückschaue, kann ich es oft nicht glauben. Ich erinnere mich daran, wie wir Frauen uns in Mutters Zimmer versammeln mußten, wenn unsere Männer das Haus für ein Männerfest in Beschlag nahmen. Beim ersten Mal bekamen wir unser Essen auf Tellern serviert, die von ihren Tischen abgeräumt worden waren. Damals verließ ich diesen Raum, um meinen Schwager, der auf dem Flur vorbeiging, darauf anzusprechen, wie unannehmbar dies sei; ich bebte förmlich vor Wut. Mit dem erstauntesten Gesichtsausdruck, den ich je bei einem Menschen gesehen habe, hörte er mir zu. Ich war fassungslos, als er seinen Kopf zurückwarf und einfach lachte. Zum Schluß küßte er mich auf die Stirn, drehte mich sanft herum, stubste mich vorwärts zurück in Mutters Zimmer und ging dann wieder zu seinen Gästen. Aber die Frauen in unserem Haus bekamen in den darauffolgenden Jahren nie wieder die Reste der vielen Feste serviert, die in unserem Haus stattfanden, während wir Frauen uns weit aus dem Blickfeld männlicher Geselligkeit in die Isolation zurückziehen mußten. Mein Auftritt hatte Mohamed dazu veranlaßt, der Küche und der Dienerschaft den unwiderruflichen Befehl zu geben, Männer und Frauen bei diesen Anlässen getrennt und vollwertig zu bedienen. Vielleicht erreichten wir durch diese eine Veränderung im normalen Gang der Dinge mehr, als wir dachten, ich weiß es nicht.

Das Leben in Arabien verwirrte mich, weil es mich durch unerträgliche Situationen wie diese zu Boden schmetterte, mich eine Weile demütigte, um mich mürbe zu machen, und dann wieder hochkommen ließ, damit ich einen neuen Versuch starten konnte. Jedesmal wenn ich aufstand, sagte ich mir: »Sieh, es ist doch nicht alles so schlecht, wie du es darstellst«, und das war auch wieder wahr. Mit der Zeit lernte ich diese erzwungenen Damenkränzchen lieben, weil Mutter und Zainab bei diesen Anlässen in Erinnerungen an vergangene Tage schwelgten und ich Geschichten über das Leben in Arabien vor meiner Zeit zu hören bekam.

Ich erfuhr von plündernden Beduinenbanden, die noch vor nicht allzu langer Zeit das Reisen gefährlich machten, und von Soldaten, die Musik als Instrument des Teufels betrachteten und Häuser stürmten, um Schallplatten zu zerbrechen, die sich noch auf den alten kurbelbetriebenen Grammophonen drehten. Zainab erzählte eines Abends von Ibn Sauds Feldzug zur Eroberung und Vereinigung der eigenständig regierten Regionen Arabiens, beschrieb die Massaker in Taif und die Belagerung von Dschidda und berichtete von der Verzweiflung ihres Vaters, als er, der Gouverneur von Dschidda, schließlich kapitulieren mußte. Ich lauschte gefesselt Erzählungen über die Zeit der Türken und der Haschemiten in Mekka, bevor Ibn Saud kam, und hatte Spaß an einer Diskussion über Recht und Ordnung, bis die Frauen mir erzählten, daß sie einmal in den Straßen von Dschidda unterwegs waren und gerade noch Zeugen wurden, wie man einem Dieb die linke Hand abhackte. Andere Geschichten berichteten von den immer noch starken fanatischen puritanischen Einflüssen im Land, und ich hörte, wie geschickt Ibn Saud ihre Einwände gegen das Radio überwand, indem er Zitate aus dem heiligen Koran senden ließ, zum Beweis, daß das Radio kein Instrument des Bösen sei. Es gab auch andere starke Kräfte, und eines Abends erzählte Zainab eine reizende Geschichte über ein Sklavenmädchen in ihrem alten, großen Familienhaus (man muß wissen, daß dort ganze Familienzweige zusammen lebten). Es war schwanger geworden und wurde daraufhin vor den Rat der Männer der Familie gerufen, um auszusagen, welcher ihrer Herren der Vater des Kindes sei. Das moslemische Gesetz ist in diesen Dingen sehr streng und zieht einen Mann für die Versorgung eines jeden Kindes, das er gezeugt hat, zur Verantwortung. Daher wollte die Familie dem Mädchen Recht geschehen lassen. »Sag uns ganz einfach, wer es war!« sagte das Familienoberhaupt zu dem Mädchen. Nach kurzem Überlegen stellte das Mädchen die Alten vor ein unlösbares Problem, als es sagte: »Nu-u-un-n-n-n . . . da waren der So-und-so und der So-und-so und der So-und-so und . . .«

Manchmal saß ich in Mutters Zimmer und unternahm im Geiste mit den anderen lange Bootsfahrten nach Ägypten, weilte mit ihnen auf Quarantäne-Inseln und hörte von längeren Reisen nach Indien, zu einer Zeit, als Reisen noch etwas ganz anderes war als heute. Ich lernte durch ihre Beschreibungen zahllose Persönlichkeiten aus der Familie kennen, an die man sich wegen ihres besonders guten oder schlechten Charakters noch Generationen später erinnerte, und hörte andere Geschichten um Leute und Ereignisse, die menschliche Eigenheiten und die kleinen Überraschungen beschrieben, die das Leben bereithält. Eine davon muß man in die Kategorie der großen Überraschungen des Lebens einordnen. Sie handelte davon, daß Mutter einen jungen männlichen Sklaven kaufte, der im gleichen Alter wie Mohamed war, damit er einen Kameraden hatte. Als sie ihn zum ersten Mal badete, stellte sie fest, daß er ein Eunuche war. Ich war entsetzt, als ich davon hörte: Es war einfach nicht zu glauben, daß ich mich an einem Ort befand, wo solche Dinge passierten, aber dann erfuhr ich, daß die Wächter der Großen Moschee in Mekka traditionell Eunuchen sind. Heutzutage ist die Kastration von Menschen nicht mehr erlaubt, aber zu meiner Zeit taten noch viele ältere Eunuchen in Mekka Dienst. Und nach allem, was ich hörte, waren sie furchterregende Wächter, die keine Dummheiten duldeten und seit jeher daran gewöhnt waren, beispielsweise einer weiblichen Pilgerin zu sagen, daß ihr Verhalten oder ihre Kleidung den gebührenden Anstand vermissen ließen, falls sie meinten, daß dies tatsächlich der Fall war.

Zainab ließ gerne haarsträubende Geschichten vom Stapel, die uns nicht an Schlaf denken ließen und uns noch lange, nachdem wir uns wieder frei im Haus bewegen durften, an unsere Plätze fesselten. Da gab es eine über einen Geist mit einem Dolch, der ihr in Indien auf der Treppe erschienen war, und eine andere über ihre Magd, die sie eines Nachts in ihrem Zimmer sah und mit der sie sogar sprach, obwohl das Mädchen gar nicht körperlich anwesend war und dies auch beweisen konnte. Sie erzählte von einem Diener, der lange Zeit unter einem bösen Fluch gelebt hatte, und von Leuten, denen man nachsagte, sie könnten andere mit solchen Flüchen belegen. Mutter glaubte, daß eines ihrer Kinder an einem Fluch gestorben sei, das Werk einer berüchtigten Hexe. Als sie mir die Geschichte erzählte, sagte Mutter, der Ruf der Frau sei ihr bekannt gewesen, aber sie hätte sie nicht davon abhalten können, ihren Sohn mit ihrem Blick zu treffen, der den einen Tag anscheinend noch bei bester Gesundheit war und am nächsten Tag starb.

An diesen Abenden ging es um alle möglichen Themen, auch um düstere und makabere. Aber worüber wir auch redeten, ich lernte immer viel über das Leben in Arabien durch Geschichten, die authentisch genug waren, um wirklich etwas zu vermitteln, und phantasievoll genug, um Raum für Zweideutigkeiten zu lassen. Und die Szenerie dieser Erzähl-Abende war an sich schon außergewöhnlich, mit allerlei Leckereien auf einem kunstvollen Tischtuch über den ganzen Boden ausgebreitet und mit Mutter, Zainab, Hayat und mir (ich habe uns dem Alter nach genannt, weil dies in Arabien sehr genau genommen wird), wie wir es uns fröhlich in unserer gemeinsamen Gefangenschaft bequem machten. Im Laufe des Abends wurden die Geschichten zur Untermauerung ihres Wahrheitsgehalts, oder um sie interessanter zu machen, durch Requisiten ergänzt, die aus Souvenirkisten hervorgeholt oder in *bukshas* aufbewahrt wurden, jene bestickten quadratischen Stoffstücke, in denen Habseligkeiten zusammengebündelt oder Geschenke verpackt wurden. Wenn von früheren Hochzeiten die Rede war, bekam man Mutters Brautkleid zu sehen, das bewies, daß die Bräute damals tatsächlich rot getragen hatten. Ein bimmelnder Fußring zeigte, womit Mütter früher ihre Kinder behängten, um den *djinn* von ihnen fernzuhalten, und manchmal wurden Fotos der Menschen und Plätze gezeigt, von denen man gerade hörte. Meist fühlte ich mich an diesen Abenden wie ein Kind bei einer Märchenstunde, die mit einer Party und einer Museumsausstellung verbunden war, und meine Phantasie schwang sich weit über die Grenzen dieser vier Mauern hinaus.

Die Reste eines Festes sorgen meist für Ernüchterung, wir erledigten die anfallenden Arbeiten jedoch Hand in Hand mit unseren Bediensteten und machten somit eine Tätigkeit daraus, die Platz ließ für Gespräche. Die Aufräumarbeiten wurden aufgeteilt, wobei die Damen des Hauses das gute Porzellan, das Kristall und das Silbergeschirr übernahmen, und das Personal da aushalf, wo es nötig war.

Stand ein neues Fest vor der Tür, deckten wir die Festtische nicht mehr mit dem schlichten Geschirr und Besteck, das früher immer aus einem Bestand kam, der in der Stadt für alle Zweige der Familie zum allgemeinen Gebrauch aufbewahrt wurde, sondern ersetzten es durch schönere Service und achteten darauf, daß korrekt gedeckt und serviert wurde. Dies bedeutete natürlich eine entsprechende Unterweisung der Dienerschaft, da wir ja von ihnen abhängig waren. Es war interessant, ihre erste Reaktion auf die neuen Methoden zu beobachten und zu sehen, wer von ihnen schnell lernte und wer es gar nicht erst versuchte. Ich bin davon überzeugt, daß sie über meine neu eingeführten bunten Kerzen die Nasen rümpften, vor allem, wenn sie sich bei heißem Wetter krümmten und eher gebogenen Krocket-Toren glichen als romantischen Kandelabern. Es gehörte zu den Aufgaben der Diener, sie geradezubiegen und zum Zeitpunkt des Servierens schnell anzuzünden – es fiel den Gästen zu, sie danach aufrecht zu halten –, aber ich glaube, sie fanden lediglich als zuverlässige Lichtquellen Beachtung, wenn der Generator den Dienst versagte.

Ein Teil meines Überlebenstrainings als Araberin bestand darin, den Umgang mit unserer Dienerschaft zu lernen. Meine wenigen festen Vorstellungen darüber, wie bestimmte Dinge zu tun seien, hatten keine Chance, sich gegen jahrhundertealte Methoden durchzusetzen. Es war nicht so, daß sie sich dagegen gesträubt hätten, sie hatten einfach Schwierigkeiten mit der Umstellung. Rogaiya, die in Taif meine Nylonstrümpfe ruiniert hatte, wurde uns in Dschidda als unser »Mädchen« zugeteilt. Stark und schwergewichtig wie sie war, konnte sie, je nach Laune, eine Aufgabe schnell erledigen oder auf zwei Tage ausdehnen. Aber ganz gleich, in welcher Stimmung sie sich befand, sie vermochte einen Raum allein durch ihre Schritte zum Beben bringen. Auch wenn der Boden nicht wirklich unter ihrer Masse erzitterte, hatte man zumindest das Gefühl, es wäre so. Und wenn jemand ihr dröhnendes Lachen bis zum Gehtnichtmehr reizte, wurden selbst die Tauben auf den höchsten Fenstersimsen des Hauses verscheucht. Wenn sie wütend war und ihr Gesicht sich zu einem tiefen Schwarz verfinsterte, zitterten sogar die stärksten Männer vor ihr.

Rogaiya war als Waschfrau eingestellt worden, aber wenn ihr danach war, übernahm sie auch andere Aufgaben. Als Mutter sie bat, sich um uns zu kümmern, willigte sie ein. Sie erfüllte uns sogar die Bitte, uns das Frühstück aufs Schlafzimmer zu servieren, als einzige Mahlzeit, die Ali und ich alleine einnehmen durften. Aber schließlich gaben wir die Tête-à-têtes zugunsten unseres Schlafbedürfnisses wieder auf. Die von uns gewünschte Frühstückszeit war zwei Uhr (acht Uhr), aber die gute Rogaiya trampelte schon etwa um zwölf Uhr arabischer Zeit die Treppe hoch, klapperte mit den Metalltabletts herum und rückte das Geschirr darauf die ganzen zwei Stunden lang umher, um alles nett für uns zu arrangieren. Es war uns ohnehin nicht gelungen, ihr beizubringen, wie man Messer, Gabel und Löffel richtig anordnet, und die Kombinationen, die sie mit nur einer Hand voll Silberbesteck zustande brachte, waren wirklich abenteuerlich. Für sie war es viel Getue um nichts – alles, womit sie jemals aß, war ein sauberes Fingerbesteck, oder vielleicht einmal ein großer Löffel. Doch sie versuchte und versuchte, es zu lernen, und ich versuchte und versuchte, es ihr beizubringen, aber wir konnten nie zueinander finden.

Bei anderen Dingen verfuhr sie nach dem Prinzip »Doppelt hält besser« – wie zum Beispiel beim Bleichmittel. Wir erbten etwas davon aus dem Haushalt eines nach Hause zurückkehrenden amerikanischen Geschäftsmannes, und ich demonstrierte Rogaiya, wie gut man damit bleichen und Flecken entfernen konnte. Tief beeindruckt, konnte sie gar nicht abwarten, es auszuprobieren, und das tat sie auch nicht. Sie nahm die neu geschneiderten *tobes* und *surwals* ihres Herrn Mohamed, setzte einen ganzen Eimer voll Bleiche an, damit es besonders gut werden sollte, und ließ die

Kleider über Nacht einweichen. Den Rest kann man sich denken – es fehlte ihnen nachher nicht nur an Größe, es fehlten ganze Stoffstücke – und Mohamed bekam fast einen Schlaganfall, als Rogaiya (ehrlich bis zum letzten) ihm den löchrigen Schlamassel zeigte. Die »Worte«, die im folgenden zwischen den beiden gewechselt wurden, führten dazu, daß sie für den Rest der Woche nach Hause zu ihren Kindern ging und wir ohne sie auskommen mußten. Aber das war auf jeden Fall besser, als sie in ihrem verärgerten Zustand zu ertragen.

Was ihren Putzplan betraf, so fegte sie nur dann, wenn es sie überkam, und dunkle Ahnungen, daß es mal wieder so weit war, stellten sich oft gegen Morgengrauen ein, wenn die göttliche Stille durch das schwere Schwingen des Handfegers erste Störungen erfuhr. Man konnte sich dann darauf einstellen, dieses Geräusch den ganzen Tag lang zu hören, da man Rogaiya nicht nachsagen konnte, daß sie nicht gründlich war – sie machte sich zwar nur sporadisch an die Arbeit und brauchte furchtbar lange, aber gründlich war sie. Möbel wurden verrückt, Eingänge und Ausgänge wurden zu Hindernisparcours, und alle Teppiche wurden auf- und wieder ausgerollt, während buchstäblich pfundweise Wüstensand und Staub aufgewirbelt, aber nicht unbedingt entfernt wurden. Sie bewegte sich wie ein Schwerlaster, langsam aber nicht zu bremsen, auf Händen und Knien von einer Ecke des Raums bis zur anderen und begleitete ihre Mühen mit inbrünstigem Wehklagen an Gott und ihre Mutter, etwa *wisch-klatsch, wisch-klatsch, »Ya allah!«* und *bum-bum, plop, plop, »Ya-Oomie«.** Nicht jede Arbeit, die Rogaiya einmal anfing, beendete sie auch. Zur Essenszeit konnte es passieren, daß sie verschwand und vergaß zurückzukehren, worauf man sich seinen Weg so gut es ging durch

* »O Mutter!«

ein Labyrinth von Möbeln und ineinandergeschobenen Teppichen bahnen mußte. Es war nicht immer leicht, sie davon zu überzeugen, daß es eine nette Geste wäre, vor der Schlafenszeit unsere Betten aus der Mitte des Raumes zu rücken und die ursprüngliche Anordnung wiederherzustellen. Sie ging auch etwas unsanft mit Vasen und Kunstobjekten um, aber wenn sie etwas umstieß und zerbrach, war sie die erste, der es leid tat. Stets brachte sie uns die sorgsam aufgelesenen Scherben einer geliebten Sèvres-Vase oder einer zerbrochenen Rosenthal-Figur, und während wir heimlich eine Träne im Augenwinkel wegwischten, ging sie leichten Herzens von dannen, in dem sicheren Wissen, daß sie eine ehrliche Haut war.

Unsere anderen Mädchen, Saada, Insaaf, Baraka, Gabool und Bushra, die nicht mehr arbeitete, waren alle als Sklavinnen in die Familie gekommen. Bushra hatte eine Wohnung in der Stadt zur Verfügung gestellt bekommen. Ferner erhielt sie ein jährliches Gehalt, die gleiche Ausstattung an Kleidern und die gleichen Extrazuwendungen, die das restliche Personal jedes Jahr an Feiertagen bekam. Sie kam und ging, wann sie mochte, und erfreute uns oft damit, daß sie unerwartet kleine Haushaltsarbeiten erledigte, soweit sie noch dazu in der Lage war. Saada befaßte sich hauptsächlich mit Hayats und meinen Kindern und war ferner für Mutters Bedürfnisse und Räume zuständig. Insaaf war als junges Mädchen aus Äthiopien gekommen und hatte sich mit der Zeit von der normalen Hausarbeit entbunden und sich auf alle Arbeiten konzentriert, die mit der Küche zu tun hatten. Sie bekochte uns hervorragend, wenn wir einmal keinen Koch hatten. Sie war bekannt dafür, daß sie ihren Arbeitsbereich immer piccobello in Ordnung hielt. Baraka war Hayats Mädchen, und ich war die einzige, die sich keine eigene Dienstmagd anschaffte.

Ich war entsetzt, als einige Frauen aus der Stadt mir vorschlugen, eine zu kaufen, und sie konnten überhaupt nicht verstehen, daß dies für mich ein Ding der Unmöglichkeit war. Sklaven gehörten für sie zum täglichen Leben, und von Zeit zu Zeit hörte man sie darüber klagen, daß die guten alten Zeiten vorbei seien, als ein Sklave noch zu dem und dem Preis zu bekommen war. Ich habe die Sklaverei zwar nie gebilligt, sah aber, daß sie in Arabien in bestimmter Hinsicht auch Vorteile hatte. Wenn ein Sklave erst einmal, auf welche Weise auch immer, in die Hände von Sklavenhändlern gefallen war, sah er einem traurigen Schicksal entgegen. Wenn er in ein gutes Haus kam, wo er meist Teil der Familie wurde, häufig den Familiennamen annahm und so gut behandelt und geliebt wurde, daß es ihm nie eingefallen wäre fortzugehen, selbst wenn es ihm möglich gewesen wäre, konnte er oft so der Armut entgehen. Alis Vater hatte häufig Sklaven gekauft, um ihnen dann die Freiheit zu geben. Er ließ die jungen Sklaven zusammen mit seinen eigenen Kindern aufwachsen und erziehen und gab ihnen hohe Positionen in der Familienfirma, wenn sie es verdienten. Als Mohamed eines Tages all unsere Sklaven freiließ, weinten sie tagelang, weil sie dachten, daß wir sie nicht mehr haben wollten. Sie seufzten und heulten darüber, wohin und zu wem sie gehen könnten, und wir mußten sie erst einmal davon überzeugen, wie falsch sie dies aufgefaßt hatten und daß niemand sie aus dem Haus jagen wollte.

Ich glaube, die Situation der Sklaven war hier ähnlich wie in einigen alten Südstaatenhäusern, wo oftmals ein Band der Liebe und des Respekts die Sklaven und ihre Familien stärker zusammenhielt als die offiziellen Besitzurkunden. In Arabien wurde die Sklavin, die sich von jungen Jahren an um ein Kind kümmerte, oft von diesem Kind mit Mutter angesprochen, wobei dies natürlich häufiger in adeligen Haushalten der Fall war, wo jedes Kind seine eigene »Mutter« oder Gouvernante hatte.

Bevor wir aus dem Rawais Haus auszogen, kaufte Mutter ein sehr junges Sklavenmädchen namens Murgana, und ich stellte fest, daß ich doch nicht so an die Sklaverei gewöhnt war, wie ich dachte. Ich hatte dem Gerede über den Sklavenmarkt ziemlich gelassen zugehört, da ich wußte, daß unsere eigenen Sklaven schon vor Jahren, zu einer Zeit, als dies noch üblich war, gekauft worden waren. Aber als Murgana neu und noch so jung – acht oder neun Jahre alt, glaube ich –, zu uns kam, war ich doch sehr schockiert darüber, daß dieses Kind für Geld gekauft worden war. Sie ließ uns im Laufe der Jahre spüren, daß sie auch nicht allzu glücklich darüber war, und wir mußten uns alle daran beteiligen, es ihr heimisch zu machen. Mutter war natürlich ihre Lehrerin und hielt Murgana in ihrer Nähe, brachte ihr Manieren und Sauberkeit bei und betraute sie mit kleinen Aufgaben im Rahmen ihrer Fähigkeiten. Ihr Talent für groben Unfug hatte Prestigewert, und es verging selten ein Tag, an dem wir uns nicht über irgend etwas, das sie tat (oder nicht tat), ärgern mußten. Außerdem verschwand sie, sooft sie glaubte, es sich erlauben zu können, in den Gemächern der anderen Mädchen, nicht um sie zu besuchen, sondern um weiteren Unfug zu machen. Sie war geschickt genug, sich nach außen hin den Anschein von Reinlichkeit zu geben und uns die Umgangsformen, die wir ihr beigebracht hatten, »vorzuspielen«, wenn es ihr Spaß machte; sie fiel aber bei jeder passenden Gelegenheit in ihre alten Gewohnheiten zurück. Der ganze Haushalt beteiligte sich an ihrer Erziehung (was wahrscheinlich ihr Problem war), und die wenigsten glaubten, daß wir es je mit ihr schaffen würden. Es paßte ins Bild, daß sie eine bestimmte Rolle in einer Episode spielte, die in meiner Erinnerung noch sehr lebendig ist, da ich mich darin genauso verhielt, wie sie es vermutlich auch getan hätte.

Es war einer jener Momente, in denen ich mich gegen das Leben in Arabien auflehnte, im besonderen gegen die Form, in der wir alle zusammenlebten. Es paßte mir nicht, daß ich nicht einfach morgens aufstehen und den Tag für mich verbringen konnte, ohne mich um andere kümmern zu müssen und nach Lust und Laune das zu tun oder zu lassen, was mir gerade einfiel. An diesem besagten Tag wollte ich nicht Mitglied einer Großfamilie sein. Ich wollte tun, wozu ich Lust hatte, und ich wollte es alleine tun; und je mehr ich mir vergegenwärtigte, daß dies nicht möglich war, desto mehr geriet ich in Rage. Ich beschloß, *nicht* hinunterzugehen und mich nicht am normalen Tagesablauf zu beteiligen. Ich wollte *nicht* nach unten gehen und mir von der gesamten Dienerschaft die Hand küssen lassen; ich wollte *nicht* nach unten gehen und in getreuer Pflichterfüllung all die Dinge tun, die von mir erwartet wurden; ich wollte *überhaupt nicht* nach unten gehen, zumindest nicht, bevor mir tatsächlich danach war. Es gab keine andere Möglichkeit, als sich durch Verweigerung aufzulehnen. Ich konnte nicht in mein Auto springen und auf einen Drink in das nächste Café fahren, ich konnte nicht einmal einfach um den Block spazieren, weder konnte ich so tun, als sei ich nicht zu Hause, noch konnte ich das Radio andrehen und mir eine Familienserie anhören, mit einer Freundin am Telefon plauschen oder spontan eine Wanderung unternehmen.

Ich fühlte mich gefangen, nicht nur körperlich, sondern auch von den Ansprüchen, die ein Leben an mich stellte, das von mir verlangte, jeden Morgen eine Unzahl von Leuten zu begrüßen, das mich zu einem kleinen Rädchen im Getriebe degradierte und das mich dazu verdammte, alles mit anderen gemeinsam zu tun und zu teilen. Wir konnten nicht einmal einen anständigen Krach mit unseren Gatten vom Zaun brechen, ohne daß die ganze Familie und die gesamte Dienerschaft davon wußte! Nein, ich war nicht in der Stimmung, mit irgend jemandem zu reden, und ließ die übliche Zeit des Hinuntergehens verstreichen, ohne mich blicken zu lassen. Ich hatte genau gewußt, was als nächstes passieren würde, aber als es dann tatsächlich passierte, geriet ich in Wut. Die kleine Murgana klopfte an meine Tür. Sie sagte: »Sitti schickt mich, um nachzusehen, warum Sie nicht nach unten gekommen sind und ob alles in Ordnung mit Ihnen ist.« Unter Tränen der Wut platzte es aus mir heraus: »Verdammt noch mal, natürlich ist alles in Ordnung! Nur weil ich nicht pünktlich zu Sonnenaufgang hinuntergehe und vor jedermann einen Diener mache, muß es mir doch noch lange nicht schlecht gehen, oder?«

Die arme Murgana verstand meine zornigen Worte nicht, aber sie hatte auch nicht vor, herumzustehen, bis sie ihr übersetzt würden, und floh daher zurück zu ihrer Herrin. Ich folgte ihr bis zum Treppenabsatz, brüllte ihr meinem Zustand entsprechend wie eine Verrückte hinterher und wiederholte meine Worte auch Mutter gegenüber, die inzwischen unten zur Treppe gekommen war. Nachdem ich meine Tirade beendet hatte, zog ich mich in mein Schlafzimmer zurück, bis Ali zum Essen nach Hause kam. Aber dann stieg die Wut wieder in mir hoch, und zu meinem eigenen Entsetzen gab ich noch eine zweite Vorstellung. Zum Glück verstand Mutter nicht, was ich wirklich sagte. Und Ali gelang es dann schließlich, mich zu besänftigen. So etwas kam nicht allzu häufig vor, aber von Zeit zu Zeit mußte ich auf diese oder andere Weise den Gefühlen freien Lauf lassen, die mich ergriffen, genau wie der ein Haus umrankende Efeu ab und zu beschnitten werden muß, damit das Gebäude Licht bekommt und atmen kann.

Da uns Ausflüge in das gesellschaftliche Leben und die Nutzung der Freizeitmöglichkeiten, die unsere moderne Zeit zu bieten hat, versagt blieben, war unser Vergnügen auf eine Unternehmung beschränkt – hinaus in die Natur zu fahren. Eine Autofahrt unter dem Sternenhimmel wurde daher zu etwas Besonderem. Und der Name, den die Araber solchen Ausflügen geben, ist äußerst zutreffend. »Den Wind schnuppern«, hieß das, was wir taten, wenn wir unsere vier Wände verließen, und wenn jemand sagte: *»Hiya, neroh nashoom al howa schwoya.«** Wir zogen los, als wollten wir uns ein Theaterstück ansehen, was manchmal auch der Fall war. Sonnenuntergänge am Meer waren ein Schauspiel ersten Ranges, und vielleicht war es ihre Pracht, die dem Roten Meer seinen Namen gegeben hat.

Eines Abends zogen Mohamed, Hayat, Mutter, Zainab, Ali und ich los, um den Wind ausgiebig zu schnuppern, was bedeutete, daß wir den Picknickkorb, unseren alten Plattenspieler und drei Plattenalben einpackten und zu einer wunderschönen Lagune fuhren, die für ihren Sandstrand und eine Kolonie von Haien berühmt war. Das Meer, der Sand und der Mond zusammen mit den Späßen, die wir an diesem Abend anstellten, erinnerten mich immer an das Gedicht »Das Walroß und der Zimmermann« von Lewis Carroll. Mohamed spielte ein wilde Platte von Carmen Miranda und ahmte herumtollend, springend und mit schlängelnden Armbewegungen ihren berühmten Tanzstil nach. Zwar wurde er dabei durch sein langes *tobe* etwas behindert und verlor seine Kopfbedeckung, aber er zog eine große Show ab. Als der Wiener Walzer, den er als nächstes spielte, durch die Wüstenluft wogte, forderte Mohamed mich zum Tanz auf,

---

* Kommt, laßt uns für eine Weile nach draußen gehen und »den Wind schnuppern«.

und man hat nicht gelebt, ohne einmal eine ganze Strauß-aufnahme lang auf, über und durch den Sand Arabiens gewalzt zu sein. Mohamed wirbelte mich mit übersteigerten Tanzbewegungen durch die Wüste, und bevor wir fertig waren, hatten wir mehr Sand als Wind geschnuppert. Der Abend endete mit einem Wettrennen der beiden Männer mit Hayat auf Mohameds Schultern und ich auf Alis. Mutter und Zainab feuerten uns an, während die Männer mit ihren weder leichten noch ruhig sitzenden Lasten über den Strand stürmten und Hayat und ich uns in nackter Angst um unser Leben an sie klammerten. Für uns war es wie ein Ritt auf einem Kamel, und ich glaube auch nicht, daß es für die Männer besonders bequem war. Im Endeffekt gewann keiner von beiden, weil es sich zu schwierig gestaltete, die Stöße von unten und das Schaukeln von oben gegeneinander auszugleichen, und wir alle bald unter großem Gelächter zusammenbrachen.

Im Gegensatz dazu verbrachten wir auch stille Abende in der Wüste, in denen wir schweigsam Rücken an Rücken saßen. In der erhabenen Landschaft aus Sand fielen unsere Spannungen von uns ab. Es ist in solchen Augenblicken sehr einsam in der Wüste. Wohin wir auch sahen, es kam uns vor, als richteten wir den Blick in die Ewigkeit, und alle unsere Probleme verschwanden in der Weite und unter den Baldachinen von Himmel und Meer. Das Schnuppern des Abendwindes bei Vollmond und unter einem Sternenmeer, das es so nirgends gibt, reinigte unsere Herzen und unseren Geist und ließ uns vergessen, daß wir unser Leben hinter Mauern verbrachten.

Kapitel 11

Bald taten sich für mich Schlupflöcher in den Mauern auf, die mich umgaben, aber nur unter der Voraussetzung, daß ich nachher wieder brav zurück nach drinnen schlüpfte. Als Ali sich eingelebt und eingearbeitet hatte, durfte ich ihn zu Einladungen, die mit seiner Arbeit und seinen Interessen verbunden waren, begleiten. Prominente Besucher, Mitglieder des diplomatischen Corps und ausländische Geschäftsleute (die meist unsere Gäste waren, teils aus arabischer Gastfreundschaft und teils, weil es damals noch keine Hotels gab) wurden regelmäßig in unserem Haus bewirtet, und wenn keine arabischen Männer anwesend waren (oder zumindest keine arabischen Männer, die an meinem Erscheinen in einer gemischten Gesellschaft Anstoß genommen hätten), war ich ebenfalls eingeladen und durfte Gastgeberin spielen.

Jedes dieser Feste ist mir unvergeßlich geblieben, aber aus anderen Gründen als dem naheliegenden, daß ich einfach dabei sein durfte.

Hamida war dafür verantwortlich, daß eines der Feste besonders unvergeßlich blieb; Minuten vor dem Eintreffen der Gäste hatte sie solche Mengen eines bekannten Abführmittels geschluckt, daß es für ein Pferd gereicht hätte. Sie hatte es für Schokolade gehalten und sich beeilt, ihrer Großmutter von der Köstlichkeit zu berichten, die sie gefunden hatte (sie hielt die Familie stets über alles auf dem laufenden), als ich die Verpackung fand und losrannte, um sie zu finden. Ich hörte, wie Mutter zu ihr sagte: »Möge es deinem Wohlergehen zuträglich sein, mein Liebling«, aber wir wußten, daß der kleine Liebling Hilfe benötigen würde, und schickten nach einem Arzt. Der erste ließ das Kind auf seinen Knien hüpfen, tätschelte ihre Wangen und sagte: »Nun, sie wird natürlich müde werden, aber es besteht kein Grund zur Besorgnis«, worauf wir zusahen, daß wir ihn schnell loswurden und etwas hektischer nach einem zweiten Arzt suchen ließen. Dieser, ein kürzlich eingetroffener Libanese namens Dr. Idriss, wußte, was zu tun war, ergriff die notwendigen Maßnahmen und blieb, bis alles wieder in Ordnung war.

Unsere vernachlässigten Gäste bekamen ihr Abendessen erst kurz vor Mitternacht, aber es machte ihnen nichts aus. Sie hatten auf ihre eigenen Reserven zurückgegriffen und waren bis dahin, wie man so sagt, wunschlos glücklich gewesen.

Ferner erinnere ich mich noch gut daran, wie Ali die Schiffskapitäne der Reedereien, mit denen sie Geschäfte machten, mit seinen Einladungen hereinlegte. Man darf nicht vergessen, daß die Gastfreundschaft eines der wichtigsten Dinge im arabischen Leben ist, und Einladungen zum Essen sind in Arabien, wie auch in der übrigen Welt, die übliche Form, Gastfreundschaft zu beweisen. Diese Kapitäne waren jedoch davon überzeugt, daß ihre Einladungen etwas besonderes seien, weil Ali ihnen jedesmal sagte: »Ich würde Sie gerne meiner Frau vorstellen«, und sie ihren Ohren nicht trauten. Sie kannten sich in diesem Teil der Welt gut aus und wußten, daß diese Araber ihre Frauen niemals anderen Männern zeigen – weshalb man selbst eine verschleierte Frau selten zu sehen bekam – und daher glaubten sie, wenn sie in unser Haus kamen, fest daran, daß ihnen eines der seltensten Privilegien zuteil würde. Und Ali zog schadenfroh eine große Schau ab. Er begrüßte sie alleine, ließ die richtige Stimmung aufkommen, wartete, bis sie die Türen nicht mehr aus den Augen ließen und jedem Geräusch lauschten, und dann kam ich herein. Ich tat so, als wäre nichts Besonderes dabei und spazierte so munter und frischfröhlich herein, wie man sich nur eine Amerikanerin denken kann – obwohl ich es kaum ernstbleibend durchhalten konnte, nachdem ich einen Blick auf ihre Gesichter geworfen hatte. Statt der dunkelhäutigen arabischen Dame, deren Schönheit noch kein westliches Auge erblickt hatte, bekamen sie mich zu sehen und konnten ihre Enttäuschung selten verbergen. Ich ignorierte ihre offenen Münder und fragenden Augen, bis sie mein unverbindliches Gerede nicht mehr ertragen konnten und es aus ihnen herausplatzte: »Aber Sie sind doch Amerikanerin!« – »Ja, das stimmt, wie schön, daß Sie das erraten haben!« Damit waren ihre Hoffnungen völlig zunichte gemacht. Die armen Seelen! Aber sie nahmen es uns nie übel.

Ein Fest zu Ehren des scheidenden Gesandten der Vereinigten Staaten in Saudi-Arabien, Colonel Eddy, brachte mir neben dem Vergnügen angenehmer und vornehmer Gesellschaft einen Schneebesen ein. Nach dem Essen sprach ich mit den Gesandten und einem seiner Mitarbeiter über arabische Kochmethoden und beklagte das Fehlen der uns vertrauten Küchengeräte. Scherzhalber wandte ich mich an den Colonel und sagte: »Wo wir gerade von solchen Dingen sprechen, haben Sie vielleicht zufällig einen Schneebesen?«

»Ich werde mal nachsehen«, sagte er, und am nächsten Nachmittag erhielt Ali einen verschnürten Schuhkarton, in dem, in Zeitungspapier eingewickelt, (eine Seite, die ich übrigens von der ersten bis zur letzten Zeile las, so ausgehungert war ich nach Lesestoff) ein Schneebesen lag. Mit dem Karton kam eine Karte von William Alfred Eddy, außerordentlicher Gesandter und generalbevollmächtigter Botschafter der Vereinigten Staaten von Amerika, die folgende Zeilen enthielt:

Verehrter Ali,

Ihre Frau erwähnte, daß sie gerne einen Schneebesen hätte. Hiermit schicke ich Ihnen mit meinen Empfehlungen ein gebrauchtes Exemplar, das einzige, das ich besitze. Aber denken Sie an das bedeutungsschwere Sprichwort: »Man kann kein Omelett machen, ohne Eier zu zerbrechen . . .«

Ich war die einzige Frau im Haus, die das Privileg genoß, an gemischten Zusammentreffen teilzunehmen, wobei die anderen es wahrscheinlich ohnehin nicht gewollt hätten. Alle von uns halfen jedoch stets bei den Vorbereitungen eines Festes, ob für Frauen oder für Männer oder für beide, und im ersteren Fall war es natürlich an den Männern, sich in den Hintergrund zurückzuziehen. Ich hätte gerne gewußt, ob es unter den arabischen Männern auch solche gab, die bei diesen Gelegenheiten schon einmal günstige Aussichtspunkte auf Dächern und Balkons erklommen, um die Vorgänge auf einem Frauenfest, zum Beispiel im daruntergelegenen Garten, zu beobachten. Ich weiß genau, daß arabische Frauen und Kinder häufig die Treffen der Männer beobachten. Aber darüber, ob es die Männer auch taten, kann ich nur Vermutungen anstellen, die genauso falsch oder richtig sein mögen wie die Ihren. Ob sie spiekten oder nicht, ich weiß jedenfalls, daß sie darauf achteten, wohin sie bei diesen Anlässen ihre Schritte lenkten, und daß sogar die älteren Hausboys sich bemühten, nicht zu stören. *Älter* bedeutet im Teenageralter, und ich war Zeuge, wie einmal eine Gruppe von Frauen in helle Aufregung geriet, als einer dieser jungen Männer unerwartet bei ihnen auftauchte. Es geschah in Taif, und einer der halbwüchsigen Hausboys war auf Mutters verzweifeltes Rufen nach jemandem – nach irgend jemandem – herbeigeeilt, um eine Maus zu fangen, die im Zimmer aufgetaucht war. Sein Erscheinen verursachte ein größeres Spektakel als die Maus. Jede der Frauen schnappte sich, was sie kriegen konnte, um ihr Gesicht zu bedecken – ein Kissen, ein Zigarettenetui, ihr Haarband und eine sogar, zu meiner großen Überraschung, den Saum ihres Rocks, da sie anscheinend lieber ihre Pantalons entblößte als ihr Gesicht.

Wenn wir in anderen Häusern zu Gast waren, vor allem in denen unserer zahlreichen Verwandten, begrüßten langjährige Bedienstete die ihnen gut bekannten Männer und Frauen mit Handberührungen oder Handküssen; bei Gästen, die ihnen nicht bekannt waren, hielten sie sich jedoch scheu und respektvoll im Hintergrund, solange sie nicht zum Verrichten einer Tätigkeit hervorgerufen wurden. Zu den Männern, die unsere Autos fuhren, hatten wir ein ähnliches Verhältnis. Bei denen, die uns kannten, ging es zwanglos zu, und wir mußten nicht so sehr auf den Schleier achten. Wenn uns jedoch andere Fahrer abholten oder nach Hause brachten, sprachen wir in ihrer Gegenwart nur wenig und blieben streng verschleiert.

Jede Familie hatte ihre festen Fahrer (die in der Regel auch die Einkäufe für die Damen des Hauses erledigten), aber mit besonderen Fahrten oder Ausflügen wurden versiertere Fahrer betraut, die auch Erfahrung als Mechaniker hatten. An einer dieser Unternehmungen – eine Gazellenjagd in der nordöstlich von uns gelegenen Wüste – nahmen Hayat und ich als privilegierte Frauen teil, und ich frage mich, was unsere Jeepfahrer bei dieser besonderen Gelegenheit über unser ungezwungenes Verhalten dachten.

Ali und Ahmed hatten die Jagd geplant, und ich habe keine Ahnung, wie sie dazu kamen, uns mitfahren zu lassen. Aber wir waren damals noch jung und neugierig, und manchmal mußten wir ungewöhnliche Dinge tun, um nicht durchzudrehen. Sie setzten uns Mädchen neben die Fahrer, und Hayat und ich hatten keine Vorstellung von dem, was uns erwartete, bis wir in einer wilden Jagd hinter der ersten

Gazelle herröhrten, die uns in dem Gebiet, in dem wir herumfuhren, über den Weg lief. Unser Gefährt schien sich bei der Verfolgung mit den Sprüngen und Sätzen der fliehenden Gazelle messen zu wollen, nur konnten wir uns mit der Anmut des Tieres in keiner Weise vergleichen. Wind und Sand peitschten in das offene Auto hinein und drohten uns hinauszuwehen, falls der dahinrasende Jeep uns nicht vorher rausschütteln oder abwerfen würde. Als wir in Schußweite waren, richteten die Männer sich auf den Rücksitzen auf, und mich packte die nackte Angst. Ein direkt hinter meinem auf und ab nickenden Kopf abgefeuerter Gewehrschuß jagte mir einen fürchterlichen Schrecken ein, während ich auf dem Vordersitz herumgeschleudert wurde. Ich dachte, daß es in diesem Fall wenigstens eine Auswahl an möglichen Todesarten gab: Entweder würde unser Fahrer die Kontrolle verlieren, wenn ich nicht aufhörte, ihn anzurempeln; oder die beiden Jeeps würden im Eifer der Jagd frontal zusammenstoßen, und es wäre um uns alle geschehen; oder, drittens, ich würde einfach meinen Kopf verlieren. Die Bodenbleche wählten genau diesen Augenblick, um sich unter meinen Füßen zu lösen, und es hätte den Tod bedeutet, wenn ich mich aufgerichtet hätte. Der Wüstensand peitschte auf mich ein, aber Sie können jede Wette machen, daß ich gebeugt blieb. Und als ob dies nicht genug gewesen wäre, verkrampften sich meine angespannten Beinmuskeln unter der Anstrengung, den restlichen Körper in Position zu halten. Es muß schrecklich komisch ausgesehen haben, als ich versuchte, unter diesen Umständen den Krampf zu lösen, aber mir war nicht nach Lachen zumute.

Als wir anhielten, fragte ich nicht, wie schnell wir gefahren waren, denn die Gazelle ist ein sehr flinkes Geschöpf, und nach meiner Meinung hoben wir mehrmals ab. Das Tier wurde schließlich niedergestreckt, und ich erinnere mich, wie Ahmed zu ihm hinüberrannte, um das Schlachten mit einem Schnitt durch die Kehle abzuschließen, so wie es den Moslems vorgeschrieben ist, wenn sie das Fleisch essen wollen. Danach wurde mir schlecht. Es war weniger der Anblick des Blutes als die Zerstörung der lebendigen Schönheit des Tieres. Es blieb jedoch keine Zeit zum Trauern, denn bald waren wir schon wieder mitten in der heißen Jagd nach einer anderen Gazelle. Bei den folgenden Jagden dieses Tages gelang es mir, meinen Kopf und meine flatternde Kopfbedeckung aufzubehalten, und die Bodenbleche soweit unter Kontrolle zu halten, daß es nicht von unten auf mich einprasselte, so wie es auch leicht von oben hätte passieren können, und alles in allem erlegten wir, glaube ich, drei Gazellen.

Dann hielten wir an, schmutzig, zerzaust, verschwitzt, mit schmerzenden Knochen und völlig verrenktem Körper, um unsere Proviantbeutel zu öffnen und etwas zu essen und zu trinken. Echter Hunger und echter Durst machen das einfachste Essen zu einem echten Genuß. Es gab faustgroße Scheiben grobkörnigen braunen Brots, ein paar Brocken Ziegenkäse, ein Krug mit Oliven in Öl, das wir mit unserem Brot auftunkten und einfaches, kaltes, köstliches Wasser – nicht das edelste Mahl, das ich je eingenommen habe, aber eines der schönsten. Wir hatten uns an diesem Tag in mehr als einer Beziehung von der Norm entfernt, hatten unsere Grenzen überschritten, etwas anderes getan. Es war ein großartiges Gefühl, auf dem Weg in das weite offene Gelände hupend den Ort zu einem geselligen Abenteuer zu verlassen, aber wir kehrten immer wieder in die Grenzen unseres Zuhauses zurück. Jeder übernahm dort seine Rollen. Ali, zum Beispiel, war Ehemann, Sohn, Bruder, Onkel, Schwager und Vater, und wir anderen spielten jeweils unsere eigene Vielzahl an Rollen.

Wenn wir ein Privatleben hatten, so war dies ein kurzfristiger Zustand, der zu verschiedenen Zeiten verschieden definiert wurde – etwa als Zeit, in der man mit sich selbst alleine war, oder als eheliches Privatleben, oder als privates Zusammensein mit verschiedenen Bewohnern des Hauses; man könnte es auch als Teil des Privatlebens bezeichnen, wenn sich alle Männer, Frauen und Kinder unseres Anwesens gleichzeitig versammelten, zusammensaßen, zusammen aßen, miteinander sprachen und miteinander spielten. Manchmal kam man sich bei diesen Anlässen wie in einem Klub vor, der sich einmal im Monat trifft. Dies kam zweifellos daher, daß wir uns den größten Teil des Tages in verschiedenen Kreisen bewegten und nur dann als ganze Familie zusammenkamen, wenn uns unsere anderen Aktivitäten die Zeit dazu ließen.

Zumindest für mich war es eine Gnade, daß wir eine Möglichkeit hatten, dem ganzen von Zeit zu Zeit zu entfliehen – durch eine Reise in ein anderes Land. Einige dieser Fluchten waren aufgrund von Sondermissionen im Auftrag der Regierung möglich, andere waren Geschäftsreisen für das Familienunternehmen, und einige hatten rein medizinische Gründe, da Ali seit der Universitätszeit mit einem Rückenleiden zu tun hatte. Die Reisen der letzteren Sorte waren für niemanden amüsant. Der Grund für seine Rückenattacken konnte lange Zeit nicht diagnostiziert werden, sie machten jedoch immer einen Krankenhausaufenthalt und die Behandlung durch einen Spezialisten notwendig, und dafür mußte Ali sich ins Ausland begeben. Aus welchen Gründen auch immer, wir unternehmen diese Reisen stets gemeinsam, und Ali wurde manchmal damit aufgezogen, daß er in dem Ruf stand, Reisen im Dienst seines Landes nur dann anzunehmen, wenn seine Familie ihn begleiten konnte. Wir wußten, daß die höchsten Kreise davon Kenntnis hatten, denn einmal erhielt Ali ein Telegramm des Königs mit dem Wunsch, er möge sein Land auf einer bestimmten Mission im Ausland vertreten; Seine Majestät schloß die Benachrichtigung mit dem knappen Satz: »Ja, Deine Familie darf Dich begleiten.«

Ich war gerne dabei, aber manchmal hätte ich mir mehr Zeit zum Packen und zum Aufbruch gewünscht. Es kam vor, daß ich die Nachricht erst wenige Stunden vor der Abreise erhielt, gelegentlich hatte ich jedoch eine ganze Nacht für die Vorbereitungen. Bei zumindest einem der Kurztrips war ich innerhalb von Rekordzeit reisefertig, und dann vergaß Ali den ganzen Tag lang, mich darüber zu informieren, daß unsere Pläne sich geändert hatten.

Damit mich niemand für dumm hält, weil ich fast den ganzen Tag lang ohne nachzufragen auf gepackten Koffern saß und auf das Aufbruchsignal wartete, muß ich an dieser Stelle unsere besondere Vorgehensweise bei Flügen erklären. Flüge waren nicht nur selten, sie hatten auch meist Verspätung, woraus folgt, daß sie auch nicht fahrplanmäßig abgingen. Wir waren *nie* zur vorgesehenen Abflugzeit am Flughafen. Wir verließen uns auf den Herrn von der Telefonvermittlung, der ständig mit dem Flughafen verbunden war und uns benachrichtigte, wenn unsere Maschine gelandet, aufgetankt und abflugbereit war, erst *dann* fingen wir an, ernsthaft Abschied zu nehmen. Zuerst wurde das Gepäck weggebracht, dann die Männer und dann die Frauen, die praktisch im letzten Augenblick bis zur Flugzeugtür gefahren wurden, damit sie erstens am Flughafen möglichst wenigen Blicken ausgesetzt waren, zweitens nur relativ kurze Zeit verschleiert im heißen Wageninnern warten und drittens vor dem Abflug nicht lange verschleiert in der Hitze des Flugzeugs sitzen mußten. Die Situation am Flughafen war also die Erklärung dafür, daß ich so einfältig unserer Abreise harrte.

Eines Tages verkündete Ali beim Essen, das wir am nächsten Tag nach Ägypten fahren würden, um zwei Boote und 145 Lastwagen zu kaufen, und ich entgegnete ihm: »Was für Boote?« Er erklärte mir die Umstände seiner erfolgreichen Verhandlungen über zwei Landungsboote (wahrscheinlich aus überzähligen Beständen der US-Regierung), die schon im Zweiten Weltkrieg erfolgreich im Einsatz waren, und sagte, daß wir das Geld persönlich überbringen müßten. Ich dachte dabei an eine Aktentasche voll mit Akkreditiven, Barschecks und ähnlichem, aber er meinte genau das, was er sagte: Wir nahmen tatsächlich das Geld mit.

Awad, unser Hausmeister, kam am Nachmittag mit elf Säcken aus dickem Stoff, die prall mit Gold gefüllt waren, und reihte sie wie schlaffe Soldaten auf unserem Schlafzimmerboden auf, während es meine Aufgabe war, das Geld in unseren Reisetaschen zwischen unseren Habseligkeiten zu verstauen. Mir kam sofort der Gedanke, daß Awad eigentlich jedesmal »Sesam öffne dich« hätte sagen müssen, wenn er mit den Säcken zur Tür hereinkeuchte. Als er ging, ließ ich mich aufs Bett zurücksinken, steckte den Kopf zwischen meine Füße, um das Gold besser anstarren zu können, und bekam den Refrain »Midas hat Eselsohren, Midas hat Eselsohren« nicht aus meinem Kopf. Elf Säcke voll Gold! In meinem Schlafzimmer! Guter Gott! Ich stand auf und hob ein paar davon hoch – Junge, was würden die Burschen, die unsere kleinen Koffer tragen sollten, sich wundern! Und dann fing ich an zu kichern. Der Gedanke daran, all das Gold zwischen meine Lockenwickler und Nachthemden und Alis Unterhosen und Socken zu stopfen, löste in mir dieses unvermittelte hysterische Lachen aus, das kein Ende nehmen wollte, und ich war mächtig froh, daß ich gerade in diesem Moment etwas Privatsphäre genoß.

Natürlich schickten wir das Gepäck am nächsten Morgen

nicht voraus, sondern nahmen es mit uns, damit ich die Leute vom Flughafen dabei beobachten konnte, wie sie die Taschen wegtrugen, die Awad für sie auf den Boden stellte. Einer von ihnen war baß erstaunt, als er fröhlich auf meine kleine Reisetasche zuging, die man normalerweise mit einem Finger hochheben kann, und beide Hände nehmen mußte, um sie vom Boden zu bekommen.

Es sei an diesem Punkt festgestellt, daß das auf diese Weise transportierte Gold am Kairoer Zoll ordnungsgemäß deklariert wurde, obwohl ich mich zu erinnern glaubte, daß es in den nächsten Tagen am einheimischen Goldmarkt zu einer leichten Erschütterung kam. Aber der Kauf wurde abgeschlossen, die Überführung der Landungsboote nach Dschidda geregelt, und auch wir kehrten leichten Herzens und mit leichtem Gepäck dahin zurück, um wieder zur Ruhe zu kommen, bis unser Alltagsrhythmus abermals jäh unterbrochen wurde.

In Arabien wurden die Landungsboote zu Ehren von Onkel Jusuf und dem verstorbenen ältesten Bruder von Alis Vater in *Jusuf* und *Zainal* umgetauft. Die beiden Schiffe wurden zum Transport von Holz, Kohle und ähnlichen Frachten auf dem Roten Meer eingesetzt. Steta Oma, die alte Dame, genannt »Große-Schwester-Tante«, die mich in Taif jeden Tag besucht hatte, bekam Wind davon, dachte aber, daß die Männer selbst solche niederen Arbeiten verrichten mußten. In ihrer Senilität hatte sie vergessen, daß Zainal tot war, und vermutlich dachte sie, Jusuf, den sie jede Woche sah, würde die bittere Wahrheit über den Niedergang der Familie absichtlich vor ihr verheimlichen. Sie konnte sich nicht vorstellen, welche Umstände die Familie so weit heruntergebracht hatten, daß Zainal Kohle und Jusuf Holz schleppen mußte, und verlangte vollständige Rechenschaft über diese furchtbaren Ereignisse. Als Mohamed versuchte, es ihr so sanft und verständlich wie möglich zu erklären und ihr versicherte, daß mit dem Geschäft der Familie alles in bester Ordnung sei, glaubte sie, er wolle sie bloß beschwichtigen, und wurde so wütend, daß sie ihre Hand erhob und ihm eine Ohrfeige verpaßte – sie wußte schließlich, was sie gehört hatte.

Wir Frauen waren auf die Männer angewiesen, um all diese kleinen Geschichten zu erfahren. Rückblickend erinnere ich mich, wie viele Ehemänner und Ehefrauen (Ali und ich vielleicht mehr als andere Paare, weil wir uns der Geschlechtertrennung stärker bewußt waren) voneinander über die Ereignisse aus dem Umfeld des jeweils anderen erfuhren. Ali erzählte mir von den Dingen, die sich in dem Teil seines Lebens ereigneten, zu dem ich keinen Zugang hatte, und ich erzählte ihm von meinen Erlebnissen, so daß wir uns gegenseitig über das auf dem laufenden hielten, was wir nicht gemeinsam erlebten. Es war fast ein Ritual, die Ereignisse des vergangenen Tages durchzugehen, über Leute, Tätigkeiten, die Aufregungen in der Stadt und den örtlichen Klatsch zu sprechen. Männer, die ich nie kennenlernte, wurden mir durch diese Gespräche recht vertraut, und Alis Berichte von Treffen und Verhandlungen in Geschäfts- und Regierungsangelegenheiten und den damit verbundenen gesellschaftlichen Verpflichtungen der beteiligten Männer halfen mir, auf dem neuesten Stand zu bleiben.

Ali konnte für das, was ich ihm vom Tag zu erzählen hatte, nicht so viel Interesse aufbringen, da es meist um banale Dinge ging, etwa, was die Frau des türkischen Botschafters zum Tee serviert hatte usw., aber manchmal konnte auch ich mit Neuigkeiten aufwarten, die diesen Namen verdienten.

Bei manchen meiner Geschichten war ich sehr darauf bedacht, daß Ali sie von mir als erster hörte, bevor sie ihm jemand anderes erzählte. Einmal hatte ich während eines Essens mit Steta Oma und anderen älteren Damen, die mit ihr das große alte Haus in der Stadt bewohnten, nicht an mich halten können und ein langgezogenes »igitt« ausgestoßen, als eine von ihnen einen Mordsrülpser von sich gab. Hayat, die neben mir saß, verschluckte sich prompt an irgend etwas, das sie gerade im Mund hatte – wieder ein Beweis dafür, daß man uns bei solchen Anlässen hätte trennen müssen. Wir hatten beide eine niedrige Lachschwelle, und irgend etwas brachte uns immer in Fahrt, aber eine solche Reaktion hatte ich noch nie bei ihr erlebt. Mein Laut kam, genau wie der Rülpser der alten Dame, aus dem tiefsten Inneren und traf Hayat so mitten ins Zwerchfell, daß sie zuerst vom Tisch geführt werden mußte, und dann mußte ich ihr noch bis zur Tür helfen, da wir beide hinaus mußten. Ich versicherte Ali – immer und immer wieder – daß sonst niemand, vor allem nicht *»Sitti Baaahh«*, wie wir sie fortan nur noch nannten, den wirklichen Grund für unser Betragen an diesem Tag kannte, und ich war selber froh darum. Sitti Baaahh war nämlich normalerweise eine der leisesten und sanftmütigsten unter den *grandes dames*.

Neben dem Gerede über die Ereignisse in der Stadt gab es eine Menge von Informationen, Anekdoten und Geschichtliches über Alis eigene Familie, das mir zugetragen wurden und was ich ihm später erzählte. Er gab es nicht gerne zu, aber er erfuhr von mir vieles, was er vorher nicht gewußt hatte, und was ihn am meisten überraschte, war die Tatsache, daß ich all diese Dinge über die arabische Sprache erfahren hatte.

Eines Tages stellte ich gemeinsam mit Mutter eine bebilderte Lebensgeschichte unseres guten Ali zusammen. Mutter hatte schon immer einen gutentwickelten Sinn für Humor gehabt, und der Stapel alter Fotografien von Ali, den sie ausgewählt hatte und mir eines Morgens gab, war der Beweis dafür. Über manche davon haben wir uns beinahe totgelacht, und eine von uns – ich weiß nicht mehr wer – kam auf die Idee, alle Bilder quer durch unser Schlafzimmer aufzuhängen, damit Ali sie, wenn er hereinkam, in ihrer ganzen Pracht sehen konnte. Darunter waren die üblichen Nacktaufnahmen aus der Babyzeit, Schnappschüsse aus der Jugend und der Schule, einige, in denen er die neueste Mode der Zeit trug, und die übliche Ansammlung guter und schlechter Fotos, die in jeder Familie aufbewahrt werden; und wir reihten sie alle in unserer improvisierten Galerie auf.

Mutter stieg nur noch selten unsere vielen Treppen hinauf, nachdem sie ins Parterre umgezogen war, aber an diesem Tag machte sie den Weg zweimal; das erste Mal, um mir die Bilder zu bringen, und das zweite Mal, weil sie sich Alis Reaktion um alles in der Welt nicht entgehen lassen wollte. Er sorgte dafür, daß der Weg sich für sie mehr als lohnte, schwor aber, daß einige dieser Bilder unmöglich ihn darstellen konnten. Wir konnten ihm nur die unwiderlegbaren Worte entgegenhalten: »Mutter weiß es am besten.«

Unsere Familienhierarchie bestand aus so vielen Leuten, daß es keine leichte Aufgabe für mich war, alle richtig einzuordnen. Die Frauen besuchten sich gegenseitig, und gelegentlich bekam ich auch ihre Männer zu sehen, wobei ich jedoch manchmal nicht wußte, wer zu wem gehörte, ob sie Verwandte mütterlicherseits oder väterlicherseits waren oder wo genau sie im Familienstammbaum einzuordnen waren. Abgesehen von der Tatsache, daß es ein interessantes Spiel war, war es auch manchmal wichtig, zu wissen, in welcher Beziehung ich zu jemandem stand, bevor ich ihn anredete. Für *Tante* gibt es zum Beispiel zwei verschiedene Wörter, je nachdem, ob es sich um eine Tante mütterlicherseits oder eine Tante väterlicherseits handelt, und *Cousin* ist entweder »Sohn meiner Tante« oder »Tochter meiner Tante«, wodurch man allein drei Fehler machen kann, ohne sich besonders dabei anzustrengen. Daher war es bei der Teilnahme an einem Familientreffen schon einigermaßen wichtig, daß der Familienstammbaum mehr oder weniger fest im Gedächtnis eingegraben war. Es war ein langer Lernprozeß, und ich war nicht übermäßig erfolgreich dabei, die immer wieder aufkommende Verwirrung auf diesem Gebiet zu überwinden. Ferner mußte ich vor allem aufhören zu glauben, daß jemandes Wichtigkeit direkt proportional mit der Entfernung vom Kern der Familie abnahm. Die Familienzugehörigkeit ist eine Sache, die mit großem Stolz behandelt wird, und falls überhaupt eine Abwägung von Wichtigkeit erkennbar ist, so drückt sich diese lediglich in der Ehre und dem Respekt aus, der stets den Älteren erwiesen wird.

Ali hatte zwei bemerkenswerte Halbschwestern, die in ihrer Liebe für die Familie und ihrem Festhalten an den Familienbanden alles andere als halbherzig waren. Sie waren liebenswürdige Frauen, gütig, großzügig, aufmerksam und beide auf ihre Art willensstark, jedoch immer fair und Verfechter der gerechten Sache. Wie es häufig bei Menschen vorkommt, die ständig so viel für andere tun, zeichneten sie sich durch eine ungewöhnliche Dankbarkeit für alles aus, was man für sie tat, wie gering es auch sein mochte.

Sie hatten verschiedene Mütter gehabt und waren vom Aussehen her das genaue Gegenteil voneinander. Steta Khadija war klein und rund, bis eine Krankheit sie abnehmen ließ, Steta Fatma dagegen war schlank und drahtig. Ihre Verschiedenheit zeigte sich auch in der Art, wie sie Dinge taten. Die gemächliche Art von Steta Khadija war trügerisch, denn sie erledigte im Laufe des Tages eine ganze Menge. Außerdem verbarg sich dahinter ein Temperament, das bei Bedarf durchaus aufflackern konnte, wie man mir sagte. Sie war alt, noch älter als Alis Mutter, und solange ich sie kannte, war sie allein. Allein im Sinne von alleinstehend – denn in unserer Familie war niemand wirklich *alleine* –, obwohl sie einmal verheiratet gewesen war, aber darüber waren mir keine Einzelheiten bekannt. Später wurde sie ziemlich taub, und in ihrer stetigen Rücksichtnahme auf andere war sie übervorsichtig in dem Bemühen, nicht zu schrill oder zu laut zu sprechen, weshalb ihre Stimme praktisch unhörbar war und wir ihren leisen Worten sorgfältig lauschen oder sie von ihren Lippen ablesen mußten, so wie sie auch zweifellos die unsrigen lesen mußte. *»Inti bint taiyibah«**, pflegte sie zu mir zu sagen, manchmal, weil sie einen Grund dazu hatte, und manchmal, weil ihr einfach danach war. Meiner Meinung nach sind sie und ihre Schwester Zainab die einzigen Menschen, die man als vollkommen bezeichnen kann. Meine Mutter bemerkte einmal, daß Zainab »die Seele eines Propheten und die Güte Gottes« in sich trage, und diese Aussage trifft auf beide zu. Meine liebste Erinnerung an Steta Khadija ist der Tag, an dem sie auf Hamidas Geburtstagsfest berechtigterweise bei einem Geschicklichkeitswettbewerb den ersten Preis gewann. Ich hätte gerne eine Lobesrede auf ihren wunderbaren Charakter gehalten, aber der Zeitpunkt war unpassend. Kurze Zeit später wurde sie von einer Krankheit hinweggerafft, und ich hatte keine Gelegenheit mehr, ihr zu sagen, wie hoch ich sie schätzte. Sie war einer der wirklich guten Menschen auf Erden.

Steta Fatma, die andere Hälfte dieses besonderen Gespanns, war eher nervös, eine Frau, die keinen Fingerbreit von dem abwich, was sie sich in den Kopf gesetzt hatte. Sie war eigensinnig, wenn nicht gar starrköpfig. Ihre kinderlose

---

* »Du bist ein gutes Mädchen.«

Ehe endete früh mit einer Scheidung und danach gehörte es zu den Freuden ihres Lebens, Waisenkinder in ihrem Haus aufzunehmen und als ihre eigenen aufwachsen zu lassen. Sie ließ ihnen alle erdenklichen Vorteile zukommen und bereitete ihren Start ins spätere Leben vor, etwa eine Heirat für ein Mädchen oder den Einstieg ins Geschäftsleben für einen Jungen. Danach fing sie mit einem neuen Kind wieder von vorne an. Steta Fatma hatte feste Vorstellungen von Leuten und Orten, die sie mochte, und solchen, die sie nicht mochte, und ihre Eßgewohnheiten (sie aß nie zur gleichen Zeit wie die anderen), ihr Schlafrhythmus und die Eigenheiten, was das Reisen betraf, bereiteten ihren Mitmenschen im Laufe der Jahre eine Menge Kopfzerbrechen. Für sie waren sie jedoch stets, genau wie ihre Kinder, eine Quelle wahrer Freuden.

Nebenbei konnte sie noch gute Geschichten aus ihrem Leben erzählen, und der Herrgott hat sie Dinge erleben lassen, die sie reichlich mit Erzählstoff versorgten. Ich beobachtete sie, wie sie vor ihren Zuhörern saß, das lange, unordentliche schwarze Haar aus ihren Augen oder ihrem schmalen, knochigen Gesicht strich, ab und zu mit der Zunge schnalzte, wie ihre dunklen Augen spitzbübisch hinter einer rutschenden Brille funkelten und sie die haarsträubendsten, aber wahren Geschichten erzählte, die nur ein Mensch wie sie erlebt haben konnte.

Meine Lieblingsgeschichte war die von der Maus: Steta Fatma hatte ihr langes Nachthemd angezogen, weil sie schlafen gehen wollte, und strich es gerade glatt, als zu ihren Füßen eine kleine Maus auftauchte, die sofort weghuschte, aber Steta Fatma konnte nicht sehen wohin. Sie dachte, sie wäre vielleicht schwuppdiwupp am Nachthemd hochgelaufen, riß es sich also vom Leib und suchte das Zimmer weiter ab. Mit dem Pantoffel in der Hand ging sie mit vorsichtigen, leisen, verstohlenen Schritten umher und strich jedesmal ihr langes Haar zur Seite, wenn es ihr in die Augen fiel, während sie sich vorbeugte und angestrengt versuchte, die Maus ausfindig zu machen. Als sie sich aufrichtete, stand sie vor einem langen Spiegel und sah die Maus – sie saß mitten auf ihrem Kopf, und ihr Schwanz war vermutlich das hartnäckigste der »Haare«, die sie fortwährend zur Seite geschoben hatte. Nach einem beherzten Hieb flog die Maus von ihrem bis dahin sicheren Hochsitz, aber Steta Fatma blies die Jagd ab und ließ sie laufen. Sie wußte, wann man sie ausgetrickst hatte!

Der einzige andere Mensch, der Steta Fatma im Erzählen solcher Geschichten das Wasser reichen konnte, war Sitt Nura, die Erstfrau von Finanzminister Scheich Abdullah as-Sulaiman. Ich war ihr und ihren beiden Mitfrauen in meiner ersten Zeit in Dschidda begegnet, und sie blieb mir eine gute Freundin.

Sie war eine auffällige, extrovertierte Frau mit strahlenden Augen, Goldzähnen und einem gewaltigen Haarschopf und es war ihr gleichgültig, wen sie mit dem, was sie sagte, schockierte. Sie konnte jedoch auch ruhig dasitzen, wenn sie wollte – was allerdings selten vorkam –, und mit ihren scharfen Augen eine der Anwesenden fixieren und mit ihrem ebenso scharfen Verstand taxieren. Trotzdem führte sie meist das Wort, und die Anschaulichkeit, mit der sie sehr persönliche und oft peinliche Geschichten über sich selbst erzählte, war außerordentlich. Sie strotzte immerzu vor schierer Energie oder Lebenslust, irgend etwas trieb ihren Redefluß immer voran, und in ihrer impulsiven Art sorgte sie dafür, daß keine Unterhaltung auf einer zwanglosen Ebene blieb.

Sie und ihre beiden Mitfrauen bildeten den festen Bestandteil von Scheich Abdullahs Eheglück, während die zulässige Position der vierten Frau viele Jahre lang immer wieder neu besetzt wurde. Ein Moslem darf ja bekanntlich vier Frauen gleichzeitig haben, solange er sie gleich behandelt und gleich gut versorgt (obwohl der Koran auch sagt, daß man sein Herz nicht teilen kann). Scheich Abdullah gelang es offenbar auf phantastische Weise, dafür zu sorgen, daß seine drei »festen« Frauen miteinander und mit ihm glücklich waren und eine allseitige Sympathie füreinander herrschte.

Die Frau, die im Laufe der Jahre zeitweilig die vierte Position einnahm, wurde von den drei festen wahrscheinlich deshalb stets toleriert, weil sie dachten, daß sie wie ihre Vorgängerinnen bald wieder verschwinden würde; doch zu ihrer großen Bestürzung schlug Scheich Abdullah ihnen irgendwann ein Schnippchen: Er gewann die aktuelle Nummer vier so lieb, daß er sie auch behielt und ihr den gleichen festen Status, wenn nicht mehr, verlieh, den die drei anderen genossen. Nuras Geschichten über die Episoden, die sich aus dieser Situation am laufenden Band ergaben, waren unschlagbar.

Ich kannte die ersten drei Frauen am besten. Trotzdem blieb mir ihr Zusammengehörigkeitsgefühl ein Rätsel, denn schließlich teilten sie sich einen Ehemann! Entweder waren sie außergewöhnliche Frauen, oder Scheich Abdullah war als Ehemann ein sehr außergewöhnlicher Mann. Die Frauen machten ihre Besuche gemeinsam, empfingen gemeinsam Gäste, freuten sich über die Kinder der jeweils anderen, waren umeinander besorgt und freundlich zueinander und kleideten sich sogar im Partnerlook. Zumindest kannte ich sie nur gleich angezogen, wenn sie in dicht mit Pailletten besetzten, bodenlangen Roben in glänzenden, kraftvollen Farben auf Partys erschienen und uns andere buchstäblich überstrahlten. Eines Tages sah ich sie sogar in gleichen Schuhen. Meine Augen weideten sich gerade an ihren glitzernden

Roben, als ich drei Paar fröhlich dekorierte Mickey-Maus-Schuhe unter den Pailletten herauslugen sah, während sie alle auf dem Diwan saßen. Warum auch nicht? Auf dem *suk* von Dschidda waren sie gerade als letzter Schrei aus Amerika eingetroffen.

Frauenfeste, Männerfeste, Familienfeste – davon hatten wir viele, aber eine Sache fehlte auf der gesellschaftlichen Szene – die Cocktailparty (für Männer wie für Frauen). Die Einfuhr von Alkohol nach Saudi-Arabien war damals schon seit längerer Zeit verboten.* König Ibn Saud (genauer: Abd al'Aziz) hatte dem diplomatischen Corps irgendwann einmal erlaubt, Alkohol zum Eigenverbrauch zu importieren, hob dieses Privileg aber sehr schnell wieder auf: Einmal war nämlich einer seiner Untertanen bereits angetrunken auf den britischen Konsul zugestürzt und hatte Alkohol aus den Privatbeständen des Konsulats verlangt. Er wurde natürlich abgewiesen; in seinem angetrunkenen Zustand geriet er aber so außer sich, daß er den Engländer niederschoß und dabei tötete. Nach diesem tragischen Vorfall mußten diejenigen, die alkoholische Getränke haben wollten, diese entweder ins Land schmuggeln oder selber herstellen; Letzteres werden die Wagemutigen mit Sicherheit auch getan haben. Ich fragte Mutter, ob Leute aus unserer Stadt schon einmal etwas in dieser Richtung unternommen hätten, und erfuhr, daß früher zumindest Gerüchte über ein Rosinengebräu kursiert hatten, dessen Wirkung angeblich unvergleichlich gewesen sei. Mutter erzählte mir auch von dem einzigen Mal in ihrem Leben, als sie unbeabsichtigt betrunken war: Sie versuchte einen schweren Kopfschmerz zu heilen, die üblichen Linderungsmittel hatten nicht geholfen, so nahm sie den Ratschlag

* Diejenigen, die gerne trinken, haben ihre eigenen Mittel und Wege gefunden, dieses Gesetz zu umgehen. Ein heikles Thema.

einer alten Tante an, die ihr empfahl, Alkohol in die Kopfhaut einzumassieren, und nach Mutters Aussage half dies wirklich. Es blies den Schmerz und sie selbst, zumindest für mehrere Stunden, aus wie ein Licht. Obwohl ich ihr die Geschichte damals glaubte, wollte ich schon immer einmal nachschlagen, was die medizinischen Fachbücher dazu zu sagen haben.

Ich für meinen Teil habe immer der verpaßten Gelegenheit nachgetrauert, etwas von dem guten Granatapfelsaft zu nehmen und auszuprobieren, was man damit anstellen kann, um ihn etwas »interessanter« zu machen. Er wurde irgendwann fast völlig von mit Kohlensäure versetzten Softdrinks abgelöst, die zuerst aus Ägypten und später aus den Vereinigten Staaten und aus Europa kamen. Unsere anderen Lieblingsgetränke, türkischer Kaffee und Tee, wurden nie von ihren Spitzenpositionen als Teil der traditionellen arabischen Getränkepalette verdrängt, und unsere zweite Kaffeesorte, der arabische Kaffee, genoß ebenfalls weiterhin einen ungebrochenen Status. Er wurde von den Nejd-Beduinen angebaut und stieg zu der Kaffeesorte auf, die die königliche Familie der Sauds noch heute ihren Gästen serviert.

Gawaha Arabi sieht nicht wie normaler Kaffee aus und schmeckt auch nicht so, da er aus grünen Bohnen hergestellt und mit Kardamom gewürzt wird. Das helle Gebräu kommt dem nicht daran gewöhnten Gaumen wie bittere Medizin vor. Aber wenn man einmal auf den Geschmack gekommen ist, zieht man ihn vielleicht sogar den anderen Sorten vor. Der Kaffee wird nur von ausgewählten Leuten hergestellt und von anderen in großen Messingkannen serviert, deren Tüllen mit Fasern ausgestopft werden, um die Gewürze aus dem Kaffee zu sieben, wenn er in henkellose Tassen gegossen wird, die nicht viel größer als ein Fingerhut sind. Das wichtigste, was man über diesen Kaffee wissen muß, ist nicht, wie man ihn trinkt, sondern wie man damit aufhört. Wenn er serviert wird, hat man nur zwei Möglichkeiten, das Wiederauffüllen der leeren Tasse zu verhindern: Entweder man legt einen Zeigefinger auf die Tasse, oder man wackelt mit der Tasse etwas, ehe man sie an die Servierende zurückgibt. Ein einfaches »Nein, danke« reicht nicht aus – die Tasse wird immer wieder voll zurückgebracht, falls man keine dieser beiden Regeln beachtet. Da die Serviererin gewöhnlich wartet, bis ein Gast fertig ist, bevor sie zum nächsten weitergeht, kann ein Fehlen dieses notwendigen Wissens zu äußerst peinlichen Situationen führen.

Eine angeblich wahre arabische Geschichte handelt von einem britischen Diplomaten, der in der guten alten Zeit vom Schiff aus direkt zum Palast gebracht worden war, um seine Papiere vorzulegen, bevor der alljährliche Besuch des Königs in Dschidda endete und der Hof in die Hauptstadt Riad zurückkehrte. In diesem Falle hätte der Diplomat die beschwerliche Überlandroute durch die Wüste auf sich nehmen oder ohne Akkredition auf den nächsten Besuch des Königs warten müssen. Seine Berater versuchten, ihn so gut wie möglich über das Palastprotokoll und die sonstigen Gebräuche aufzuklären, vergaßen aber, den Kaffee zu erwähnen. Der arme Kerl, der eigentlich Teetrinker war, mußte nun während seiner Audienz beim König riesige Mengen des bitteren einheimischen Gebräus trinken, wobei ihm doch nicht einmal eine Tasse normalen Kaffees geschmeckt hätte. Er setzte seiner mißlichen Lage schließlich ein Ende, indem er seine Arme in militanter Weise vor der Brust verschränkte und demonstrativ in eine andere Richtung schaute. Dem König war das außergewöhnliche Verhalten des Diplomaten natürlich nicht entgangen, und er flüsterte seinem Berater etwas zu, in dem Glauben, bei dem Diplomaten eine besondere Vorliebe für diesen Kaffee entdeckt zu haben. Als die Audienz vorüber war und der Mann in seine Wohnung zurückkehrte –, in der Hoffnung in seinem weiteren Leben keinen Kaffee mehr sehen zu müssen –, mußte er feststellen, daß mehrere große Säcke der speziellen Kaffeebohnen aus den königlichen Beständen dort auf ihn warteten.

KAPITEL 12

In meinem ersten Sommer brachte Ali uns Frauen und die Kinder der Familie in den Libanon, um der Hitze Dschiddas zu entfliehen, von wo aus ich – als ich es am wenigsten erwartete – alleine nach Kairo flog, um Ali wiederzutreffen. Und von dort aus begaben wir uns wiederum auf eine ebenso unerwartete Reise in die Vereinigten Staaten, bei der ich das einzige weibliche Mitglied einer saudiarabischen Wirtschaftsdelegation war. Der erste Teil verlief nach Plan. Ali fuhr mit uns nach Aley, einem Bergdorf oberhalb von Beirut, und brachte uns in einem gemieteten Haus unter, bevor er wieder abreiste; aber nur wenige Tage nach seiner Rückkehr nach Arabien rief er mich aus Kairo an und schaffte es, mir über eine schlechte Telefonverbindung erfolgreich die Nachricht: »Du mußt bis morgen nachmittag in Kairo sein, wenn du mit mir nach Amerika fliegen willst«, zu übermitteln, bevor die Leitung tot war. Meine erste Reaktion war: »Mein Gott, ich bin doch gerade erst mit dem Auspacken fertig.« Dann sagte ich: »Das schaffe ich nie«. Und schließlich: »Es geht sowieso nicht, weil Hamida zu krank ist.«

Aber ich hatte die Rechnung ohne meine Verwandten gemacht. Mutter und Hayat flitzten die kurvige Bergstraße hinunter nach Beirut, um den Arzt ausfindig zu machen, von dessen Reiseerlaubnis für Hamida alles weitere abhing. Dann übernahm Zainab das Kommando über mein Packen, indem sie meine sämtlichen Habseligkeiten mitten auf den Boden warf und sagte: »Du suchst dir die Sachen heraus, die du mitnehmen willst, und ich erledige den Rest.« Keine von ihnen ließ je den Gedanken aufkommen, daß es mit meiner

Reise in die Vereinigten Staaten nicht klappen könnte. »Wenn du fahren sollst, dann wirst du fahren«, und dann sorgten sie weiter dafür, daß ich es tat.

Nach dem O.K. des Arztes, der seine Zustimmung zu Hamidas Reise unter der Bedingung gab, daß sie eine bestimmte Diät einhielt und Medikamente nahm, beeilte Mutter sich, am nächsten Morgen im ägyptischen Konsulat ein Visum für meinen Paß zu besorgen, tauschte in einer Wechselstube ein paar Piaster und Pfund und ging zum Flughafen, um zu sehen, ob ein Flugzeug zu bekommen war. Wir waren am Telefon darüber informiert worden, daß an diesem Tag keine Flüge nach Kairo auf dem Plan stünden, aber sie wollte dies nicht glauben, bevor sie es nicht mit eigenen Augen gesehen hatte. Es gab tatsächlich keine Linienflüge an diesem Tag, aber gerade als Mutter am Flughafen war, landete von Kairo ein kleiner Siebensitzer der Egyptian Airlines, den eine ihrer Freundinnen, Madame Ibrahim Shak'er, gechartert hatte. Mutter ergriff die Gelegenheit beim Schopfe und buchte es für den Rückflug nach Kairo am Nachmittag. Es schien tatsächlich so, daß Probleme sich in Nichts auflösen, wenn das Schicksal es so will.

An diesem Tag war es in Beirut sehr schwül, und wir waren körperlich und moralisch erschöpft, auch traurig, daß wir nach der ganzen Aufregung der Vorbereitungen nun so plötzlich wieder voneinander Abschied nehmen mußten. Wir gingen in ein Kaffeehaus in der Innenstadt, um gemeinsam einen Abschiedstrunk (kalte Limonade) zu schlürfen. Ich dachte daran, wie sehr wir einander vermissen würden, und wurde noch trauriger, als ich daran dachte, was sie alles getan hatten, damit ich rechtzeitig abreisen konnte. Dann entschuldigte Zainab sich; sie wolle sich ein wenig die Straße anschauen. Als sie wiederkam, brachen wir in ein befreiendes Gelächter aus, das wir alle nötig hatten, um unsere sinkende Stimmung wieder aufzupäppeln, denn sie überreichte mir eine große Holzschachtel voll Baklava aus der Konditorei in der Nähe und eine große Dose Pistazien. Das war schon lustig, denn ich konnte ohnehin schon kaum mein Reisegepäck bewältigen – ein Kind, eine Handtasche, ein Arzneimittelkasten, ein weiterer voll mit Spezialnahrung, die der Doktor verordnet hatte, eine Schultertasche mit Kleidung zum Wechseln und jetzt noch die verschnürten schweren Leckereien von Zainab. Es war ein Riesenspaß, als ich ihr für ihre Aufmerksamkeit dankte, und bis wir am Flughafen waren, war die Stimmung zu einer allgemeinen Ausgelassenheit angewachsen.

Ich konnte sie noch winken sehen, als das winzige Flugzeug bereits abgehoben hatte, aber dann versuchte ich schnell, mich auf etwas anderes zu konzentrieren, denn ich wollte vor dem Piloten und dem Funker nicht meine Fassung verlieren. Ich begann, in saudischem Arabisch zu ihnen zu sprechen, und sie antworteten mir in ägyptischem Arabisch. Die beiden Dialekte werden zwar gegenseitig verstanden, aber es gibt Unterschiede in der Aussprache, die mir damals noch Probleme bereiteten. Die Männer waren jedoch sehr freundlich und gaben mir höflich Antwort, als ich versuchte, etwas über das Flugzeug zu erfahren. Ich fragte, wie lange der Flug dauern würde und zu welcher Ortszeit wir in Kairo ankommen würden und so weiter. Dann erfuhr ich, daß wir in Lydda in Palästina auftanken mußten. Ich versuchte sie in meinem besten Arabisch dazu zu bewegen, mir die Erlaubnis zu geben, nach der Landung im Flugzeug bleiben zu dürfen, aber sie versicherten mir, daß dies laut den Flughafenbestimmungen nicht erlaubt sei. Ich fand mich also damit ab, mich hinaus- und wieder hineinbemühen zu müssen, und dann landeten wir auch schon. Als die beiden mir dann aus der Tür halfen, sagten sie mir in perfektem Englisch, wie nett es gewesen sei, sich mit mir zu unterhalten, und daß sie mich kurz nach meiner Ankunft in der Flughafenkantine treffen wollten, wo ich einen Gratiskaffee trinken könne oder ein *gazeuse*, falls ich dies bevorzuge. Einer von ihnen gab mir einen ziemlich zerknitterten Coupon, auf dem, ebenfalls in Englisch, »Gutschein für eine Tasse Kaffee« geschrieben stand. Nach ihrer schönen, in fehlerlosem Englisch vorgetragenen Rede kam ich mir wie eine komplette Närrin vor. Die beiden hatten mich prima hereingelegt.

Überraschungen enden nie! Die nächste bestand darin, daß Ali nicht auf mich wartete, als wir in Kairo landeten, und ich hatte nicht die leiseste Ahnung, was ich in bezug auf meine Einreise- und Zollformalitäten zu erledigen hatte. Hinzu kam, daß ich kaum eine Hand frei hatte, um groß irgendwelche Formulare auszufüllen. Mit den ganzen Schachteln und Bündeln, die an mir herunterhingen, sah ich aus wie ein umherziehender Hausierer. Eine weitere Überraschung bestand darin, daß wir *nicht* auf dem internationalen Flughafen gelandet waren, sondern auf dem Almaza-Flughafen, der sonst auf militärische Flüge, Inlands- und Charterflüge beschränkt war. Folglich gab es keine deutlich sichtbaren Hinweisschilder für Passagiere und keine anderen Passagiere, denen man hätte folgen können. Schließlich stolperte ich doch zur richtigen Stelle, und der ägyptische Beamte hinter dem Drahtkäfig sah sich die offensichtlich nichtarabische Frau vor ihm zweimal an, die ihm nach langem Wühlen und Hin- und Hergeschiebe von Kram und Kind einen saudiarabischen Paß vorlegte, der noch kein Bild aufwies. Ich glaube, das einzige, was mich vor einem Verhör bewahrte, war die Tatsache, daß er Hamida unter der Rubrik »abhängige Angehörige« fand, und deshalb gab er uns den Stempel, mit dem wir durch den einzigen Ausgang zur Zollkontrolle weitergehen konnten.

Dann fing Hamida an zu schreien, und ich war auf dem besten Wege, unter der Last der vergangenen zwei Tage zusammenzubrechen, als ein Gepäckträger, der mich von der gegenüberliegenden Seite aus beobachtet hatte, sich entschloß, mir zu helfen. Er nahm die unausgefüllten Zollformulare aus meiner verschwitzten Hand, fragte, ob ich etwas anzumelden hätte, und als ich mit äußerst mitleiderregender Stimme »Ich glaube nein« sagte, begann er, sie für mich auszufüllen. Er füllte die Formulare vollständig aus, entnahm meinen Namen und alles weitere meinem Paß und sagte dann irgend etwas zu dem Zollinspektor, der mich blitzschnell abfertigte. Ich kann völlig ehrlich behaupten, daß ich mich erst später daran erinnerte, daß meine Taschen mit Brokatstücken, Silber- und Messingobjekten, hölzernen Zigarettenetuis und Spielsets mit wunderschönen Einlegearbeiten vollgestopft waren, die Ali und ich in den alten Basaren von Damaskus auf einem Kurztrip dorthin erfeilscht hatten, bevor er Beirut verließ.

Das Ende der Geschichte ist, daß ein Armeeoffizier mir ein Taxi überließ, das er für sich selbst gerufen hatte, und ich beschloß, in Shepheard's Hotel zu fahren. Wir fuhren von den Gebäuden weg, an ein paar militärischen Kontrollpunkten vorbei, und gerade als wir das letzte der äußeren Tore passierten, wer kam da wohl in einer großen, schwarzen, chauffeurgesteuerten Limousine die Straße hinauf? Ja, es waren Ali und ein früherer Schulkamerad, den ich erkannte, als sie vorübersausten. Der Anblick ihrer strahlenden Gesichter gab mir nach all den Mühen irgendwie meine Courage zurück, und ich ließ sie absichtlich aufs Flughafengelände fahren und nach mir suchen, derweil ich meine Fahrt fortsetzte. Sie holten mich im Hotel ein, kurz nachdem ich an der Rezeption herausgefunden hatte, daß Ali tatsächlich dort registriert war, und erzählten mir dann, daß sie zu spät gekommen seien, weil sie zuerst zum anderen Flughafen gefahren waren. Ich erzählte ihnen meine Leidensgeschichte, und Ali fand sie so lustig, daß er sie noch Monate später als Beispiel für einen gelungenen Trick jedem erzählen ließ, der sie hören wollte.

Unsere Reise nach Amerika wurde um ein paar Tage verschoben, daher war die ganze Hektik völlig unnötig gewesen. Wir sollten als Mitglieder von Scheich Abdullahs Wirtschaftsdelegation nach Washington reisen, aber dazu waren zunächst vorbereitende Treffen in Kairo notwendig, und diese hatten länger gedauert als erwartet.

Ferner waren unterwegs Meetings mit arabischen Regierungsvertretern in verschiedenen nordafrikanischen Städten angesetzt, aber dagegen hatte ich nichts einzuwenden. Ich hatte mit diesem Teil der Reise nichts zu tun und war früher schon einmal die einzige Frau unter arabischen Männern gewesen, so daß ich wußte, wie ich mich im Hintergrund zu halten hatte. Scheich Abdullah war jedoch von einem Berater, der sich darin auskannte, über westliche Gepflogenheiten instruiert worden, und dieser hatte dem guten Scheich dermaßen eingeschärft, wie wichtig es sei, Frauen den Vortritt zu lassen (es war Scheich Abdullahs erste Auslandsreise), daß es mir nicht möglich war, unauffällig zu bleiben. Bei unserem ersten Halt, ich glaube, es war in Mersa Matruh, weigerte sich Scheich Abdullah nicht nur, vor mir das Flugzeug zu verlassen, er ließ mich sogar beim Überqueren des Rollfeldes volle zehn Meter vor ihm und seinen Begleitern, zu denen auch Ali gehörte, vorausgehen. Der Anblick der fremden Frau, die die Männer in ihren Prachtgewändern anführte, muß den Begrüßungsdelegationen sehr seltsam vorgekommen sein. Scheich Abdullah verfuhr auf jeder weiteren Station unserer Nordafrikareise ebenso und wollte im Restaurant noch nicht einmal sein Essen bestellen, bevor Hamida und ich nicht zumindest begonnen hatten. Ali und ich versuchten Seine Exzellenz davon zu überzeugen, daß diesem Zustand ein Ende zu bereiten sei, doch wir mußten merken, daß er von seinem Vorsatz nicht abzubringen war, und so gaben wir es schließlich auf. *»Al usool kidda«**, pflegte er zu sagen, und Ali blieb nichts anderes übrig, als sich den anderen in meinem Schlepptau anzuschließen, während ich voranschreitend den Eindruck machte, als würde ich sagen: »In Ordnung, Jungs, angetreten und los geht's!«

Hamida fesselte Scheich Abdullah genauso wie die anderen Würdenträger auf unseren vorherigen Reisen, aber nach unserer Ankunft in Washington wurde es bald unvermeidlich, daß sie und ich abreisten, vor allem nachdem Scheich Abdullah zwei wichtige Ausschußessen verschoben hatte, weil er auf mein illustres Erscheinen wartete; Hamida und ich verabschiedeten uns deshalb in aller Stille und gingen nach Kalifornien, damit die Staatsangelegenheiten wieder Vorrang genossen.

Von dieser Reise wollten wir nicht so schnell und so leicht nach Arabien zurückkehren wie von den anderen. Ich blieb in Kalifornien, bis unser Sohn Faisal geboren war. Er war fünf Monate alt, bevor eine Serie diplomatischer Missionen in New York für Ali mit Seiner Königlichen Hoheit Prinz Faisal und fünf seiner Brüder endete. Wir verließen das Land wieder einmal in seiner Gesellschaft, und jede Etappe dieser Rückreise nach Arabien war mit einem Problem verbunden. Auf unserem Flug nach London fiel einer der Motoren unserer Maschine auf halbem Weg über dem Atlantik aus, und wir erreichten mit Mühe und Not und drei Stunden Verspätung den Flughafen Herne. Auf der Etappe von London nach

* »So wird es gemacht.«

Kairo mußte der kleine Faisal die meiste Zeit mit Sauerstoff beatmet werden, weil das Flugzeug keinen Druckausgleich hatte und Schlechtwetterfronten in großer Höhe überfliegen mußten. In Ägypten herrschten noch die Wirren einer Choleraepidemie, als wir dort eintrafen, und jeder, der wie wir Ägypten in Richtung Arabien verlassen wollte, mußte sich in eine dreitägige Quarantäne an der Grenze zu Arabien begeben. Es war keine leichte Zeit, aber, wie Prinz Faisal so treffend bemerkte, als er wegen des defekten Motors geweckt wurde: »Wir fliegen doch noch, oder?«

Es war ein schöner Zufall, daß Alis Mutter sich bei unserer Ankunft in Kairo dort zu einer zahnärztlichen Behandlung aufhielt, so daß wir alle zusammen im renovierten Shepheard's wohnen konnten. Wir erzählten uns eine Menge Neuigkeiten, während wir ängstlich – wegen der Ansteckungsgefahr – unsere Mahlzeiten aus harten Eiern, Chesterkäse und Toast in den Zimmern einnahmen. Ali war derweil bei seinen Sitzungen. In täglich herausgegebenen Mitteilungen wurde allen Gästen versichert, daß die Hotelküche täglich inspiziert würde und daß das von dort stammende Essen ausgesprochen sicher sei, aber da die Epidemie unsere Gedanken beherrschte, war unser Appetit nicht so stark wie sonst.

Als die Treffen der Arabischen Liga, an denen die Männer teilgenommen hatten, beendet waren, beschloß Prinz Faisal, sich der Quarantäne zu unterziehen und nach Hause zu fliegen. Bevor Ali mit ihm zusammen abreiste, wollten wir noch einen gemeinsamen Abend in der Stadt verbringen, Cholera hin oder her, und Mutter erklärte sich zum Babysitten bereit. Wir glaubten nicht, daß der kleine Faisal etwas dagegen haben würde, und Hamida und Mutter waren gute Kumpel. Mutter sammelte zur Zeit in Hamidas selbstentworfenem Liebesbewertungssystem sogar mehr Punkte bei ihr als ihre

Eltern. Manchmal erreichten wir auf der Zehnerskala Werte von sieben oder acht, dann fielen wir jedoch sprunghaft auf drei oder vier, aber Mutter hielt damals die Spitzenposition mit beständigen Achtern, daher machten wir uns keine Sorgen, als wir sie zusammen alleine ließen.

Hamida hatte jedoch während ihres langen Amerikaaufenthalts fast ihr gesamtes Arabisch vergessen, und das hatten wir nicht bedacht. Als wir zurückkamen, fanden wir eine in Tränen aufgelöste Hamida vor, und die verzweifelte Großmutter war auch den Tränen nahe, da die eine etwas wollte, was die andere nicht verstand. Mutter schlug sich mit der Faust auf die Brust und sagte: »*Allah ikta'any, ya binti*«*, als wir ihr Hamidas todunglückliches »Warum will Teta** mir keine Milch geben?« übersetzten. Trotz der späten Stunde bestand Mutter darauf, daß wir auf der Stelle für sie eine Vokabelliste, mit dem englischen Wort für Milch an der Spitze, erstellten.

Eigentlich wollten wir in Kairo das Ende der Quarantäne abwarten, da uns bei dem Gedanken, drei Tage auf einer heißen, fliegenverseuchten Insel im Roten Meer zuzubringen, das blanke Entsetzen packte. Aber das untätige Leben im eiskalten Kairoer Winter war schließlich auch nicht besonders attraktiv, und so beschlossen wir, als Mutters Behandlung beendet war, lieber nach Hause zu fliegen. Das war leichter gesagt als getan – der Abflug aus Kairo wurde zu einem dreitägigen Martyrium.

Unser Agent Scheich Hamed Rowehy tätigte die Reservierungen für uns, und der Tag der Abreise kam. Aber Scheich Hamed – Gott segne ihn – gehört zu den Leuten, die immer Stunden vor der Zeit an Flughäfen und Zügen sein müssen, und so holte er uns zu unserem fahrplanmäßig für acht Uhr

---

* »Möge man mich bestrafen, meine Tochter.«

** Kosename für Großmutter.

vorgesehenen Abflug an einem kalten, nebligen Morgen um fünf Uhr im Hotel ab. Wir hatten aus Angst, daß das Nachtpersonal vielleicht nicht so sorgsam mit dem Essen verfuhr wie die geschultere Tagesmannschaft, nichts gegessen und dachten, wir könnten bei all der Zeit, die wir noch am Flughafen hatten, sicher dort noch etwas für unsere leeren Mägen finden. Dem war jedoch nicht so. Wir flogen an diesem Tag nicht einmal ab. Nach stundenlangem Warten teilte man uns mit, daß mit der Mechanik etwas nicht in Ordnung sei und wir am nächsten Tag wiederkommen sollten. Unsere Zimmer waren inzwischen belegt, und wir mußten irgendwo anders in einer miserablen, kalten und leeren Zimmerflucht bleiben, bis Onkel Hamed uns am nächsten Morgen zur gleichen unchristlichen Zeit erneut abholte. Beide Kinder hatten mittlerweile eine ordentliche Erkältung und niesten und schnieften auf dem ganzen Weg zum wiederum nebelverhangenen Flughafen, während Onkel Hamed uns mit der Geschichte ergötzte, wie er einmal in einem vollbesetzten Restaurant einen messerschwingenden Verrückten verjagt hatte, indem er diesem gegenüber auch den messerschwingenden Verrückten gespielt hatte.

Das Glück schien uns hold zu sein. Der Nebel lichtete sich lange genug, um unseren Start zu ermöglichen, aber nachdem wir aufgestiegen waren und horizontal flogen, leuchtete das NO SMOKING – FASTEN-SEATBELTS-Zeichen immer noch. Ich fragte mich, warum. Auch Mutter hatte es bemerkt, eigentlich nur, weil sie rauchen wollte, also entschloß ich mich nachzufragen. Und ich war nicht einmal sehr überrascht, als ein vorbeigehendes Mitglied der Crew mir auf meine Frage mit gedämpfter Stimme beschwichtigend erklärte, daß einer unserer Motoren Fehlzündungen habe, wir aber versuchen würden, nach Kairo zurückzukommen, sobald der Nebel sich auflöste. Diesmal dachte ich nicht einmal an Prinz Faisals Worte – ich hatte Angst, ich war mutlos, und ich war müde. Ich wollte weder weiter in die Quarantäne, noch wollte ich in ein lausig kaltes Hotelzimmer zurückkehren; aber ich wollte genausowenig irgendwo über der afrikanischen Wüste abstürzen. Dann vernahmen meine Ohren die Worte: »Mami, ich muß mal auf die Toilette.« Was soll man da machen? Mir blieb nichts anderes übrig, als sie zum hin- und hergerüttelten hinteren Teil der DC-3 zu geleiten, wo in der winzigen Toilette kaum Platz genug für zwei war. Und als ob ihr die eine Abwechslung nicht genügte, wollte das Kind auf einmal singen. Ich kann mich an keinen Augenblick meines Lebens erinnern, in dem mir weniger nach Singen zumute war, aber ich sagte: »In Ordnung, Schatz, was sollen wir singen?« »Hm-m-m, ›London Bridge Is Falling Down‹!« Unser Vortrag bedurfte einer gewissen Lautstärke, damit man ihn über dem Pfeifen des Luftstroms dort hinten hören konnte, und wir sangen aus vollster Kehle. Ich begleitete meinen Teil mit einem stillen Gebet.

Der Pilot dieser fluguntauglichen Maschine der angehenden Saudi Arabian Airlines stöberte mit der Nase des Flugzeugs am Himmel herum, bis er eine Öffnung fand und auf einer von Feuerwehrautos, Unfallwagen und anderen Noteinsatzfahrzeugen gesäumten Piste sicher landete. Onkel Hamed befand sich in einem schrecklichen Zustand, weil zwanzig Minuten zuvor das Gerücht umgegangen war, wir seien abgestürzt, und er hatte seine Fassung selbst in der Erleichterung über unsere Rettung noch nicht wiedererlangt. *»Nushkoor Allah, nushkoor Allah«** war alles, was er herausbrachte, als er uns in ein anderes Hotel brachte, während das Flugzeug repariert wurde. Am nächsten Morgen holte er uns wieder ab, und erneut bestiegen wir das Flugzeug.

---

* »Wir danken Gott, wir danken Gott.«

Die Quarantäneinsel war wieder eine Geschichte für sich. Wir erreichten sie per Flugzeug, Bus, Hafenbarkasse und dank einer Menge Courage – die nicht nur wir nötig hatten, sondern auch all diejenigen, die uns dorthin begleiteten. Vielleicht, und ich sage vielleicht, wäre es nicht so schlimm gewesen, wenn die Kinder nicht krank gewesen wären, aber . . . Es gab keine richtigen Gebäude, nur große, offene von Mauern umgebene Betonflächen und unverkleidete Öffnungen als Fenster, keine richtigen sanitären Einrichtungen, keinen Arzt, keine Krankenschwestern, kein Essen, kein Telefon. Die Passagiere suchten sich ihre Quartiere in dem ihrem Flug zugewiesenen Bereich selbst, Männer und Frauen natürlich getrennt, und taten ihr möglichstes, um sie bewohnbar zu machen. Jeder sorgte für seine eigene Verpflegung, und ich weiß nicht, wie die anderen über die Runden kamen. Unser Essen wurde mit einer Barkasse aus unserem Haus in Dschidda geschickt und vom Boot aus auf die Pier geworfen, da die Behörden natürlich das Anlegen verboten hatten. Wenn wir mehr hatten, als wir brauchten, was meistens der Fall war, gaben wir den anderen davon ab. Trotzdem war es einfach unglaublich, daß wir uns auf diese Weise versorgen mußten. Was, in aller Welt, hätte ein Fremder gemacht, der zufällig in diesem Flugzeug gesessen hätte?

Dann erfuhren wir, daß Lady Assia, Prinz Faisals Schwiegermutter, mit einem früheren Flug ebenfalls dort angekommen war. Ihre Quarantäne endete am nächsten Morgen, und so bot sie uns freundlicherweise ihre »Zimmer« an, die sie mit ihren persönlichen Dingen vom Festland so komfortabel wie möglich eingerichtet hatte. Aber selbst unter diesen glücklichen Umständen konnte ich mir nicht vorstellen, wie wir das aushalten sollten. Die Erkältung der beiden Kleinen hatte sich verschlimmert, eines der Kinder bekam in der ersten Nacht Fieber und alles in allem erschien mir die Lage so schwierig, daß ich fast daran verzweifelte. Der nächste Tag war noch fürchterlicher – die Fliegenplage wurde schlimmer, die Verzweiflung, der dumpfe Druck unserer Schwierigkeiten wurde größer, und der Zustand der Kinder wurde ernster. Ich heulte den ganzen Nachmittag über, dann beschloß ich, etwas zu unternehmen. Ich kümmerte mich nicht um die Quarantäne und die Anordnungen der Regierung, und es war mir auch egal, wie ich es anstellen würde, aber ich war entschlossen, dafür zu sorgen, daß die Kinder nach Hause und unter ärztliche Aufsicht kamen, und wenn es das letzte sein sollte, was ich in diesem Leben tat. Als am Ende des Tages unsere Essensbarkasse kam, warf ich den Männern an Bord eine Nachricht für Ali zu, in der ich ihm exakt das oben Gesagte mitteilte; ich weiß nicht, wie er es bewerkstelligte, welche Beziehungen er spielen ließ, aber die Passagiere unseres Flugs wurden am nächsten Morgen offiziell frühzeitig aus der Quarantäne entlassen.

Und wir hatten gut daran getan. Faisal mußte bald darauf wegen einer eiternden Trommelfellentzündung rund um die Uhr ärztlich versorgt werden, und der Fieberkrampf der kleinen Hamida bereitete uns und dem guten Bushir, dem Arzt, den wir aus Mekka kommen ließen, tagelang große Sorgen, bevor ihr schlimmer Hals wieder besser war.

Im nachhinein ist es mir unerklärlich, daß vor allem die Kinder es schafften, diese Situationen zu überstehen. Ich kann heute nicht mehr nachvollziehen, wie ich je in ein Land ziehen konnte, in dem die Gesundheit so stark gefährdet war, wo wir manchmal für die Hilfe, die wir benötigten, in eine andere Stadt gehen mußten. Es gab so viele Dinge, die uns Sorgen bereiteten – Malaria, Typhus, Pocken, sämtliche Kinderkrankheiten, Augenkrankheiten, Hautkrankheiten, äußere Parasiten (Läuse) und innere Parasiten (ein ganzes Sammelsurium von Darmparasiten), Magenverstimmungen und Ruhr, Insektenstiche, seltsame Fieberarten, die einen bis zum Wahnsinn depressiv machen konnten. Dies waren schreckliche Krankheiten, aber die Menschen wußten wenig darüber. Sie nahmen sie als ihr Schicksal hin, uninformiert über die Ursachen und die Vermeidung von Krankheiten im allgemeinen und unwissend gegenüber den Gründen für die hohe Kindersterblichkeit. Die meisten Mütter hatten noch nie etwas von pränataler Vorsorge, richtiger Ernährung oder modernen Methoden der Kinderfürsorge gehört und wußten nichts über vorhandene Impfprogramme.

Viele Kinder wuchsen auf, ohne je einen Zahnarzt gesehen zu haben; Augenleiden und Hautausschläge nahmen oft einfach ihren Lauf, während die davon Befallenen weiter mit anderen Kinder spielen durften, und niemand sich etwas dabei dachte. Regelmäßige Schlaf- und Eßgewohnheiten wurden nicht überall eingehalten, wodurch die heranwachsenden Körper Belastungen ausgesetzt wurden, die in Anbetracht ihres allgemeinen Gesundheitsbildes schädlich waren. Was mich immer wieder erstaunte, war die Tatsache, wie wenige Menschen die Rolle der Fliegen bei den häufig auftretenden Erkrankungen erkannten, und Fliegen waren damals in Arabien ein ernstzunehmender Faktor. Die Art, wie sowohl die Mütter als auch die Kinder so sorglos mit den Fliegen auf ihrem Essen, in ihren Augen und auf wunden Hautstellen umgingen, überstieg mein Verständnis. Und wenn ein offensichtlich krankes Kind mit auf Besuch genommen wurde oder ein Kind mit einer ansteckenden Krankheit mit anderen zusammen sein durfte, dachte ich: Wieviel hier noch zu lernen und zu tun ist, bevor die allgemeine Situation verbessert werden kann.

Zu unserem Glück wurde in Dschidda unter der Leitung eines amerikanischen Amtsarztes der staatlichen Gesundheitsfürsorge Dr. Schötner und seinem libanesischen Kollegen Dr. Khalid Idriss eine Klinik eröffnet, die ein Anfang auf dem Weg zu einer besseren Versorgung und moderneren Einrichtungen war. Sie waren genau die richtige Sorte fähiger, engagierter Männer für diese Arbeit, und sie leisteten bei der Behandlung der Leute eine Menge Informationsarbeit und erzogen sie zu besseren Methoden, wobei sie ihnen nicht nur das Wie zeigten, sondern auch das Warum erklärten.

Auch in anderen Bereichen tat sich etwas. Ausgelöst durch die Erschließung der riesigen Ölvorkommen machte Arabien sich gerade daran, den Übergang von der alten in die neue Zeit einzuleiten, und man begann damit, das Land und die Menschen mit der modernen Welt bekanntzumachen. Auch die Vorstellungen der Menschen änderten sich allmählich, als sie begriffen, daß sie damit beginnen mußten, das zu tun, was getan werden mußte: sich den Herausforderungen der Zeit zu stellen, statt auf ihren eingefahrenen Wegen zu verbleiben.

Man mußte den Menschen mehr bieten als nur neue Grundlagen einer Erziehung. Die Armen mußten über mehr als das Existenzminimum verfügen, und darüber hinaus sollten allen die sozialen und wirtschaftlichen Möglichkeiten eröffnet werden, die für die Menschen in anderen Ländern selbstverständlich waren. Man mußte ihnen zeigen, wie sie ihr Los verbessern konnten, und ihnen eine Ausbildung ermöglichen, um ihr Potential zu entwickeln, während die Regierung selbst erst lernte, die Möglichkeiten des Landes auszuschöpfen. Ich war Zeitzeuge dieses beginnenden Wandels, und wenn das Tempo mir und anderen wahnsinnig langsam vorkam, so lag dies nur daran, daß es so viel zu tun gab. Die meisten von uns konnten nicht viel mehr tun als warten. Ich hätte mir einen plötzlichen Sprung in ein fortschrittlicheres Arabien gewünscht, aber ich brauchte all meine Energie, mich in die bestehenden Verhältnisse einzuleben.

Ich verbrachte meine Lehrzeit in Beit ar-Rawais, der Wüstenregion nördlich von Dschidda. Und gerade was den Häuserbau betrifft, war dieser Ort ein Beispiel für die Übergangsphase in Arabien. Unser Haus war besser als die alten Häuser in der Stadt, aber nicht so modern wie die, die später gebaut wurden. Und als Menschen leisteten wir auch eine Menge Überbrückungsarbeit, um zu lernen, daß ein eigenbestimmtes Leben und ein Leben in der Gemeinschaft seine Berechtigung hatten.

Manchmal verließen wir den *harem*, die großen Hallen, wo wir andere Leute begrüßten, das Teezimmer, wo der Samowar blubberte und wo die Fliegen summten, um in anderen Häusern empfangen zu werden, Kranke zu besuchen, zu Hochzeiten zu gehen, Gold in die Krippen von Neugeborenen zu werfen und tote Verwandte oder Freunde zu betrauern. Die anderen gingen voran, und ich folgte ihnen. Jeden Tag lernte ich etwas, und schließlich erreichte ich einen Punkt, an dem ich von Erfolgen reden konnte. Ich hatte ein neues Leben angenommen, dieses Leben hatte mich angenommen, und wir hatten Frieden geschlossen. Ich und die anderen, die bei mir waren, hatten bewiesen, daß wir in der Lage waren, ein Stück weit aufeinander zu zu gehen.

Ali brauchte all seine Kraft, sich in seinem Land durchzusetzen, und manchmal war es an mir, ihm dabei Mut zu machen. Anfangs war er von dem brennenden Ehrgeiz besessen, die Arbeit in der Firma zu rationalisieren und umzustrukturieren: Es wurde beispielsweise zuviel Zeit mit dem Servieren von Kaffee verschwendet, eine Veränderung war notwendig. Stechuhren wurden angebracht, Rechnungen sollten rechtzeitig kassiert werden, Gefälligkeiten und politisches Gemauschel abgeschafft werden. Mit der Zeit wurde er notwendigerweise gelassener, ohne jedoch dabei seine Ziele aufzugeben.

Er und die anderen Männer seiner Familie bewegten viel. Sie eröffneten die erste moderne Werkstatt, engagierten ausländische Experten zur Wassersuche, setzten sich für die Elektrifizierung der Stadt ein, bauten und verwalteten die erste Pier, errichteten die erste Abfüllanlage für Erfrischungsgetränke, unterstützten Pläne zur Förderung sowohl des einzelnen als auch der Nation. Und als Krönung taten sie ihr bestes, um ihren *harem* glücklich zu machen.

Unsere Wünsche nach Autos und Fahrern wurden stets erfüllt, den Listen der zu erledigenden Dinge wurde immer Aufmerksamkeit geschenkt – besorge einen Klempner, einen neuen Hausboy, Geld, ein Arzneimittel – und sie hielten die Augen auf und die Ohren gespitzt, ob es etwas Neues, Interessantes, Luxuriöses oder Nützliches auf dem örtlichen *suk*, dem Flohmarkt oder auf einer Auktion gab; und wenn es ihnen gefiel, kauften sie es für uns. Manchmal hätten sie jedoch besser daran getan, ihre Einkäufe miteinander abzusprechen: ein örtlicher Teppichhändler ließ Ali und seinen Cousin Ahmed Jusuf wochenlang um eine erstklassige Brücke gegeneinander bieten.

Ihr bester Einkauf waren in meinen Augen die zwei Stoffballen, die sie für uns Frauen ergatterten. Anziehfertiges war auf dem *suk* lange Zeit auf Kinder- und Männerunterhemden, einfache Nachthemden, Socken und Babykleidung beschränkt, und Stoff war ein begehrter Artikel. Zwei Ballen zu bekommen war damals ein echter Coup, und es machte nichts, daß sie das gleiche Muster aufwiesen, einer rosa und einer blau. Für jede der Frauen des gemeinsamen Haushalts wurde eine Kleiderlänge von jeder Sorte abgeschnitten, und die Nähmaschinen summten tagelang in einem fort. Ich kam mir wie eine Außenseiterin vor, weil ich nicht nähen konnte, aber Zainab nähte mein blaues Kleid fertig, und Hayat übernahm das rosafarbene.

Kurze Zeit später erkrankte Steta Fatmas Mutter, und wir wurden in die Stadt gerufen, um gemeinsam mit der Familie an ihrem Bett zu wachen. Nun, Sie können sich denken, wie es weitergeht. Wir kamen in ein Haus voller Frauen, die alle gleich gekleidet waren, und dies war eines der Male, an denen ich meinen Schleier lieber nicht abgenommen hätte. Der Grund für das Zusammenkommen war schließlich ein trauriger, deshalb mußte ich mein Lachen unterdrücken; aber als eine der *jarias* mit Kaffee hereinkam und *ihr* rosa Kleid trug, konnten Zainab, Hayat und ich nicht mehr an uns halten, und Mutter war hin- und hergerissen zwischen ihrer eigenen Erheiterung und dem mütterlichen Bedürfnis, uns Mädchen mißbilligende Blicke zuzuwerfen. Ich habe nie Frauen gesehen, denen es weniger ausmachte, gleich auszusehen. Sie borgten sich sogar manchmal ihre Kleider voneinander, um sie zu kopieren, und ich kenne zumindest eine, die es so peinlich genau machte, daß sie auch Fehler mit übernahm. Die Kleidung wurde im Laufe der Jahre individueller, da die Frauen zu reisen begannen und Importware ins Land strömte, aber diese arabische Modenschau der späten vierziger Jahre war eine unvergeßliche Wolke in rosa und blau.

Die krank daniederliegende Frau entschlief ein paar Tage später sanft, und wir begaben uns sofort zu ihrem Haus, als wir davon hörten. Man erinnerte mich daran, daß die Trauerkleidung weiß ist, und Mutter mußte mir eine Bluse für meinen Rock und ein weißes Tuch für meinen Kopf leihen. Meine Familie war sichtlich erschüttert, und ich wußte nicht, was ich sagen sollte, als wir schweigend zum Haus der Verstorbenen fuhren. Als wir zu den Zimmern hinaufgingen, bemerkte ich, daß Mutter und Zainab zu zittern begannen und daß ihr Atem unregelmäßig wurde. Ich hätte mir nie träumen lassen, was als nächstes geschah. Wir öffneten die Tür, durch die bereits seltsame Geräusche drangen, und fanden dort wirklich überall Frauen in Weinkrämpfen vor, die grauenhafte Töne von sich gaben und sich in unglaublichen Verrenkungen wanden. Es kam mir wie eine Ewigkeit vor, bis ich wieder in der Lage war, mich zu rühren, obwohl in Wirklichkeit nur wenige Sekunden vergangen waren, denn meine Begleiterinnen brachen bald ebenso zusammen wie die anderen, und ich mußte sie aus dem Türeingang schaffen. Dr. Idriss bahnte sich seinen Weg mit einem Tablett voller Spritzen, sah, daß ich noch auf den Füßen war und zog mich zur Mithilfe heran. Ich hielt die zuckenden Arme fest, während er Beruhigungsmittel spritzte und mir zeigte, wie man Löffel in ihre Münder steckt, damit sie ihre Zunge nicht verschlucken.

Die Szene belastete mich sehr, ich wunderte mich, daß ich überhaupt in der Lage war, etwas zu tun. Ich sah so etwas zum ersten Mal, aber es sollte nicht das letzte Mal gewesen sein. Weinkrämpfe sind in Hejaz, wo die Trauerzeit sehr lang ist und strikt eingehalten wird, eine übliche Form der Trauerbezeugung, im Gegensatz zur Nejd-Region, wo die Frauen den Tod eines geliebten Menschen nicht übermäßig lange beweinen und das Trauern verboten ist. In Hejaz wird vierzig Tage lang getrauert, und dieser Brauch wird streng beachtet. Die Toten werden gewaschen, in ein Leichentuch gehüllt und so bald wie möglich beerdigt. Zwar gibt es keinen gemeinsamen Gottesdienst, aber die Hinterbliebenen müssen vierzig Tage lang jeden Tag kondolierende Leute empfangen, ihnen Kaffee oder Tee servieren, sie mit üppigen Mahlzeiten beköstigen und bei allen Neuankömmlingen wieder neue Wogen von Tränen und Trauer über sich ergehen lassen. Das Zimmer, in dem man sitzt, wird bis auf die Teppiche ausgeräumt, so daß selbst die Umgebung nackt und trostlos ist und wenig geistigen Beistand und körperliche Bequemlichkeit bietet. Ein professioneller Vorleser – jemand, der aus dem Koran rezitiert – intoniert spezielle Verse, und auch die Frauen widmen einen Teil ihrer Zeit Gebeten. Irgendwie schaffen es die Familienmitglieder, die emotionale und physische Belastung zu ertragen, der sie auf diese Weise ausgesetzt sind, wo sie in dieser Zeit doch viel eher Ruhe und Einsamkeit benötigen. Ich für meinen Teil empfinde das jedenfalls als antiquierte Form der Folter.

KAPITEL 13

Nach Faisals Geburt nannten mich die Araber, die mich bisher Oom Hamida (»Mutter Hamidas«) genannt hatten, nun Oom Faisal, entsprechend ihres Brauchs, die Eltern nach dem ältesten Kind oder dem ältesten Sohn zu benennen. Ich fühlte mich allerdings mit all den Kindern in unserem Haus mehr wie die Mutter aller und liebte sie wie meine eigenen. Es ist nie einfach, Kinder großzuziehen, aber in Arabien war es damals ausgesprochen schwierig. Eines unserer Hauptanliegen war ihre Gesundheit; dabei waren die Hitze und die Feuchtigkeit unsere größten Probleme. Da sie viel schwitzten und sich wenig an frischer Luft aufhielten, nahmen die Kinder nur sehr langsam zu und waren in der Regel sehr bleich; wegen der stechenden Hitze waren sie oft quengelig und unzufrieden und wußten nichts mit sich anzufangen. Wir hatten im Gegensatz zu vielen anderen das Glück, einen Garten zu besitzen, aber das Wetter setzte dem Spielen im Freien Grenzen, und an einem heißen, stickigen Tag war Spielen selten ein Vergnügen – so wie es nahezu unmöglich war, in einer heißen, stickigen Nacht Schlaf zu finden. Manchmal schliefen wir auf dem Dach, um wenigstens ein bißchen Wind abzubekommen, aber meist war es so feucht, daß wir die Baumwollaken über unseren Moskitonetzen morgens auswringen konnten.

Es blieb das Problem, ein Ventil für die überschüssigen Energien der Kinder zu finden. Man konnte sie ja nicht immer ihren Unfug treiben lassen oder sie zu den Bediensteten schicken. Einige wurden für ein paar Stunden täglich mit Arabischstunden beschäftigt. Im allgemeinen bestand der

Tag eines Kindes in unserem Haus lediglich aus diesen Stunden, aus selbst ausgedachten Spielen und ziemlich freien Essens- und Schlafenszeiten.

Arabische Kinder haben traditionell großen Respekt vor Älteren. Und es muß hart sein, auf so viele Stimmen hören zu müssen. Leider gab es wenig Raum für Kinder, und dadurch, daß sie oft sich selbst überlassen wurden, waren sie häufig unzufrieden.

Ich fand es schade, daß wir das wunderbare Rote Meer vor unseren Augen hatten, aber nicht baden gehen konnten. Manchmal malte ich mir eine Art Riviera am Roten Meer aus, wenn ich mit Ali im Auto unterwegs war. Mit einer schnellen Drehung meines Handgelenks bestimmte ich dann die besten Stellen für eine schöne Küstenstraße, eine Uferpromenade, Strandkabinen, bunte Sonnenschirme und sonnenbadende Urlauber. Aber die einzigen menschlichen Wesen, die wir je in der Sonne sahen, waren einheimische Fischer, die knietief im Wasser standen und wohl nach Ködern suchten, vielleicht Netze wuschen oder sogar Fische fingen, ich wußte es nie genau. Es sollte die Zeit für uns und viele andere in Dschidda kommen, da wir private Strandhäuser und Strände an der Küste in einiger Entfernung von der Stadt hatten, wo wir schwimmen, tauchen und Motorboot fahren konnten, aber lange Zeit hätte ich mich schon damit zufriedengegeben, meine Füße zu benetzen und die Kinder im Wasser waten zu lassen, damit sie einmal spüren konnten, wie der Sand zwischen ihren Zehen hindurchquoll.

Dann erhielten wir die Erlaubnis, genau das zu tun, und so unternahmen ich, Zainab und Hayat* fast täglich Touren

---

* Obwohl der Vorrang des Alters im arabischen Leben sehr wichtig ist, sagen die Araber gewöhnlich »Ich und der und der« statt »Der und der und ich«, wie im Deutschen.

mit unseren Sprößlingen zum Strand. Ihre Badekleidung hätte zwar sicherlich keinem Modewettbewerb standgehalten, aber sie war zweckmäßig. Saleh Bajanein, unser Fahrer aus Hadhramaut, brachte uns zu einem Strand, wo das Wasser wegen der Riffe Hunderte von Metern weit ins Meer hinein flach war und die Kinder so in relativer Sicherheit nach Herzenslust waten und herumplanschen konnten. Wir Mütter wateten auch herum und wurden naßgespritzt und obwohl wir unsere Schleier zurückbanden und unsere Umhänge weit über die Wasseroberfläche hochzogen, waren wir bald durch und durch naß (Wir hatten die einzigen meergetränkten Umhänge und Schleier in der Stadt). Ich muß zugeben, daß wir manchmal im Eifer des Spiels und der Hitze wegen mächtig nahe daran waren, den Schleier Schleier sein zu lassen, und uns mit den Kindern zusammen ins Wasser zu stürzen.

Die Wasserspiele waren von der üblichen Sorte – einander jagen und bespritzen, Völkerball spielen mit einem Gummiball, Muscheln so weit wie möglich über das Wasser springen lassen, und wir hoben die Dinge, auf die wir traten, zur genaueren Untersuchung auf.

Muscheln (solche, die nicht wegliefen, nachdem die Kinder sie aufgesammelt hatten), Korallenstücke und eine Menge Strandgut wurden stolz mit nach Hause geschleppt und Teta und Baba* gezeigt. Ich erinnerte mich an meine früheren paläontologischen Exkursionen und fand viele Fossilien. An einer mehr schlammigen als sandigen Stelle sahen wir eines Tages eine seltsam aussehende Masse lebender Materie, die wir nicht identifizieren konnten. Sie erinnerte an eine halbe, nasse Zigarre und blieb nicht gerne im Freien – ich war davon überzeugt, daß es ein Überbleibsel aus dem Urschlamm war.

---

* Papa.

Saleh behielt sowohl uns als auch die vorüberfahrenden Autos aufmerksam im Auge. Er amüsierte sich immer über unsere Begeisterung und fuhr uns gerne; er war stets bereit, auf eines der Kinder aufzupassen. Die waren ohnehin gerne bei ihm, weil er ihnen so schöne Geschichten erzählte, während sie mit ihm die Köstlichkeiten verdrückten, die bald zu einem festen Bestandteil unserer Ausflüge wurden. Und vor allem duldete er das ganze Zeug, das wir mit nach Hause nahmen, und den Sand und die nassen Stellen, die wir in »seinem« Auto hinterließen. Die Ausflüge zum Strand taten uns sehr gut, und es machte uns einen solchen Spaß, daß ein großes Gejammer ausbrach, als eines von Hayats Kindern Keuchhusten bekam und wir die Kinder fast drei Monate lang voneinander trennen mußten.

Es waren harte Zeiten für uns und die Kinder, wenn wir sie über lange Zeiträume in dem großen Haus unter der Obhut der Bediensteten zurücklassen mußten. Ihre *DaDas** liebten sie von ganzem Herzen, aber deren Methoden, mit ihnen umzugehen, unterschieden sich manchmal erheblich von den unseren, und ich war es, die in der Regel das meiste Gezeter machte, um einige ihrer Vorgehensweisen zu ändern. Ich traute kaum meinen Augen, als ich zum ersten Mal sah, wie Hayats Kinder um ein metallenes Essenstablett herumsaßen, während Saada das Essen mit ihren Fingern zusammendrückte und es in ihre offenen Münder stopfte – sie sahen dabei aus wie hungrige Vögel im Nest. Der Aufstand, den ich machte, sorgte dafür, daß die Kinder schließlich regelmäßig an einen Tisch gesetzt wurden und ihre eigenen Teller bekamen. Hayat und ich begannen damit, ihren Mahlzeiten beizuwohnen. Gute Tischmanieren waren unter unseren

* Kindermädchen, Gouvernanten.

wachsamen Augen Gebot, und wenn wir zu zweit darüber wachten, gab es keinen Raum für Unsinn.

Jede von uns erzog die Kinder, ganz gleich, wem sie gehörten. Wenn ich mit den meinen spielte, zog es die anderen auch dorthin, wo etwas los war, und somit fielen sie automatisch unter meine Aufsicht. Ich war froh, daß sie bei uns mitmachen wollten, weil ihre Langeweile mir Sorgen gemacht hatte, und ihre Anwesenheit half mir viel. Mein arabischer Wortschatz vergrößerte sich auf diese Weise, und es war erstaunlich, wie viele Wörter mir einfielen, wenn ich wütend war. Die Kinder verdienten auch Anerkennung dafür, daß sie dieser drohenden Tante mit einer solchen Gleichmut begegneten, wenn ich sie mit unmißverständlichen Worten zur Ordnung rief. Sie erinnern sich noch immer an einige Zusammenstöße, wenn auch liebevoll, und ich bin froh darüber. Ich betrachtete es als Zusammenwachsen, und ich möchte den damit verbundenen Ärger und Spaß um nichts in der Welt missen.

Und wir hatten Spaß. Die Kinder brachten mir ihre Spiele bei, und ich versuchte, mich an meine alten Lieblingsspiele zu erinnern. *Harami** hieß das Kartenspiel, das »Old Maid« (ein einfaches Kinderkartenspiel) ähnelte. Ferner hatten sie Muscheln, die sie *kum-kum* nannten und die wir zwischen den Händen rollten und wie Würfel benutzten, wobei die erreichte Punktzahl sich danach richtete, ob die Muscheln mit der offenen oder der glatten Seite nach oben landeten.

Die Kinder waren an allen Aktivitäten so stark interessiert, daß ich beschloß, noch mehr mit ihnen gemeinsam zu unternehmen. Ich hatte früher in einer Kindertagesstätte gearbeitet, erinnerte mich nun an den Spaß, den wir beim

* »Dieb.«

Basteln, einfachen Holzarbeiten und Spielen gehabt hatten. Was ich dafür brauchte, bekam ich aus den Vereinigten Staaten. Wir hatten Malbücher, Farben, Buntstifte, Ton zum Modellieren, buntes Bastelpapier, Schilfrohr und Bast, Papierscheren, Pauspapier, Baukästen, Laubsägen, ein Fingerfadenspiel und Liederbücher. Ali ließ für uns ein Sortiment an Spielplatzgeräten anliefern, das aus Schaukeln, einer Rutsche, Ringen, einem Barren und einer Wippe bestand, so daß wir sowohl drinnen als auch draußen richtig aktiv sein konnten. Aber das Beste sollte noch kommen, in Form eines Klaviers, mit dem Ali uns eines Tages überraschte – ein richtiges, funktionierendes Klavier! Ich konnte es kaum glauben. Ich wußte, daß Klaviere (und Musikinstrumente im allgemeinen) in Arabien verboten waren, weil immer noch zu viele einflußreiche Leute Musik für ein Übel hielten. Doch alles, was mein lieber Gatte dazu sagte, war, daß das Klavier auf »normalem« Wege mit einer Ladung »Hausmöbel« ins Land gekommen sei, und ich hakte nicht weiter nach. Ich spielte, und alle sangen.

Wenn unsere Spielstunden einmal im Gange waren, gab es kein Ende mehr. Die Kinder kamen manchmal nach oben gestapft, bevor irgend jemand anders (einschließlich mir) aufgestanden war, und zögerten nicht lange, bevor sie sanft an unsere Gittertür klopften. Dann hörte man meistens Hudas kleine Piepsstimme sagen: »Tante Marianne, können wir jetzt malen?« Und wer konnte da nein sagen? Ich sicher nicht, und so malten wir, schnitten aus, klebten und modellierten mit Ton. Bilder ihrer Wahl wurden aus Malbüchern ausgeschnitten, und wenn sie es gut gemacht hatten, durften sie mit einem neuen beginnen. Sie signierten ihre Kunstwerke und hängten sie in ihren Zimmern auf, und ihr Stolz auf das vollendete Werk war wunderbar mitanzusehen.

Eine Sache führte zur nächsten. Wachstuchtiere wurden

ausgeschnitten, genäht und ausgestopft, Sperrholztiere wurden mit Laubsägen ausgesägt und dann abgeschmirgelt und bemalt – eines wie das andere höchst kreative Projekte. Eines Morgens bastelten wir Papierschlangen. Cherine ging in dieser Tätigkeit so auf, daß die ihre sich schon die Treppe hinunterschlängelte, bevor ich ihre Aufmerksamkeit auf das Weben von Papiermatten lenken konnte. Der Koch wünschte sich zu diesem Zeitpunkt schon, daß wir nie damit angefangen hätten. Wir benötigten für unsere Arbeit eine Menge Kleister, und er verlor langsam die Geduld wegen der ständigen Überfälle auf seine Küche, weil wir Mehl brauchten.

Kostbares Wasser versickerte in Bündeln von Schilfrohr, als die geschickteren Kinder richtig weben lernten, und alle heimsten Preise für die Originalität ihrer Körbe ein. Die Krönung unserer Arbeit war jedoch ein lustiges Clownsgesicht, das außerdem für den meisten Spaß sorgte. Wir versahen die Augen-, Nasen- und Mundöffnungen mit Zahlen und nähten aus Stoffresten Bohnensäckchen, mit denen wir auf die Löcher zielten. Es machte jedem Spaß, von der Großmutter an abwärts, und eines Tages erfreute sich sogar eine Gruppe adeliger Damen aus Mekka daran (keine geringeren als Nachkommen des Propheten), deren beabsichtigter einstündiger Besuch den ganzen Tag dauerte, weil sie so viel Vergnügen an unseren albernen Spielen hatten, daß sie nicht gehen wollten.

Es machte mir Freude, den konzentrierten Kindern mit ihren leuchtenden Augen um mich herum zuzusehen, wie sie in die gleichen Dinge vertieft waren, die mir als Kind Spaß gemacht hatten. Und da die Jungen oft Hemden und kurze Hosen trugen statt arabische *tobes* und der einzige Unterschied zur Mädchenkleidung darin bestand, daß ihre Säume länger als die der meisten kleinen Mädchen waren, war die Szene (abgesehen von der Sprache) ein Wiederaufleben meiner Kindheit. Munter drauflosplappernd, wie es die Art der Kinder ist, schienen sie nie zu bemerken, daß ich mich vielleicht in Sprache und Gebaren von den anderen Leuten unterschied, die sie umgaben. Es war einfach wundervoll, sie zu beobachten, wie sie ihre Zungen zwischen die Zähne klemmten, wenn sie versuchten, geradeaus zu schneiden, oder wenn ich ihre Finger bei einer schwierigeren Arbeit führte.

Eines Tages wurde mir etwas anderes aus meiner Kindheit in Erinnerung gerufen – Popcorn. Als mich Mutter einmal mit einem Paket halbaufgeplatzten Popcorns aus einem Laden in unserer Stadt überraschte, beschloß ich sofort, welches zu machen. Wir waren damals schon Dauerknabberer. Wir hatten uns durch Berge von gerösteten Kürbiskernen, Wassermelonenkernen (die *fiss-fiss* genannt wurden), Kichererbsen, Erdnüssen, Mandeln und Pistazien geknabbert; aber dies war das erste Mal, daß ich erfuhr, daß es Mais gab, und als einstmals erfahrene Popcornherstellerin war ich mir sicher, daß ich schönere Kügelchen produzieren könnte als der Mann in der Stadt. Doch es stellte sich als nicht so einfach heraus, und ehrlich gesagt waren diese Popcornkugeln die einzigen Dinge, die ich je der Feuchtigkeit widerstehen und nicht zerbröckeln sah.

Hamida und Faisal waren noch zu jung, um an den Aktivitäten der anderen Kinder teilzunehmen, doch Hamida nahm eifrig ihre selbsternannte Aufsichtsfunktion über die Arbeiten der anderen wahr und half ihren Cousins und Cousinen dabei – ob sie damit einverstanden waren oder nicht –, Bilder und Farben auszuwählen. Die Bücher, die wir hatten, kamen aus den USA, daher füllten auch amerikanische Feiertagsmotive ihre Seiten. Als die Kinder Truthähne und Feuerwerkskörper, Weihnachtsstrümpfe und den Weihnachtsmann, Valentinskarten, Osterhasen, Pilgerväter und Kürbisse ausmalten, erkannte ich erst, wie wenige Feiertage sie vergleichsweise hatten. Die einzigen landesweiten Feiertage in Arabien sind Eid-al-Adha, das Opferfest während der Pilgerzeit; Eid-al-Fitr, das Fest, das im Monat nach dem Ramadan das Fasten beendet, und der nichtreligiöse Feiertag, der Nationalfeiertag am 23. September. Eid-al-Fitre ist am ehesten mit unserem Weihnachten vergleichbar, ein Familientag, der dazu da ist, die Kinder zu erfreuen und Geschenke auszutauschen. Der Nationalfeiertag wird zum Gedenken an die Vereinigung von Nejd und Hejaz zu einem Staat unter dem Namen Saudi-Arabien begangen und ist der einzige Feiertag, der sich nicht nach dem islamischen Kalender richtet. Um die Übersendung von Glückwunschbotschaften durch ausländische Regierungen an diesem Jahrestag zu erleichtern und ein festes Datum für die jährlichen Empfänge zu haben, die in den saudischen Botschaften und Vertretungen im Ausland gegeben wurden, wählte man dafür ein gregorianisches Datum. Alle anderen besonderen Festtage sind vornehmlich religiöser Natur, einschließlich des Geburtstags des Propheten Mohamed, den Tagen der besonderen Gebete und den Tagen, an denen der Zehnte gespendet wird, Verpflichtungen gegenüber den Armen wahrgenommen und wohltätige Dinge getan werden.

Unsere Familie hatte mehr Feiertage als die anderen Araber, da sie immer mit mir zusammen meine christlichen Feiertage beging, so wie ich auch ihre moslemischen mit ihnen feierte. Während des Ramadan hatte ich Grund, mich genauso gesetzestreu zu fühlen wie sie. Ich beendete mit ihnen das Fasten bei Sonnenuntergang, als ob ich den ganzen Tag über kein Essen und kein Wasser gehabt hätte, und gestattete es diesen ganzen Monat lang, vor Sonnenaufgang geweckt zu werden, um mit ihnen Joghurt, Linsen und Reis und *fathat ras** zu essen. Und ich beklagte mich nie, wenn sie sich alle nach Mekka aufmachten und mich zurückließen, wenngleich ich sehr wohl traurig war, daß ich zu Hause bleiben mußte, während mein moslemischer Ehemann die Runde durch fröhliche Weihnachts- oder Neujahrspartys machte, die von der ausländischen Kolonie in unserer Stadt gegeben wurden. Onkel Jusuf fand jedoch an jedem Weihnachts- und Ostermorgen den Weg zu meiner Tür, um mir seine Aufwartung zu machen und mich in eine gelehrte Diskussion über die vergleichbaren Glaubenssätze unserer beiden Religionen zu verwickeln, wobei er nie vergaß, mich daran zu erinnern, daß die Moslems Jesus »Den Gesegneten« nennen. Es war eine wunderbare Achtungsbezeugung für mich, ein Respektsbeweis gegenüber dem jeweils anderen Glauben; und es verdient erwähnt zu werden, daß in all den Jahren, die ich in Arabien verbrachte, niemals jemand versuchte, mich zum Glaubensübertritt zu bewegen, oder auch nur eine Andeutung machte.

Wir hatten *immer* einen Weihnachtsbaum, und wenn es nur ein Strauch aus der Wüste war, und feierten gemeinsam im unmittelbaren Familienkreis oder mit den Familienmitgliedern aus der Stadt. Mutter besorgte jedesmal irgendwo einen Truthahn, und es war ihr ein Vergnügen, den ganzen Haushalt tagelang in Heimlichkeiten zu verwickeln, die dazu dienten, mich mit einem besonderen Weihnachtsessen zu überraschen.

Irgendwie kam Mutter auf die Idee, der geschmückte Baum sei in der westlichen Welt ein Symbol für jegliche Art von Feierlichkeiten, und so kam es, daß sie in einem Jahr aufmerksamerweise einen prachtvollen Baum für Hamidas

* Fleischstücke vom Kopf des Lamms, gemischt mit in Fleischbrühe eingeweichtem Brot, Joghurt und Kichererbsen.

Geburtstag aufstellte. Darunter stellten wir einen Kuchen, den ich gebacken hatte – das traurige Ergebnis eines voreiligen Versprechens, einen richtigen zu backen, das ich meiner »Kindergartenklasse« gegeben hatte, nachdem ein Kind einen hervorragenden auf Papier gemalt hatte. Ich buk im Laufe der Zeit viele Geburtstagskuchen und dekorierte sie auch oft sehr schön, aber keiner wurde je wie dieser. Die Arbeit muß, wie beim Popcorn, von Liebe getragen sein, spontan und ehrlich. Ich hatte keine Zutaten, ich hatte keine Utensilien, ich hatte nicht einmal einen Ofen, aber Zainab besaß ein Gerät, mit dem man angeblich auf einer Herdplatte Kuchen backen konnte. Als sie es schließlich zwischen ihren Habseligkeiten fand, versetzte ich den Haushalt für die vorliegende Aufgabe in Gefechtsbereitschaft und ging ans Werk.

Der tragbare Brenner wurde in mein durch feinmaschige Gitter geschütztes Schlafzimmer gestellt, wo es weniger Fliegen gab als anderswo; dann nahm Rogaiya Mörser und Stößel, stampfte den Zucker so fein, daß man ihn mit Butter schaumig rühren konnte. Der Koch schickte uns sein Mehlsieb (das erstaunlicherweise wie das Sandsieb aussah, mit dem mein Bruder Boyd und ich die kalifornischen Strände durchkämmt hatten), der Hausboy wurde auf den Esel gesetzt, um auf dem *suk* Backpulver zu besorgen, jemand anders wurde in die nahegelegenen Beduinenlager nach frischen Eiern geschickt, aus dem Vorratsraum wurde eine Dose Butter geholt, und als der Hausboy zurückkam, schickten wir ihn gleich wieder los, um die Vanille zu besorgen, die ich vergessen hatte. Milch war schon am Morgen gekocht worden, so daß diese fertig war, aber es gab noch Probleme. Aus der Dose spritzte Butter, die heiß genug war, um den Zucker zu schmelzen; die Eier waren so klein, daß sechs Stück nötig waren, um auf die laut Rezept erforderlichen drei zu kommen, aber tatsächlich mußten wir elf Eier aufschlagen, um sechs gute zu bekommen. Die Kolonie Rüsselkäfer, die ich im Sieb auffing, beendete das Projekt fast auf der Stelle, und als der Hausboy mit der Vanille kam, hatte sie die Form einer Bohne, und ich weiß heute noch nicht, was man damit anstellt. Zu guter Letzt war Zainabs dreiteiliger Ofen entweder falsch zusammengebaut (eine Möglichkeit, die wir nicht ausschlossen), oder die Technik war schon von Anfang an fehlerhaft, denn der »Kuchen« verbrannte unten und wurde oben nie gar. Wir retteten einen Teil und wollten ihn verzieren, aber der Zuckerguß geriet noch weniger als der Kuchen. Ein Schlagbesen mit einem losen Zacken war alles, was ich hatte, um sieben Minuten lang gekochten Zuckerguß in die gewünschte Form zu schlagen – versuchen Sie das ruhig einmal, wenn Sie sich frustrieren wollen!

Es war ein Wunder, daß ich es noch einmal probierte, aber die nächste Feier ließ nicht lange auf sich warten. Eines Tages erging ich mich Hayat gegenüber in Erinnerungen an unseren Muttertag zu Hause, über die Blumen und die Karten, die Rosen, die wir in der Kirche trugen, wie wir versuchten, uns bei unseren Müttern in kleinem Umfang zu revanchieren, indem wir ihnen an diesem Tag die Küchenarbeit abnahmen, als Hayat mich plötzlich unterbrach: »Laß uns für Mutter hier einen Muttertag veranstalten!« Ich sah also in meinem Kalender (gregorianisch) nach und entdeckte, daß der Muttertag in diesem Jahr mit Alis Geburtstag zusammenfiel, worauf wir unsere Pläne zu einer doppelten Überraschung für Mutter und Sohn erweiterten. Es wurde abgemacht, daß Hayat ihre berühmten libanesischen Spezialitäten kochen würde, ich würde in meinem neuen Backofen einen Geburtstagskuchen backen, und Zainab würde Mutter zu einem ganztägigen Besuch in der Stadt aus dem Haus entführen.

Und so geschah es. Zainab und Mutter machten sich früh auf den Weg zu Onkel Jusufs Haus, der Hausboy brachte die Zutaten, die am Abend zuvor heimlich geordert worden waren, und Hayat und ich begaben uns in die Kellerküche, die nun, da ich in ihr arbeiten sollte, weniger denn je wie eine Küche aussah. In der Mitte des Raums stand ein grober Holztisch, über dem einzelnen Kaltwasserhahn oberhalb der Spüle hing ein einsames Bord, eine Wand hatte eine Nische zum Feuermachen, ein Topf grobkörniges Salz stand neben einer alten Dose Tomatenmark, und in einer Ecke lag ein Haufen kleiner und großer Kessel. Und da war der neue Backofen, den Ali mir besorgt hatte – so etwas wie ein schwarzer Blechkasten, der über einem Kohlenfeuer stand und eine ganze Kuchenschicht auf einmal aufnehmen konnte.

Alles, was wir sonst noch brauchten, befand sich woanders, und die Mädchen schafften es eifrig für uns heran. Bis wir alles beisammen hatten, waren der Morgen und die Hitze schon weit fortgeschritten, und als wir endlich richtig anfingen, waren wir schon ganz schön ermattet. Alle Schüsseln waren zum Teiganrühren zu klein, deshalb nahm ich statt dessen einen Kessel und unterbrach mein Geklapper gelegentlich, um die Fliegen von Hayats Arbeitsplatz zu verscheuchen. Sie tranchierte rohe Lammkeulen und zermahlte sie mit Zwiebeln und eingeweichtem Bulghar, bis die Mixtur die richtige Beschaffenheit erreichte, um zu ihrer berühmtesten Spezialität, *kibbe*, geformt zu werden. Sie bildete mit den Fingern Fleischportionen in ihrer Handfläche, bis sie zu ovalen Schalen wurden, und füllte sie dann mit gerösteten Pinienkernen, Fleisch und Zwiebeln.

Bei der Arbeit erschien uns die Hitze noch drückender als sonst, aber wir führten dies auf das Heizöl und die glühende Holzkohle zurück, bis wir es besser wußten. Der Wind nahm an Stärke zu, das Tageslicht schien sich zu verdunkeln, Fliegen summten und schwirrten in solch großen Mengen herum, daß ich dachte, Gott würde uns eine Plage schicken, und sehr bald brach auch ein Sturm in voller Stärke los. Er erzeugte einen furchterregenden Lärm und drohte die ganze Wüste zu uns hineinzublasen. Die Dienstmädchen überbrückten tapfer die fünfzehn Meter von ihren Quartieren zum Haus, um die schlagenden Läden von außen zu schließen, aber der Wind rüttelte sie wieder los. Als sich eine unheimliche Finsternis über uns legte, nahm der Schrecken seinen Lauf. Aus jedem Winkel und jeder Ritze und scheinbar direkt aus den Wänden kamen Hunderte von Küchenschaben, manche fast zehn Zentimeter lang, andere nicht größer als eine Pferdebremse. Sie waren plötzlich überall, und es gab kein Entrinnen vor ihnen. Der tobende Wüstenwind und der peitschende Sand hatten sie aus ihren Tagesschlupflöchern getrieben und im Hausinnern Zuflucht suchen lassen, und wir mußten es jetzt sowohl mit den Fliegen als auch mit den Schaben aufnehmen. Wir schwenkten Fächer gegen die Fliegen und hielten unsere Füße in Bewegung, um dem Angriff der Küchenschaben zu entgehen. Wir müssen dabei ausgesehen haben, als würden wir einen rituellen Tanz aufführen. Die Küchenschaben, auf die wir trampelten, produzierten beim Zerknacken Klangeffekte, die im Orchester des Winds untergingen.

Unsere Bemühungen wurden zusätzlich dadurch erschwert, daß die drückende Hitze das Fleisch an Hayats Handflächen festkleben ließ, so daß sie sie ständig mit Eiswasser befeuchten mußte, das ich von oben holte. Derweil gewannen die Küchenschaben an Boden. Als die schrecklichen Kreaturen die Tischoberfläche erreichten, konnten wir nicht einmal unser eigenes Kreischen im Getöse der tobenden Elemente hören. In dem ganzen Durcheinander vergaß ich fast meinen Kuchen. Was mich wirklich aus der Fassung brachte, war die Form, in der die Kuchenschichten aus dem wackeligen Ofen kamen. Sie waren auf einer Seite einen guten Zentimeter hoch und auf der anderen über drei Zentimeter.

Wir waren völlig verdreckt! Sand und Schweiß formten schmutzige, fließende Muster auf unserer Haut, verstopften unsere Nasenlöcher, knirschten zwischen unseren Zähnen, bedeckten unsere Wimpern, und unsere Augenlider fühlten sich an wie Sandpapier. Der Sturm wütete den ganzen Tag über, während wir in der Küche unsere Pflicht erfüllten. Wir verließen sie nur, um nachzusehen, wie es den Kindern ging und ob sie sich an unsere Anweisungen hielten, Nasen und Münder mit Taschentüchern zu schützen. Wir hatten kaum einen Blick für das restliche Haus übrig, bis der Sturm bei Einbruch der Dunkelheit nachließ und die anderen angekommen waren. Unsere sandbestreute Überraschung war so gut fertig geworden wie möglich, daher servierten wir sie, ob das Haus jetzt dreckig war oder nicht. Wir stellten Kerzen auf, einmal um etwas Stimmung zu erzeugen, und zum anderen, weil da der Generator im Sturm beschädigt worden war. Mutters Gesicht leuchtete, als wir ihr den Grund für das Fest erklärten, und sie war so bewegt, daß sie sagte: »Gott segne die Amerikaner dafür, daß sie einen Muttertag haben.« Hayats und mein Tag schien nach den Prüfungen, die wir zu bestehen gehabt hatten, mit einem vollen Erfolg zu enden, aber wir konnten nur noch stöhnen, als Mutter schelmisch hinzufügte: »Und wann, sagt ihr, ist Großmuttertag?«

Kapitel 14

Einer unserer Urlaube war eine regelrechte Exkursion. Wir hatten eine Einladung Scheich Abdullahs und seiner drei Frauen angenommen und wollten zu seinem alljährlichen Zeltlager, das an einem beliebten Fischerort viele Kilometer südlich von Dschidda, an der Straße nach Jemen, lag. Ich konnte mir nicht erklären, warum wir daran teilnahmen, aber offensichtlich war es wichtig, daß wir die Einladung annahmen. So fanden wir uns eines Nachmittags auf der Küstenstraße entlang des Roten Meers wieder.

Ich hatte nicht die geringste Vorstellung, was uns dort erwarten würde, und bin mir ziemlich sicher, daß ich nicht die einzige war, die sich die Frage stellte. Scheich Abdullah hatte sich auf unserer Amerikareise als aufmerksamer Gastgeber erwiesen, aber nun würde er den Gastgeber auf arabische Weise spielen, zwar äußerst zuvorkommend, aber fern unserer Mitte. Er war der erste Araber, von dem ich gehört hatte, daß er Frauen zum Fischen mitnahm, und dann auch noch gleich drei! Meine Neugier war geweckt. Ich hatte jede der Mesdames Sulaiman in ihrem vornehmen Haus gesehen; ich hatte sie als Trio in zueinander passenden paillettenbesetzten Prachtgewändern gesehen, aber ich konnte sie mir nur schwer in einem provisierten Camp vorstellen, wie sie an einem verlassenen, windigen Strand in Zelten schliefen. Aber sie taten es, und wir sollten es auch bald tun.

Wir wurden bei unserer Ankunft herzlich von allen begrüßt, aber wir sahen tatsächlich nur die Frauen, Herrinnen und Dienerinnen; die Männer im Lager blieben diskret im Hintergrund. Wir wurden sofort zu den Frauenquartieren gebracht, wo eine große Spinne in dem uns zugewiesenen Zelt für einiges Aufsehen sorgte; kein guter, aber wenigstens ein aufregender Beginn unseres Besuchs.

An diese erste Nacht kann ich mich kaum noch erinnern, abgesehen von den *»Gawaha!«**-Rufen, die nach dem Essen begannen und bis weit in die Nacht zu hören waren. Der Ruf wurde von einem Mann zum anderen durch das ganze Lager weitergegeben und so zu einer Art Echo, bis die Meldung den Kaffeebrüher erreichte, der sich beeilte, dem Wunsch nachzukommen. Jede der Beteiligten erinnerte sich noch gut an den folgenden Morgen.

Wer könnte je vergessen, was Scheich Abdullah an diesem Tag für uns Frauen geplant hatte? Er schickte uns fischen. Dabei hatte er alles so vorbereitet und angeordnet, daß wir nur noch anzufangen brauchten. Als wir uns zur verabredeten Zeit trafen, sah ich mich auf dem Kai um; Mutter war ängstlich, und Zainab wurde schon beim Gedanken an das Meer seekrank. Hayat und ich waren aufgeregt und konnten es nicht fassen, daß irgend jemand, selbst Scheich Abdullah nicht, ernstlich daran denken konnte, solch eine Horde von Frauen in einem offenen Boot auf hohe See zu schicken. Wenn ich zu der Bootsbesatzung oder zu den Männern gehört hätte, die damit betraut wurden, uns sicher hinaus und wieder zurück zu bringen, hätte ich begonnen, mir ernsthafte Sorgen zu machen; zumal wir erst langsam und dann immer offener begannen, das Ganze als einen großen Spaß zu betrachten. Zu dem Zeitpunkt, an dem wir ablegten, mußte unser Enthusiasmus eher gezügelt als angespornt werden.

Unser Boot war eine stinkende, laute, rauchende, auf- und abhüpfende Barkasse, die noch mehr schaukelte, als wir in

* »Kaffee!«

der Nähe eines Riffs ankerten. Aber wir Frauen, die wir normalerweise beschützt und zurückgezogen lebten, warfen beherzt die Angelschnüre aus, und zwischen gelegentlichen Anfällen von Seekrankheit wurden hier und dort tatsächlich ein paar Fische gefangen. Die Männer übernahmen dabei natürlich die anfallenden schmutzigen Arbeiten und halfen uns so gut es ging, während sie so taten, als sähen sie uns nicht. Aber die pure Tatsache, daß wir mit einem Fang zurückkamen, würde Scheich Abdullah stolz auf uns machen.

Danach tranken wir Tee. Ungeachtet gewisser Schwierigkeiten, das Gleichgewicht zu halten, wurde der Tee an Bord aufgeschüttet und serviert. Während die Männer verhedderte Schnüre aufspulten und klar Schiff machten, saßen wir Seite an Seite in dem schlingernden Boot, hielten winzige Teegläser in den Händen, klimperten mit zierlichen Löffeln an ihren Rändern, als wir den Zucker rührten, und boten einen wirklich schönen Anblick. Es war der einzige Teil des Ausflugs, der einen Funken Leben in Zainab erweckte, von innen durch den Tee, den sie trank, und außen durch das, was ihr jemand über den Schleier schüttete, als sie vornübergebeugt mit dem Kopf in den Händen dasaß. Eine von uns holte zum Abschluß unserer Erfrischungspause eine Dose Schokolade heraus, und dann fuhren wir zurück zum Strand, den Wind in unseren Gesichtern und den Tag hinter uns lassend.

Wir blieben vielleicht zwei oder drei Tage in dem Lager – ich habe es vergessen –, aber lange genug, um zu erkennen, welch große Mühen und Kosten der gute Scheich auf sich genommen hatte, um seine Frauen mitzunehmen, obwohl er sie genausogut hätte zu Hause lassen können – was den Gebräuchen seines Landes viel eher entsprochen hätte. Und seinen Frauen gebührte Bewunderung für ihren Mut, sich nicht in der für sie vorgesehenen Nische verkrochen zu haben, sondern mit Courage und Elan etwas Neues gewagt zu haben. Man sagt, jeder sei seines Glückes Schmied, und es war erfrischend, Gast ihres *harems* zu sein.

In den darauffolgenden Monaten war in unserem *harem* nicht alles zum Besten bestellt. Wir alle waren sehr bestürzt, als wir zufällig erfuhren, daß Mohamed seit kurzem mit einer Frau verheiratet war, die er vor einiger Zeit in Ägypten kennengelernt hatte. Niemand von uns kannte diese Frau. Wir waren tief schockiert, aber unser Gefühl war nichts verglichen mit dem Schmerz, den Hayat, die davon noch nichts wußte, empfinden würde, wenn sie von der Verbindung erfahren sollte. Wir behielten das Geheimnis für uns, in der Hoffnung, daß Mohamed es ihr eines Tages selbst sagen würde. In der Zwischenzeit versuchten wir, uns mit anderen Dingen abzulenken.

Unter den Männern gab es Pläne, ein größeres und besseres Haus für uns zu bauen und dasjenige, das wir bewohnten, an den Vertreter der Banque de l'Indochine zu vermieten, der schon seit Monaten unser Logierbesuch war. Es wurde auch darüber gesprochen, den Sommer woanders zu verbringen, aber da die üblichen Orte in Ägypten und im Libanon wegen des arabisch-israelischen Konflikts ein wenig unsicher waren, wußten wir nicht, wo.

Alle diese Pläne wurden jedoch zurückgestellt, als Faisal ernsthaft an Malaria und Ruhr erkrankte. Er mußte erst einmal wieder gesund werden, bevor wir an etwas anderes denken konnten. Eines Nachts wäre er fast an Dehydration gestorben, aber Dr. Idriss rettete ihn, und nach und nach ging es ihm wieder besser. An seinem ersten Geburtstag war er stark abgemagert, und hauptsächlich seinetwegen entschloß Mohamed sich schließlich dazu, die Frauen und die Kinder für den Sommer aus Dschidda wegzuschicken. Die

Pläne für das neue Haus und die Vermietung des alten nahmen mehr und mehr Gestalt an, so daß wir nur noch entscheiden mußten, wann wir reisen wollten und wohin.

Eines stand fest: Wohin wir auch gehen würden, wir benötigten praktisch ein ganzes Flugzeug für den Transport. Zudem würden die Schwierigkeiten, mit denen wir uns nach unserer Ankunft auseinandersetzen mußten, zahlreich sein. Die Frage der Unterbringung mußte gelöst werden, wie auch das Problem mit der Dienerschaft, ganz gleich, ob wir nun unser eigenes Personal mitnahmen oder vor Ort neues einstellten. Der Transport so vieler Menschen war problematisch, und wir mußten entweder sehr viel Gepäck mitnehmen oder nach unserem Eintreffen alles neu kaufen, was auch zuviel Aufwand bedeutet hätte.

Zu meinem Glück war es meist Ali, der zum männlichen Reisebegleiter der Familie bestimmt wurde, wenn wir alle verreisten. Aber in diesem Sommer wäre Mohamed ohnehin nicht mitgekommen. Er hatte Hayat inzwischen von seiner anderen Frau und ihrem Sohn erzählt, und deswegen hing seine Beziehung zu ihr zu diesem Zeitpunkt an einem seidenen Faden. Einige Wochen zuvor war es ihr zwar gelungen, das Haus und ihn zu verlassen (sie hatte es mehrmals versucht, aber anfänglich wollte sie kein Fahrer mitnehmen und ihre Kleider wurden konfisziert), denn sie wollte wieder zu ihren Eltern nach Dschidda ziehen; aber Mohamed hatte sie überreden können, zu uns zurückzukehren. Es war für jedermann eine Zeit des Kummers, so eng, wie wir zusammenlebten, und während die beiden Duellanten versuchten wiederzugewinnen, was verloren schien, hielten wir übrigen uns bewußt im Hintergrund, in der Hoffnung, daß es ihnen gelingen möge.

Als die Pläne für unser neues Haus so weit gediehen waren, daß sie ausgeführt werden konnten, und die Mieter für den Umzug in das alte Haus bereit waren, fiel die Entscheidung über unseren Sommerwohnsitz. Glücklicherweise fuhren wir nicht nach Taif. Ich hätte einen weiteren Aufenthalt dort, zusammen mit der niedergeschlagenen Hayat, nicht ausgehalten; denn ihre Unbeschwertheit war es, die mir dort über meine ersten Monate in Arabien hinweggeholfen hatte. Statt dessen gingen wir nach Asmara, der Hauptstadt von Eritrea, auf einer luftigen Hochebene (2530 Meter) in Äthiopien gelegen, wo wir alle das Leben genießen und der genesende Faisal wieder dick und frech werden konnte. Ich mußte den Ort auf der Karte suchen, aber das machte mir nichts aus – schließlich hatte ich ein paar Jahre zuvor noch nicht einmal gewußt, wo Saudi-Arabien liegt, und was hatte ich seitdem alles erlebt!

Es wurde ein Flugzeug gechartert, und als der Tag des Abflugs kam, war ich nicht nur traurig, Beit ar-Rawais zu verlassen, sondern fühlte mich obendrein wie das fünfte Rad am Wagen. Es war meine erste Reise in einer solch großen Gruppe (Schwester Zakia samt Kindern und Dienerschaft kamen noch hinzu), und daher machte ich auch erst jetzt meine erste Bekanntschaft mit dem Brauch, nach dem einer der Zurückbleibenden den Koran über die Köpfe aller Abreisenden führt. Über meinen Kopf wurde er nicht geführt. Nicht, daß es eindeutige Bestimmungen dafür gegeben hätte, daß ich als Christin nicht dazu berechtigt gewesen sei. Es geschah vielmehr auf meinen eigenen Wunsch. Ich ahnte, was geschehen würde. Wir waren alle auf dem Weg nach draußen, um in die Autos zu steigen, die uns zum Flughafen bringen sollten. An der letzten Tür stand jemand, ich glaube es war Mohamed, und hielt den Koran hoch, so daß diejenigen, die die Schwelle überschritten, darunter hergehen konnten. Ich wußte nicht, wie ich mich verhalten sollte. Ich wußte nicht, ob ich mich wie die anderen ducken sollte, um ihnen die Peinlichkeit zu ersparen, das heilige Buch zu senken, oder ob ich so tun sollte, als müsse ich meine Strümpfe geradeziehen, während es zur Seite geschwenkt wurde. Ich glaube, wir lösten das Dilemma zur allgemeinen Zufriedenheit, indem wir beide vorgaben, einander nicht zu bemerken.

Das erste Erwähnenswerte, das auf unserer Reise nach Asmara passierte, war, daß Mutter beim Anlegen des Sicherheitsgurtes ihre schwarzlederne Kaffeeausrüstung umstieß, die ihr auf Reisen wichtiger als alles andere war, und dabei die Alkoholflasche zerbrach, aus der der kleine Brenner gefüllt wurde. Durch die Neigung des stehenden Flugzeugs rann die Flüssigkeit unter ihrem Sitz hindurch nach hinten, und als die Motoren gestartet wurden, verwandelte sich das Rinnsaal in einen Fluß tanzender Tröpfchen auf dem vibrierenden Metallboden, bis sie sich der Reihe nach in Schwaden auflösten, die uns während des gesamten Flugs umnebelten. Es versteht sich von selbst, daß sich niemand eine Zigarette anzündete, und wir alle buchstäblich darauf warteten, wieder aufatmen zu können.

Wir dachten, bei der Landung sei es endlich soweit, und wir hätten es geschafft; aber auch diese gestaltete sich spektakulär, da wir plötzlich im Sturzflug aus den Wolken auf die Landebahn hinunterglitten. Wir warteten auf das Knirschen der Räder, hörten jedoch statt dessen ein lautes Krachen, das unseren Atem stocken ließ, noch bevor der Pilot mit seinen Durchstartmanövern begann. Ein nicht ganz ausgefahrenes Fahrgestell war der Grund, wie ich erfuhr, nachdem wir sicher unten waren. Aber ich habe mich noch lange danach gefragt, ob andere Leute auch so oft von solchen Launen des Schicksals getroffen würden wie wir.

Es war Ramadan, und deshalb versuchten wir nicht, sofort eine Unterkunft für den ganzen Sommer zu finden, sondern reservierten für den ersten Teil unseres Aufenthalts das C.I.A.A.O.-Hotel, wo man uns täglich mit einem sehr guten Frühstück bei Sonnenuntergang und vor Sonnenaufgang und ausgezeichneten Snacks jeweils versorgte. Einige von uns brauchten lange, um sich von dem auf Meereshöhe gelegenen Dschidda auf die dünne Höhenluft umstellen, und wir konnten uns nicht nach einem Haus umzusehen, bevor wir nicht dazu in der Lage waren, mehr als zwei Schritte auf einmal zu machen, ohne Herzjagen zu bekommen und nach Luft zu schnappen.

In Asmara regnet es im Sommer jeden Tag mit solch vorhersagbarer Regelmäßigkeit, daß wir fast die Uhr danach stellen konnten. Dementsprechend planten wir auch unsere Ausflüge. Wir hatten erhebliche Probleme bei unserer Haussuche, wobei ein Grund dafür darin bestand, daß niemand von uns gut genug italienisch sprach. Eritrea war von 1890 an italienische Kolonie gewesen, bis es 1941 von britischen Truppen eingenommen wurde, und es leben dort immer noch 35 000 Italiener. Wir hatten Immobilienmakler bei uns, aber da es unser Geld war, das sie ausgaben, wollten wir selber wissen, was möglich war und was nicht. Wir kannten uns mit der Währung noch nicht gut aus, und bei unseren Transaktionen, wenn man es so nennen darf, rechneten wir das Geld oft falsch um und dachten, entweder ein Riesenschnäppchen gemacht zu haben oder schamlos übers Ohr gehauen worden zu sein.

Ali war zunächst der einzige Mann bei uns, bis später aus Dschidda noch einige andere Männer eintrafen, um das Fest mit uns zu verbringen. Sie wurden auch für die Haussuche eingespannt. Einer meiner Verwandten, der sehr naiv war, kam eines Abends aufgeregt mit der Offerte für das »perfekte Haus« bei uns an. Er sagte, es böte mehr Platz als genug für uns alle. Jedes Zimmer hätte seinen eigenen Wohnbereich und ein eigenes Bad; eine praktische Haussprechanlage sei bereits installiert und werde durch eine Zentrale im Parterre gesteuert. Seiner Ansicht nach müsse man nichts mehr verändern, außer vielleicht ein Zimmer zum Eßzimmer umzugestalten – aus irgendeinem sonderbaren Grund befinde sich der gegenwärtige Eßbereich in einem abgetrennten Saal außerhalb. Was mein lieber Cousin gefunden hatte, war ein geräumiges Bordell, das früher von Offizieren der italienischen Armee während des Äthiopienfeldzugs besucht wurde und auch diesen vorbehalten war. Ich habe mich oft gefragt, was der gewitzte Makler, der es ihm gezeigt hatte, von soviel unschuldigem Überschwang über die Zweckmäßigkeit eines Grundrisses gedacht haben mag. Der krönende Abschluß dieser Geschichte ist, daß das Haus, in dem wir schließlich den Sommer verbrachten, früher dem Christlichen Verein Junger Männer gehört hatte. Es nannte sich »Castello« und war abgesehen vom eben erwähnten das einzige Gebäude, in dem wir alle Platz fanden. Es hatte viele Zimmer und hohe Flure, einen hübschen Garten mit einem kleinen hölzernen Teehaus, das an einer Ecke von Weinreben überwachsen war, und einen großen, zementierten Platz, wo wir radfahren oder Rollschuh laufen konnten.

Wir schafften es, bis zum Fest einzuziehen, und übertrafen uns gegenseitig beim Kauf der Geschenke. Die Ladenbesitzer hatten in ihrem Leben noch keinen solchen Kaufboom erlebt. Die Schönheit der einheimischen Handwerkserzeugnisse aus Holz, Leder und Stoffen verleitete uns zu immer größeren Einkäufen – aber auch die Freude am Schenken und die Freiheit, allein in ein Geschäft gehen zu können und nach Lust und Laune einkaufen zu dürfen, waren dafür verantwortlich. Wir verbrachten ebenfalls viele Stunden damit, Kornspeicher ausfindig zu machen, wo wir die für den Festtag erforderlichen Kornmengen erwerben konnten, die nach religiösem Brauch an die Armen verteilt werden mußten.

Außerdem machte es uns Spaß, Lebensmittel einzukaufen. Die Pampelmusen waren hier so groß wie Fußbälle; die *gishta,* eine zweigeteilte Frucht mit großen schwarzen Kernen und süßem, weißem Fruchtfleisch, erinnerte mich jedesmal an eine Handgranate. Mango- und Kakteenfrüchte waren von hervorragender Qualität. Wir folgten dem Geruch der einheimischen Bäckereien, wo es knuspriges Brot gab, köstlicher als Kuchen, und fanden heraus, welche der italienischen Bäckereien das beste Gebäck hatte. Das gartenfrische Gemüse sah aus wie gemalt, und es war eine reine Freude, in ein Geschäft zu gehen, wo es im Gegensatz zu Dschidda köstlich frische Milchprodukte in großen Mengen gab. Die Eier waren dreimal so groß wie die, die wir von zu Hause kannten. Jeder Tag war für uns ein Festtag, und unser Fest fiel geradezu sensationell aus.

Die Männer verließen uns Anfang August in Richtung Dschidda, und wir erstellten uns ein Sommerprogramm, das uns so oft wie möglich in die Natur führte – mit elf Kindern im Haus war das auch nötig. Möglichkeiten gab es genug, und wir veranstalteten oft ein Picknick. Auch an diesem Tag planten wir eines, und die Besitzer einer Farm schlossen sich uns an. In den Mangohainen wurden Tische aufgestellt, jede Gruppe servierte das Essen, das sie mitgebracht hatte, und zum Dessert brauchten wir nur nach oben zu greifen und zu pflücken, was wir von den Bäumen über uns begehrten. Der ganze Tag war für uns alle ein seltenes, wunderbares Erlebnis, vor allem für die Kinder, für die so vieles neu war.

An anderen Tagen fuhren wir durch die Eingeborenenbezirke mit ihren ruhigen Sträßchen und strohgedeckten Hütten, die wie hohe Heuhaufen auf einer Lichtung standen. Ihre Bewohner beeindruckten uns durch ihre stille Würde, ihre Gelassenheit und ihr sanftes Wesen. Die Frauen hatten die anmutigste Haltung, wenn sie aufrecht und graziös eine Straße hinuntergingen, und bei unseren Geschäften mit den Männern, die in der Stadt kleine Läden besaßen, spürten wir stets den Stolz, den sie für ihre Stadt empfanden. Anfangs vollkommen fremd, fanden wir langsam Gefallen an diesem Land. Viele einheimische Freunde versorgten uns mit Tips, die wir wortwörtlich befolgten.

Wir befuhren sie zwar nicht, aber wir warfen zumindest einen Blick auf die atemberaubende Straße, die von Asmara aus über vierzig Meilen zur Hafenstadt Massawa hinunterführt, die ihrerseits in dem zweifelhaften Ruf steht, der heißeste und feuchteste Ort am Roten Meer zu sein. Und wir sahen das zwischen den beiden Punkten gespannte Drahtseil, an dem daran eingehakte Passagier- und Frachtkäfige in Rekordzeit in einer wilden, schwindelerregenden Fahrt zur Küste befördert wurden.

Nach einem unserer zahlreichen Picknicks tauchte, wie von magischer Hand hergezaubert, plötzlich eine große Gruppe von Eingeborenenfrauen vor unseren Augen aus den Wäldern auf. Die Frauen hatten Trommeln dabei, und unaufgefordert und ohne weitere Erklärungen begannen sie zu spielen. Wir fragten uns, welche Art von Nachrichten sie wohl an ihre Dörfer zurücksandten, aber die Frauen machten einen freundlichen Eindruck und ihr Rhythmusgefühl war hervorragend. Mutter war ebenfalls keine schlechte Trommlerin, und um nicht zurückzustehen, fragte sie eine der Frauen, als die Aufführung fürs erste vorüber zu sein schien, ob sie ihr eine Trommel ausleihen würde. Sie bekam sie und fing an zu trommeln. Die anderen griffen den Rhythmus auf, und als er seinen wildesten Punkt erreichte und wir alle mitklatschten und uns wiegten, rannte Faisal mitten in den Kreis der Trommelnden und führte einen Tanz auf, den man nur als *Eingeborenentanz*

renentanz bezeichnen konnte. Er hatte mit neun Monaten laufen können und war daher mit vierzehn Monaten schon recht schnell und beweglich und ließ seine Füße vom Rhythmus leiten. Sein Tanz und die völlige Selbstvergessenheit, mit der er ihn vollführte, brachten unsere Besucher zum Lachen, und wir waren froh, daß jemand einen Fotoapparat griffbereit hatte. Viele glaubten uns die Geschichte nämlich nicht, bevor sie die Bilder gesehen hatten.

Die Eingeborenenfrauen verließen uns genauso leise, wie sie gekommen waren, aber das Echo ihrer Trommeln hallte noch lange in uns nach. Wir wurden jedoch jäh aus unseren Träumen gerissen, als ein Regen einsetzte, der nichts mehr mit dem üblichen Nachmittagsschauer gemein hatte und sich bald in einen regelrechten Sturm auswuchs. Eine Stunde bevor unser Fahrer uns abholen sollte, kam er aus den Bergen herüber. Der Chauffeur war Gott sei Dank vorausschauend genug, früher zu kommen. Der Sturm war recht ungewöhnlich, und der Fahrer ängstigte uns so sehr mit seinem Bericht, daß die Straßen schnell schlammig und unpassierbar werden würden, daß wir beschlossen, so viele unserer durchnäßten Gestalten wie möglich in das Auto zu bekommen, damit er nicht so oft hin- und herfahren müsse. Wir stiegen also ein und ein und ein, und lachten und lachten, und es kamen immer mehr herein, und sehr bald befanden sich alle außer Zakias männlichem Diener, dem treuen Fotografen und Zainabs Teenager Hussein irgendwo in der kunterbunten Masse von Armen, Beinen, Leibern und Köpfen im Innenraum des Autos. Als wir dann über die verschlammte Straße holperten, hatten wir nicht einmal Platz genug, uns gegenseitig anzurempeln, so zusammengepfercht waren wir. Sobald wir nach Hause kamen, dankte ich Gott für die glückliche Rückkehr.

Ich sollte nicht den ganzen Sommer bei der Familie verbringen. Paris war als Versammlungsort der Vereinten Nationen ausgewählt worden, und Prinz Faisal hatte beschlossen, zusammen mit der regulären Delegation dorthinzugehen. Ali telegraphierte mir, ich solle ihn während eines mehrtägigen Aufenthalts in Kairo treffen, damit ich mit der Delegation zusammen nach Paris weiterfliegen könne. Mutter fand sich normalerweise mit der Abwesenheit von Familienmitgliedern ganz gut ab, aber diesmal waren sie und ich am Tag meiner Abreise am Flughafen sehr bewegt. Sie begleitete mich und die Kinder durch alle Absperrungen bis zur Tür des bunt lackierten Flugzeugs der Ehtiopian Airlines, bevor sie endlich in der Lage war, uns zu verabschieden.

Für viele von uns war es von Anfang bis Ende ein trauriger Tag gewesen. Hayat hatte sich ein paar Tage zuvor entschlossen, Mohamed endgültig zu verlassen, und im gleichen Flugzeug einen Platz reserviert, um bis Kairo mit mir zusammen zu fliegen, von dort aus alleine weiter in den Libanon zu reisen – die verzweifelte Entscheidung einer verzweifelten Frau. Aber sie kam nicht dazu, ihren Plan auszuführen. Sie stürzte und verletzte sich dabei an der Wirbelsäule so sehr, daß Reisen für sie ausgeschlossen war. Ich ließ sie in untröstlichem Zustand im Haus zurück, und es gab nichts, womit man sie hätte beruhigen können.

Der Flug war natürlich wieder voller Abenteuer. Es überraschte mich kein bißchen, als uns mitgeteilt wurde, daß wir im oberägyptischen Luxor statt in Kairo landen würden und die Nacht dort verbringen müßten. Diesmal war die Ursache jedoch kein Schaden am Flugzeug, sondern Vorsichtsmaßnahmen, die zu diesem Zeitpunkt am Kairoer Flughafen in Kraft traten. Auch angesichts der fortgesetzten arabisch-israelischen Krise waren Schutzmaßnahmen gegen Luftangriffe erforderlich und die Erteilung von Landeerlaubnissen nach Sonnenuntergang verboten. Der amerikanische Pilot sagte mir: »Es könnte zu knapp werden, wenn wir es versuchen würden«, oder so etwas ähnliches; doch zehn Minuten später wurden wir urplötzlich zum Flugzeug gehetzt und hatten kaum Zeit, uns anzugurten, bevor wir wieder in der Luft waren und doch noch nach Kairo flogen. Ich konzentrierte mich in der Folge darauf, den Sonnenuntergang zu beobachten, und dieser Pilot oder der Fluglotse müssen den Wind bis aufs letzte Rascheln genau berechnet haben, so knapp schafften wir es.

Kairo, Kairo, Kairo – die Stadt der vielen Gesichter. Keines davon habe ich zu Gesicht bekommen. In den paar Tagen, die ich dort verbrachte, wartete ich entweder darauf, daß die Männer von ihren Sitzungen zurückkamen, oder half ihnen beim Papierkrieg. Eines Nachmittags rief Ali an und sagte, er habe Theaterkarten, ich solle zurechtgemacht und fertig sein, wenn er käme. Gesagt, getan. Aus dem Theaterbesuch wurde allerdings nichts. Ali kam erst spät zusammen mit Scheich Hafiz Wahba, und die beiden arbeiteten bis halb zwei in der Nacht, während ich neben ihnen saß und Diktate aufnahm. Alles was mir von dem Abend blieb, war der Kommentar, daß ich die bestangezogene Sekretärin sei, die sie je hatten.

Paris war da schon etwas anderes. Durch die offiziellen und gesellschaftlichen Aktivitäten der Vereinten Nationen herrschte in der Stadt noch mehr Trubel als sonst. Ich verpaßte vieles, weil ich schwer an Gelbsucht erkrankte, kehrte aber wieder in die Gesellschaft zurück, sobald ich in der Lage war, den mir manchmal erlaubten Platz in den Ausschußsitzungen hinter der »Saudi-Arabien«-Tafel oder in den endlosen Defileereihen einzunehmen; oder ich lud die Kinder zu einer heißen, knusprigen *gauffre*, eine Art Zuckerwaffel, die manchmal an Ständen im Park angeboten wurde, ein.

Nachdem die Sitzungen der Vereinten Nationen schließlich beendet waren und wir bis zum nächsten Mal die anstrengende Ausschußarbeit, die Reden, das Feilschen, das Beeinflussen, die Abstimmungen, den Mißerfolg und den Erfolg, der unsere Hoffnungen aufrecht hielt, hinter uns gebracht hatten, blieben wir noch, bis alles endgültig erledigt war und bereiteten unsere Abreise vor. Bevor wir Paris verließen, regelten wir noch alles Notwendige, damit Annette, ein französisches Mädchen, das wir eingestellt hatten, uns begleiten konnte. Dann nahmen wir das Schiff von Marseille nach Alexandria, von dort ging es weiter mit dem Auto durch die Wüste nach Kairo, wo der Teil unserer Familie, der in Asmara gewesen war, auf uns wartete. Ali kehrte natürlich nach Arabien zurück, während wir anderen blieben, alle in Erwartung der Fertigstellung unseres neuen Hauses in Dschidda. Wir zogen dreimal um, weil wir immer wieder vor dem Problem standen, eine Unterkunft für unsere große Familie zu finden, in die während unseres Aufenthalts in Kairo übrigens ein neues Mitglied, mein Sohn Tarik, geboren wurde. Ich hatte schon vorher gesagt, daß ich nach Möglichkeit alle meine Kinder außerhalb Arabiens zur Welt bringen wollte – ich hatte miterlebt, wie Alis Schwester Zakia eines ihrer Babys unter Anwesenheit der Hälfte der Frauenprominenz Dschiddas geboren hatte, die schwatzend und plaudernd, rauchend, kaffee- und teetrinkend im gleichen Raum saßen und jedes Stöhnen und jeden Seufzer zum Anlaß für fachmännische Kommentare und weiteren Ansporn nahmen.

Hayat war immer noch bei uns, nachdem sie ihren Entschluß, uns zu verlassen, aufgegeben hatte, und Mohamed sie und uns ab und zu besuchen kamen. Aber ein ganzes Jahr lang bestand unser Haushalt nur aus ihr, Mutter, Zainab, Zakia und mir, sowie unseren jeweiligen Kindern und der

Dienerschaft. Ali besuchte uns, wenn er konnte, aber er blieb selten länger als eine Woche. Während dieses Jahres hatte ich oft das Gefühl, mehr mit der Familie als mit ihm verheiratet zu sein. Wir machten uns Mut, indem wir uns sagten, daß im neuen Haus alles besser werden würde, vielleicht sogar für Hayat.

Dann kam ein Brief: Saudiarabische Briefmarken, Alis Handschrift. Quer über den Briefbogen geschrieben stand die Nachricht, daß wir unser phantastisches Haus dem König geschenkt hatten, einfach weil er es bewundert hatte. Unglaublich, aber wahr! Ich weiß nicht, wie oft ich den Brief gelesen habe. Als ich es schließlich begriffen hatte, war mir klar: dieser Freitag war mein schwarzer Freitag. Ali hatte gut daran getan, mir die Neuigkeit schriftlich zu übermitteln, und ich bin mir sicher, daß er das wußte. Armer Kerl. Wie weh es ihm getan haben mußte, uns das beizubringen, war mir damals gar nicht bewußt.

So mußten wir wieder warten. Das Haus, das eigentlich das Gästehaus hatte werden sollen, wurde für uns umgebaut. Ich war dankbar, daß ich Annette hatte, die sich als Juwel entpuppte. Sie kam wunderbar mit den Kindern zurecht, war schnell und tüchtig, stets gepflegt und vorzeigbar; es gefiel ihr glücklicherweise in Ägypten, und sie stellte sich hervorragend auf alle Eventualitäten des Lebens ein. Sie war außerdem attraktiv, und so ging sie bald an jedem ihrer freien Tage aus. Eines Tages sagte sie mir, sie würde uns verlassen, um einen Oberst der ägyptischen Armee zu heiraten, mit dem sie sich seit einiger Zeit treffe. Nun, warum sollte ich ihr mißgönnen, was ich mir immer selbst gewünscht hatte – ein gesichertes und harmonisches Leben – daher freute ich mich für sie, gratulierte ihr und versprach, sie von ihrem Vertrag zu entbinden, wenn es soweit sei.

Dann kam ein seltsamer Telefonanruf. Ein fremder Mann

entschuldigte sich für die Störung, sagte, er sei von der Polizei, und fragte, ob mein Mann eine Sekretärin namens Annette habe?

»Nein«, sagte ich, »aber ich habe ein Mädchen namens Annette . . .«

»Oh, dann wissen Sie also nicht, daß dieses Mädchen behauptet, sie sei Scheich Alirezas Sekretärin, und daß sie Leuten erzählt hat, sie würde ihn auf Partys und Konferenzen begleiten, wenn er geschäftlich unterwegs ist?«

»Nein, natürlich nicht, und es stimmt auch nicht. Sie arbeitet als Dienstmädchen und hat einen freien Abend in der Woche. Was meinen Mann betrifft, der ist selten in Ägypten.«

»Ja, das wissen wir. Aber sagen Sie mir doch bitte, ob Sie bei der Einstellung von Mademoiselle Annette wußten, daß sie vorbestraft ist?«

»Ja, der Vermittler sagte es uns, aber mein Mann und ich unterhielten uns darüber und beschlossen, im Zweifel zu ihren Gunsten zu entscheiden und ihr eine neue Chance im Leben zu geben.«

»Sehr lobenswert, aber wären Sie bereit, sich mit uns zu treffen, und uns ein paar Fragen zu beantworten?« – »Sicher, kommen Sie hierher?« – »Nein, und darf ich Sie bitten, niemandem von dieser Unterhaltung oder unserem Treffen zu erzählen?« – »In Ordnung.« – »Nun, Madame, wir wissen, daß Sie mit Ihren Kindern fast jeden Tag in den Gezira Country Club gehen. Wären Sie bereit, sich heute mit uns dort zu treffen, sagen wir um drei Uhr, alleine?« – »Das paßt mir gut. Wie werde ich Sie erkennen?« sagte ich und fühlte mich dabei wie eine Verschwörerin. Aber ich wurde schnell wieder auf den Boden der Tatsachen zurückgeholt, als mein Gesprächspartner sagte: »Madame, *wir* kennen *Sie*.«

Ich ging also zur Verwunderung meiner Familie, die mich nie zuvor am hellichten Nachmittag alleine hatte weggehen sehen, zum Club, und fast sofort kamen zwei Männer auf mich zu, einer in Militäruniform und einer in Zivil. Wir setzten uns zu dritt an einen Tisch auf dem Rasen neben dem Pool. Ohne große Vorrede öffneten sie ein ziemlich großes Dossier und zeigten mir zunächst ein Bild von Annette, das ich identifizieren sollte. Dann legten sie mir ein Bild nach dem anderen von Leuten vor, die ich nie zuvor gesehen hatte. Ich hatte das Gefühl, daß ich ihnen nicht besonders hilfreich war, was sie auch herauszufinden versuchten, aber sie fuhren fort, mir systematisch Fragen zu stellen.

Dann sagte ich: »Wissen Sie, sie hat mir mitgeteilt, sie wolle uns verlassen, um einen Oberst der ägyptischen Armee zu heiraten.«

»Das wissen wir«, sagten sie, »aber wir können Ihnen versichern, Madame, es wird keine Hochzeit geben.«

»Ach, du liebe Güte«, entgegnete ich, »was kann ich denn da machen, wenn ich ihr nichts erzählen darf?«

»Wir flehen Sie an, Madame, tun Sie nichts, und sagen Sie nichts. Wir sind Ihnen sehr dankbar, daß Sie mit uns gesprochen haben, aber bitte, erzählen Sie nur Ihrem Mann davon, wenn er kommt.« Dann bedankten sie sich und gingen. Ich blieb zurück und hatte das Gefühl, daß dies alles gar nicht wahr war.

Ich ging nach Hause und war der Familie gegenüber genauso verschwiegen, wie ich es versprochen hatte. Annette traf sich weiterhin mit ihrem Oberst, verließ uns ein paar Monate später, »um zu heiraten«, und ich fragte mich nochmals, ob ich die Begegnung mit dem militärischen Geheimdienst nur geträumt hatte. Aber dem war nicht so, und sie hatten recht: Es gab keine Hochzeit. Ich weiß nicht, was mit ihr geschah, nachdem sie uns verlassen hatte; aber viele

Monate später, als Ali sich in Kairo aufhielt, las sie in einer französischen Zeitung, daß er in der Stadt war, und suchte ihn auf, um ihn um finanzielle Hilfe zu bitten, die er ihr auch gewährte. Ein andermal half er ihr bei Problemen mit ihrem Paß, damit sie nach Frankreich zurückkehren konnte. Damit endete die Geschichte von Annette, jedenfalls was uns betraf. Mehr erfuhren wir nie.

Kapitel 15

Als Tarik einen Monat alt war, kam meine Mutter aus Kalifornien zu Besuch, um das Weihnachtsfest mit uns zu verbringen. Sie hatte immer Angst vor dem Fliegen gehabt, und einmal weigerte sie sich sogar, einen Kurzflug von nur dreißig Minuten zu unternehmen. Wir schickten ihr jedoch ein Flugticket, woraufhin sie ihre Ängste überwand und zu uns kam. Meine arabische Familie begrüßte sie mit großer Freude und meine Mutter war im wahrsten Sinne des Wortes überwältigt. Es gab ein wahres Freudenfest anläßlich ihrer Ankunft. Die Familienmitglieder aus Dschidda schickten Telegramme, in denen sie Gott für ihre sichere Ankunft dankten und meine Mutter willkommen hießen, und alle Hausbewohner versuchten, ihr den Aufenthalt so angenehm wie möglich zu machen.

Unsere beiden Mütter verstanden sich sofort, nannten sich gegenseitig »Schwester« und gingen gemeinsam einkaufen, noch bevor sie überhaupt miteinander sprechen konnten. Sie hatten jedoch beide Humor, und der familiäre Zusammenhalt stärkte ihnen den Rücken. In einem Bazar brachte ein Verkäufer Alis Mutter auf die Palme, als sie mitbekam, wie er bemerkte, ihre Begleiterin sei wohl Amerikanerin (vielleicht weil er ihr etwas zu einem Touristenpreis verkaufen wollte); und sie erteilte ihm eine Lektion, die er wohl so schnell nicht wieder vergaß. »Sie ist meine Schwester, und Sie werden ihr denselben Preis machen wie mir, oder ich setze keinen Fuß mehr in diesen Laden.«

Die beiden fuhren sogar mit dem Zug nach Alexandria, und nahmen überdies die viereinhalbjährige Hamida als

Übersetzerin für die geplante Stadtrundfahrt mit. Ich glaube nicht, daß meine Mutter sehr viel über die Geschichte Alexandrias erfahren hat, aber sie gewann viele Eindrücke von der Stadt. Hamida verbrachte den Tag damit, sich abwechselnd den beiden Großmüttern mit den Worten zuzuwenden: »Teta, was hat Nana gesagt?«

Es irritierte meine Mutter, ständig Arabisch zu hören, und manchmal sagte sie: »Ich nicht sprechen Englisch.« Obwohl ich ihr Vokabellisten anfertigte, wurde ihr Arabisch nicht sehr viel besser als das Englisch ihrer Schwester. Am schwierigsten wurde es für sie bei Tisch, wenn alle gleichzeitig sprachen, das Geschirr klapperte, das Personal seltsame Fragen stellte und ein allgemeiner Lärm herrschte. Als sie sich einmal darüber ärgerte, vom Tisch aufstehen zu müssen, sagte sie zu mir: »Komm, setz du dich einmal auf diesen Stuhl, und sieh selbst, was es für ein Gefühl ist.« Und ich erwiderte: »Mutter, ich habe bereits auf diesem Stuhl gesessen, genau wie du.«

Meine Mutter brachte der ganzen Familie Canasta bei, und sie waren allesamt gute Spieler und verbrachten Stunden über Stunden damit. Sie erklärte ihnen auch, sich vor dem 1. April zu hüten, denn sie würde immer noch bei uns sein und könne diesen Tag bestimmt nicht tatenlos verstreichen lassen. Sie fälschte (mit meiner Hilfe) eine Benachrichtigung von der Post für Alis Mutter, in der es hieß, sie solle so bald wie möglich ein Paket mit leicht verderblichen Waren dort abholen. Alis Mutter ließ wie immer keine Zeit verstreichen und befahl sofort das Auto herbei. Wir lebten damals in einem Viertel von Kairo namens Zomalik; Mutter hastete erst zur dortigen Post und kam gerade an, als die Metalltüren zur Mittagspause geschlossen wurden. Sie sprang aus dem Wagen, schwenkte ihre Benachrichtigung vor sich her und schaffte es, daß man ihr die Tür wieder öffnete. Ihr Paket sei schließlich mit leicht verderblichen Waren gefüllt. *»Ma fresh hagga, ya hanam«**, antwortete der Beamte, nachdem er im Paketraum nach ihrem Namen gesucht hatte, fügte aber hinzu, daß ihr Paket vielleicht auf der Hauptpost liege. Die Hauptpost war ganztägig geöffnet, also sagte sie zu ihrem Fahrer: »Fahren Sie mich zur Hauptpost.« Auch dort las der Beamte die Benachrichtigung, überprüfte, ob er etwas für sie hatte, und kam dann mit einer negativen Meldung zurück.

»Aber ich weiß, daß etwas für mich angekommen ist, es muß da sein, es steht doch hier auf diesem Schein, und ich bin schon auf dem anderen Postamt gewesen.« Jetzt schaute sich der Mann die Rückseite des Scheins an, sah dort unsere Notiz »Aprilscherz« und fing an zu lachen. »Jemand hat sich mit Ihnen einen Scherz erlaubt«, sagte er, und Mutter regte sich furchtbar auf. »Die Post hat sich mit mir einen Scherz erlaubt?« – »Nein, nein, meine Dame, jemand, den Sie kennen, muß es gewesen sein.« Und plötzlich fiel ihr ein, wer es war.

Es blieb ihr also nichts anderes übrig, als nach Hause zu fahren, wo wir uns bereits Sorgen über ihr Verbleiben machten. Meine Mutter befürchtete schon, ihr Scherz sei zu weit gegangen, und machte sich beinahe Vorwürfe, als Alis Mutter schließlich wieder auftauchte. Aber diese gute arabische Dame hatte sich schon damit abgefunden, daß man sie auf den Arm genommen hatte, kam lachend herein, schüttelte den Kopf und zeigte mit dem Finger auf die Übeltäterin. Dann ging sie mit offenen Armen auf meine Mutter zu und die beiden umarmten sich mit den Worten: »O Schwester, Schwester.« Was für ein Paar die beiden doch waren!

Wir hatten gehofft, meine Mutter würde noch unser zwei-

---

* »Hier ist nichts für Sie.«

tes neues Haus in Arabien zu sehen bekommen, aber es wurde nicht rechtzeitig fertig. Sie hätte noch einige Jahre warten müssen, und in der Zwischenzeit gingen wir statt dessen mit ihr nach Amerika. Es zeigte sich also wieder, daß wir selten wußten, was wir als nächstes tun oder wo wir uns als nächstes aufhalten würden. Geschäftstermine führten uns in die Vereinigten Staaten und der dringend notwendige Urlaub ließ uns noch ein wenig länger dort bleiben. Nach einigen sorgenfreien Tagen mußten wir dann leider meine Familie wieder verlassen. Ganz gleich wohin wir gingen, wir mußten uns immer von irgend jemandem verabschieden.

Im August kehrten wir nach Arabien zurück. Ausgerechnet im heißesten Monat und zur Zeit der Pilgerreisen. Wir waren froh, von Paris aus einen Flug ohne die zahlreichen Pilger zu ergattern, der uns dann in siebzehn Stunden nach Dschidda zurückbrachte, gerade rechtzeitig, um zu unserer größten Enttäuschung festzustellen, daß unser Haus immer noch nicht fertig war. Die übrige Familie war aus Kairo angereist und wurde bei verschiedenen Leuten einquartiert, hauptsächlich bei Zakia und Ahmed Zahid, und meine Kinder und ich blieben ebenfalls für kurze Zeit dort. Es war ein Alptraum, denn zu viele Leute lebten auf zu engem Raum, es gab heulende, kranke Kinder und vergebliche Versuche, uns einzurichten und unsere Probleme zu bewältigen. Es war traurig zu erleben, wie jeden Tag Menschen einander auf die Nerven gingen, die sich eigentlich liebten, nur weil das Privatleben aufgrund von allzuviel Großfamilienleben zu kurz kam.

Zunächst blieben wir in Mohameds kleinem Privathaus in der Nuzla, etwas außerhalb der Stadt. Ali mußte nach Riad fahren, um über seine Reise in die Vereinigten Staaten zu berichten, und als er uns im Hause seines Bruders zurückließ, war dieser gar nicht da. Ich war froh darüber, zumindest bis wir uns eingelebt hatten. Mohamed wußte, auf welcher Seite meine Loyalität in der Sache zwischen ihm und Hayat lag, und obwohl wir gewöhnlich nach außen hin eine freundschaftliche Beziehung aufrechtzuerhalten versuchten, war unser Verhältnis zueinander weit davon entfernt, besonders herzlich zu sein. Trotzdem halfen wir uns die Jahre hindurch gegenseitig, wann immer sich Gelegenheit dazu bot.

Eine solche trat ein, als er früher als erwartet aus Ägypten zurückkehrte und ihn sein Personal pünktlich daran erinnerte, daß er versprochen hatte, ihnen die nächste Woche frei zu geben, damit sie an der Pilgerfahrt teilnehmen konnten. Außer mir war also niemand mehr da, um für Mohamed zu kochen, und dessen sechs bis zwölf Freunde ließen die nächtliche Mahlzeit mit ihm fast zu einem Ritual werden. Jeder Koch, der sonst arbeitslos war, fand zur Zeit der Pilgerfahrten eine Anstellung, so daß keine Möglichkeit bestand, noch einen Koch zu finden, und die Stadt war ohnehin menschenleer.

Ich konnte kochen, aber ich wußte nicht, wie man arabisches Essen in einer altmodischen Küche zubereitet. Trotzdem nahm ich die Arbeit gerne an und hoffte, daß es mir gelingen würde, etwas Eßbares zuzubereiten. Zum ersten Mal gab es rings umher keine andere Frau, die ich um Rat bitten konnte. Ob ich Erfolg hatte oder nicht, hing also völlig von mir und Saleh Bakhudlagy ab, einem halbwüchsigen Hausjungen, der gerade seine Lehrzeit begonnen hatte, dem einzigen noch im Hause verbliebenen Diener. Ich glaube, es war auch für ihn das erste Mal, die volle Last des Einkaufens zu erledigen, und keiner von uns beiden wußte, wieviel wir für die anwesenden Personen benötigten. Erschwerend kam noch hinzu, daß die meisten Geschäfte in dieser Woche geschlossen waren, so daß unsere Aussichten also nicht gerade rosig waren, noch bevor wir angefangen hatten.

Saleh brachte, was er finden konnte, und ich versuchte in der einfach eingerichteten Küche zurechtzukommen. In der ersten Nacht nannte mich Abu Ali, Mutters libanesischer Cousin, den ich sehr mochte, *»Hajjia Miriamanna«**. Ich glaube aber nicht, daß dies etwas mit meinen Kochkünsten zu tun hatte. Vermutlich sagte er es nur, weil gerade jetzt die Pilgerfahrten stattfanden (oder vielleicht, weil das Kochen mein Beitrag während der Pilgerzeit war). Ich selbst pilgerte natürlich nie nach Mekka und verbrachte jene Zeit damit, Töpfe so groß wie Waschkessel über dem Holzkohlefeuer zu jonglieren. Ich bereitete den üblichen Reis, Fleisch und einige Gemüsesorten, und als Mohamed mir eines Nachts einen zweiflammigen Petroleumofen brachte, den ich zusammenbauen sollte, zeigte ich meine Dankbarkeit, indem ich das Menü durch Plätzchen und Apfelkuchen (aus getrockneten Früchten) vervollständigte.

Als die Zeit der Pilgerfahrt vorüber war, war Ali immer noch nicht wieder zurück, Mohamed schon wieder abgereist; und mein Sohn Faisal brauchte unbedingt einen Arzt. Viele Leute kehrten schon wieder nach Dschidda zurück, nur nicht die Person, die ich dringend suchte, und zwar Dr. Idriss. Faisal hatte nämlich einen traubengroßen roten Infektionsherd direkt über seinem Auge und benötigte dringend ärztliche Hilfe, aber es war unmöglich, zu dieser Zeit einen Arzt zu finden. Ich hatte schon überall in der Stadt gefragt, doch niemand kam, und ich wurde immer verzweifelter. Ich hatte noch einige Einwegampullen Penizillin, die wir in den Vereinigten Staaten besorgt hatten, und ich überlegte, ob ich sie selbst injizieren sollte, obwohl ich noch nie eine Spritze gesetzt hatte. Die Sorge um Faisals Zustand übertraf jedoch

---

* Haji und Hajjia sind ehrenvolle Bezeichnungen für Männer und Frauen, die nach Mekka gepilgert sind.

bereits nahezu die Angst, ihm die Injektion zu geben, als Faisal plötzlich vor Schmerz aufschrie; ich sah, daß der Ball, den Hamida gerade geworden hatte, von der Wand abprallte und ihn direkt ins Auge traf, so daß die Wunde sich leicht öffnete. Das war das Schlimmste, was passieren konnte, und ich war fassungslos.

Gerade in diesem Augenblick, als ich mit der noch nicht benutzten Spritze in der Hand geschockt ansah, was Faisal zugestoßen war, kamen Dr. Idriss und der englische Arzt der britischen Malariakommission herein. Sie waren gerade von einer gemeinsamen Reise zurückgekehrt, bei der sie die Brutstätten der als Malariaträger verdächtigen Mücken in bestimmten Wüstengebieten untersucht hatten. Beide erhielten die von meinem Fahrer hinterlassene Nachricht in ihren Praxen und entschieden sich, zusammen zu mir zu kommen. Sie verabreichten Faisal die Spritze und blieben zwei Stunden bei ihm, wobei sie abwechselnd Salzkompressen auf die Infektion legten und so das Leben meines Sohnes retteten. Später teilten sie mir mit, was passiert wäre, wenn die Infektion auf das Gehirn geschlagen wäre, und wir waren wirklich alle sehr dankbar dafür, daß sie noch rechtzeitig gekommen waren.

So bewältigte ich also eine Situation nach der anderen, Ali unternahm eine Reise nach der anderen, wir zogen zweimal um, und letztendlich brachte ich Ali dazu, in das neue Haus einzuziehen, ob es nun ganz fertig war oder nicht. Ich konnte es nicht mehr ertragen, alles alleine machen zu müssen, und ich wollte nicht mit dem Rest der Familie nach Taif gehen. Wir blieben jedoch wie so oft nicht lange zusammen, und Ali bestand darauf, daß ich der Familie nachfolgte, denn er mußte erneut nach Europa reisen.

Abu Ali, der abenteuerliche Cousin, der die Kunst des Kuchenbackens so ausgezeichnet beherrschte, sollte mich und die Kinder nach Taif bringen. Obwohl ich Abu Ali sehr mochte, war ich nicht sehr erfreut, jenen Ort wiederzusehen, und ich war es leid, mich dem Schicksal zu fügen, mir ständig zu sagen, was sein wird, wird sein; aber das war so, solange die Männer alle Entscheidungen trafen.

Am Tag der Abreise brachte unser bester Mechaniker und Fahrer Sambo (das war sein richtiger Name) das Auto aus der Stadt, der Koch bereitete ein Lunchpaket vor, die Hausangestellten packten die restlichen Sachen zusammen, und am frühen Nachmittag fuhren wir ab. Es war eine Safari mit nur einem Wagen, der es gerade bis zur nächsten Abfahrt schaffen sollte, denn ein platter Reifen zwang uns, auf der Hauptstraße anzuhalten. Sambo und Abu Ali reparierten das Rad, während die Kinder und ich uns die Schuhe beim Pflücken von Wüstenpflanzen ruinierten. Dann setzten wir unsere Fahrt fort, an der Oase Wadi Fatma vorbei, wo unsere Bananen und unser Gemüse wuchsen. Über unwegsame Straßen fuhren wir weiter, als die Kupplung ihren Dienst versagte. Dies war natürlich kein besonders gutes Omen für unsere Reise. Nur drei Stunden von Dschidda entfernt, und unserem Ziel erst eine Stunde nähergekommen. Nach weiteren Reparaturen und weiterer Verspätung nahmen wir unseren Weg wieder auf, jedoch nur, um unglaublicherweise noch eine dritte Panne zu erleben. Diesmal war es endgültig aus: Ein Stein schlug ein Leck in den Kühler und setzte den Ventilator außer Betrieb.

Die Sonne war inzwischen untergegangen, und die Dämmerung setzte ein. So weit das Auge reichte, gab es nichts als Wüste und Berge. Kein einziges Haus, kein Zelt, und die Straße verdiente diesen Namen nicht. Abu Ali und Sambo wiesen uns an, im verschlossenen Auto zu warten (sie fügten unnötigerweise hinzu, daß Wölfe und Hyänen die Gegend durchstreiften), während sie abwechselnd nach Anzeichen von Leben oder einem Unterschlupf suchten. Nach zwanzig Minuten erhielten wir die unglaubliche Nachricht, daß hinter der Bergkuppe eine Gruppe von Beduinen lagere, die Vorräte und Ausrüstungsgegenstände der Versuchsfarm Seiner Königlichen Hoheit Prinz Abdullah Al-Faisal bewachten und der diensthabende Beduine fordere uns auf, ihre Gäste zu sein. Sie würden sich freuen, für unser Wohlergehen zu sorgen, und einen Wagen nach Mekka schicken, um unsere Notlage Prinz Abdullah mitzuteilen, der dann unsere Familie benachrichtigen würde.

Wir stiegen einen kurzen Weg zum Camp hinauf, und als ich mich den Männern näherte, schlugen sie ihre Augen respektvoll nieder und versuchten nicht, mich besser sehen zu können. Einer von ihnen brachte uns zu dem für uns ausgesuchten Platz auf der Spitze des Hügels, an dessen Fuß sie ihr Lager aufgeschlagen hatten. Er breitete einen kleinen Teppich auf dem Sandboden für uns aus und sagte, die Männer würden schon bald unseren Lagerplatz vorbereiten. Ich saß dann bei den Kindern und sah dem Treiben unten im Camp zu. Ich war dankbar für das Glück, das wir hatten, bis ich beobachtete, wie zwölf Männer den Hügel hinaufstiegen; plötzlich überfielen mich Zweifel, ob wir uns wirklich in Sicherheit befanden. Abu Ali quälten wohl die gleichen Bedenken, denn er stellte sein Gepäck genau vor mich, als die Männer den Hang hinaufkamen. Ihre flackernden Lampen warfen gespenstische Schatten auf die Gesichter, aber ihre einzige Sorge bestand darin, uns die Nacht so angenehm wie möglich zu gestalten.

Sie schienen regelrecht stolz darauf zu sein, uns helfen zu können, und wie durch Zauberhand erhob sich aus dem Sand ein großes, buntes Zelt mit wunderbaren Teppichen als Bodenbelag und Unterlagen für die Betten. Sie brachten viele Kissen und Leinenbettücher, hängten Lampen auf und stellten Wasserbehälter, saubere Gläser, Seife, Handtücher und eine Waschschüssel bereit. Nach all ihren Bemühungen fragten sie uns sogar noch, ob wir weitere Wünsche hätten. Das war einfach zuviel des Guten! Voller Erstaunen schaute ich mich in unserem luxuriösen Zelt um, das sich auf einer kargen Bergkuppe befand. Und dann waren da noch diese um unser Wohl besorgten Männer, Wüstenbewohner, die wir nie zuvor gesehen hatten und wohl auch nie mehr in unserem Leben wiedersehen würden. Sie brachten sogar unser Gepäck aus dem Auto; der Wagen selbst, so sagten sie, würde zur Reparatur nach Mekka gebracht und danach nach Dschidda zurückgeschickt werden. Was unsere Weiterfahrt nach Taif betraf, so würde uns am Morgen ein anderes Auto gebracht, und wir sollten uns keine Sorgen machen. Noch immer über ihre unglaubliche Gastfreundschaft erstaunt, bedankten wir uns, so gut wir eben konnten, und nachdem wir ihnen nochmals versichert hatten, daß das Essen ausreiche, ließen sie uns allein, damit wir unsere Mahlzeit genießen konnten.

Die menschliche Natur ist wirklich eine seltsame und undurchschaubare Angelegenheit! Als wir uns ans Essen machten, war kaum eine Stunde vergangen, seit wir in der Wüste mit einer Autopanne liegengeblieben waren, mit nur geringer Hoffnung, auf dieser selten befahrenen Route Hilfe zu finden, und wir hatten sogar schon an den Tod gedacht. Wir konnten unser Glück noch gar nicht recht begreifen, als wir uns schon wieder ärgerten, während wir vor unserem Picknickkorb saßen. Der Koch hatte nämlich das Brot vergessen, und wie wir so über dieses Unglück nachdachten, vergaßen wir sehr schnell unsere Rettung. Hätte es sich um etwas anderes als Brot gehandelt, so wäre Abu Ali sicherlich auf ewig dankbar für unsere Rettung gewesen, aber Brot bedeutete Leben für die Araber. Viele von ihnen setzten sich nicht an einen Tisch, bevor nicht das Brot darauf stand, und Abu Ali gehörte zu jenen Menschen. Er regte sich fürchterlich auf. Es sei wohl unmöglich, etwas ohne Brot zu essen, aber er schaffte es dann doch, auch wenn er sich dazu zwingen mußte. Sein Groll legte sich nicht, und er konnte dem Koch nicht vergeben, doch als er zu Ende gegessen hatte, blieben kaum Reste im Korb zurück.

Nach dem Essen wurde fast wie auf Bestellung Tee serviert, und man fragte abermals, ob uns noch irgend etwas fehle. Ich bereitete die Kinder für die Nacht vor, während Abu Ali rief: »Bei Gott, du bist eine Gute auf einer Reise, wahrhaftig, und Gott weiß es!« Mich selbst überkam ein Gefühl der Wärme und des Glücks. Wir saßen noch eine Weile zusammen, bis die Kinder zu Bett gingen, und ich spürte nie zuvor empfundene Gefühle der Stille und des Friedens in mir. Wir hörten die Stimmen der Männer am Fuße des Berges, Trommeln und bellende Hunde von anderen Beduinen, von denen wir nicht wußten, wo sie sich befanden. Jedes Geräusch konnte man in der Wüste ganz deutlich wahrnehmen, und es schien, als wären wir ein Teil des Ganzen, aber wir wußten, daß bei Tagesanbruch Stille herrschen und das Gehörte nirgends zu sehen sein würde. Ich schlief im Zelt, und Abu Ali legte sich draußen auf einen Strohsack. Als alles still war und ich einen Blick nach draußen warf, war es so, wie ich erwartet hatte: Sein muskulöser Körper blockierte den Eingang des Zeltes, und niemand hätte wagen sollen, über ihn hinwegzusteigen.

Abu Ali weckte mich eine Stunde vor Tagesanbruch, um mir zu sagen, daß Prinz Abdullahs Privatwagen und sein Fahrer angekommen seien und wir besser vor der großen Mittagshitze abfahren sollten. Ali und seiner Familie wurde mitgeteilt, daß wir uns in Sicherheit befanden, und so bestand unsere einzige Sorge darin, wohlbehalten nach Taif zu gelangen, was uns auch im großen und ganzen ohne weitere Zwischenfälle gelang. Das einzig Bemerkenswerte an dieser Fahrt war, daß Abu Ali fast ganz allein eine große Dose englische Cracker aufaß, die ich eigentlich für die Kinder gekauft hatte. Dies hing wohl noch mit seinem Ärger über den Koch zusammen, der das Brot vergessen hatte; und dieser Vorfall muß mich wohl sehr beeindruckt haben, daß ich mich nach all den Jahren immer noch daran erinnere. Ich sehe ihn noch in seinem weißen Baumwollkäppchen vor mir, wie er dem Fahrer mit dem Mund voller Cracker die Ereignisse des vergangenen Tages erzählte. Abu Ali war einer der mir liebsten Menschen in Arabien, und ich war sehr traurig, als ich vor einigen Jahren erfuhr, daß er einsam und weit weg von seinen Söhnen und seiner Familie gestorben war. Im Leben war er mir ein sehr guter Freund.

Rechtzeitig zum Weihnachtsfest im Jahre 1950 zogen wir endlich in unser Kilo-Fünf-Haus (wir nannten es so, weil es fünf Kilometer von Dschidda entfernt an der Straße nach Mekka lag). Die Kinder und Ali fuhren hinaus nach Kilo-Zehn und holten einen »Weihnachtsbaum« mit sehr langen, krummen, einer Kiefer ähnlichen Nadeln und ziemlich geraden Zweigen, den wir liebevoll dekorierten und dann alle unsere Strümpfe, sogar die der Familie daran aufhängten. Am Morgen des Weihnachtstages wurden wir von Hamida und Faisal geweckt, die sich darüber stritten, warum sie vier Walnüsse und er nur drei in ihren Strümpfen gefunden hatten (natürlich waren auch noch andere Sachen darin). Faisal wurde jedoch wieder entschädigt, als die Familie sich zur Geschenkverteilung versammelte. Er rannte herum und öffnete so viele Geschenke wie er nur konnte, kam dann zu mir und bedankte sich: »Oh, *danke schön* für mein Geschenk, Mami«, auch wenn es sich um Puderquasten für Hayat oder eine Pfeife für seinen Onkel handelte. Dann aber bekam ich ein Geschenk von ihm, das für mich einzigartig war.

Sein Vater hatte in der vergangenen Woche Dutzende von Geschenken gekauft und ganze Nächte damit verbracht, sie einzupacken und mit Schleifen und Geschenkbändern Kunstwerke zu schaffen, die zumindest Meisterwerke der Hingabe waren. Er schrieb die Namen der Kinder auf die Geschenkkärtchen, auf denen dann: »Von Soundso für Mami«, stand. Die Kinder hatten die wunderbaren Sachen jedoch nie gesehen. Faisal beobachtete offensichtlich das Geschehen und wollte mir sein Geschenk überreichen, denn unter dem Baum, zusammen mit den anderen Paketen, befand sich ein kleines, schon etwas zerdrücktes, mit einer Schleife versehenes Päckchen, in dem ich ein in Leinen geschlagenes Kästchen mit drei Bonbons und einem Pistazienkern entdeckte. Alle Juwelen, die ich je besessen habe, waren für mich nicht so wertvoll wie diese kleine Aufmerksamkeit.

Wir verbrachten die Feiertage nahezu wie alle anderen Tage auch, nur manchmal sahen die Kinder und ich, wie Mutter ohne Brille ihr Haar mit Eau de Cologne und Wasser benetzte. Gelegentlich kam sie zu uns und murrte auf arabisch: »*Ajezzna*«*, und blieb eine Weile da. Manchmal gingen wir auch während des Gebets in Zainabs Zimmer und setzten uns zu ihr auf den Boden, um mit ihr Tee zu trinken, und sie erlaubte uns, ihr ganzes *shaboora*** und den ganzen Käse aufzuessen. Zainab kam öfter, nachdem sie ihren Tee getrunken hatte, zu mir, um mit mir gemeinsam Kaffee zu trinken. Bei solchen Gelegenheiten blieb sie dann den ganzen Vormittag bei uns und nahm an allem teil, was wir gerade taten. Hayat stand als einzige meistens spät auf und holte aus meiner »Privatbäckerei« ihr Frühstück ab, oder wir

* »Wir sind alt geworden.«
** Salziger, gewürzter Zwieback.

stürmten ihr Zimmer, um ihr das *shershif* von den Augen zu nehmen und sie zu wecken.

Mohamed war nicht bei uns. Er lebte mit seiner zweiten Frau nebenan in einem zweistöckigen Haus, das er auf dem gleichen Grundstück errichtet hatte wie das unsere. Ali und die Kinder gingen jeden Morgen über den Hof, um ihn zu begrüßen, aber ich kam nie mit. Ich schrieb Mohamed jedoch einen Brief, um ihm zu sagen, warum ich niemals mitkommen würde: Erstens sei ich so erzogen worden, daß ich anders von der Ehe dächte, und zweitens könnte ich seine zweite Frau nicht akzeptieren, solange ich noch mit seiner ersten zusammenlebte. Es sei Hayat gewesen, die mir bei meiner Ankunft in Arabien als seine Frau vorgestellt worden sei, und mit ihr lebte ich wie mit einer Schwester zusammen. Ich wollte und könnte nicht zu ihrem Unglück beitragen, was sicherlich durch meine Begrüßung der zweiten Frau geschehen wäre.

Ich glaube, er schätzte zumindest meine Offenheit, obwohl wir manchmal nicht miteinander sprachen, doch ich buk immer noch Brot für ihn und seine Gäste, nähte Heimtextilien, was ich gelernt hatte, und er blieb äußerst großzügig, verstand meine Bedürfnisse, schätzte die Dinge, die ich für ihn tat, und ließ es nicht zu, daß mich jemand kritisierte. Als Ali einmal versuchte, meine Handlungsweise zu erklären, sagte Mohamed ihm sogar, er solle mich in Ruhe lassen, ich habe ein Recht auf meine eigene Meinung, und er solle sich um seine eigenen Angelegenheiten kümmern. Trotzdem war die Situation grundsätzlich verfahren, und sie wurde niemals wirklich besser.

Hayats ältere Kinder gingen damals in Ägypten in Internate. Die Jungen besuchten englische und die Mädchen französische Schulen. Ich hatte also weitere Gemeinsamkeiten mit ihr. Auch sie sehnte sich nach ihren Kindern, lebte nur für die Ferien, verfluchte die Zeit des Abschieds und in der Zwischenzeit mußte sie während ihres einsamen Lebens jeden Morgen aus dem Fenster zu dem Haus hinüberschauen, in dem ihr Mann mit einer anderen lebte.

Als Hamida schulreif war, waren wir ziemlich ratlos. *Eustaz Aish* erteilte ihr Arabischunterricht und führte sie täglich außer freitags in den Koran ein (vor meiner Heirat hatte ich zugestimmt, daß unsere Kinder im moslemischen Glauben erzogen werden sollten), aber wir wollten auch, daß sie Englisch lernten. Ich war der Ansicht, Kinder sollten ihre entscheidenden ersten Lebensjahre zu Hause verbringen, und daher versuchte ich, einen Weg zu finden, sie weiterhin zu Hause zu behalten, ihnen aber trotzdem eine gute Ausbildung zu ermöglichen. Ich bat meine Mutter um Hilfe, und sie fand auch bald eine Lösung: die Fernkurse der Calvert Schule in Baltimore, Maryland. Diese Kurse richten sich speziell an Eltern ohne vorherige Lehrerfahrung, die ihre Kinder selbst unterrichten wollen, und zwar vom Kindergarten bis zum Gymnasium. Das gesamte Unterrichtsmaterial, schöne und ausgezeichnete Bücher sowie ein Lehrerhandbuch mit Anleitungen für die einzelnen Tageslektionen wurden von der Schule gestellt. Für mich war es wie ein zweites Weihnachtsgeschenk, als der große Karton mit den Materialien ankam.

Mit vorgesehen waren auch Gartenarbeit und gemeinsame Basteleien. Und eines Tages sollten wir sogar Indianer spielen, um unsere Phantasie etwas zu beflügeln. Ali kam gerade herein, als unser Indianerspiel seinen Höhepunkt erreichte. Hamida, Faisal und sogar Tarik und ich waren mit Pfeil und Bogen ausgerüstet zum Flußufer gegangen. Er platzte fast vor Lachen, als wir in unsere Kanus stiegen, zu den Jagdgebieten ruderten, ausstiegen und auf die Pirsch gingen, jeder ein Tier erlegten, es über unsere Schultern hängten und unsere Beute zurück zum Kanu unten am Fluß brachten. Er begrüßte uns, als wir glücklich über unsere gelungene Jagd zu Hause ankamen. Ich glaube, es muß sehr lustig gewesen sein. Tarik wollte bei solchen Gelegenheiten und selbst bei Hamidas anderen Schulprojekten immer dabei sein. Er zeichnete gern, und Hamida überließ ihm Papier und Farben. Außerdem war sie überzeugt, er sei ein Genie. Eines Morgens weckte sie uns und erzählte uns voller Stolz, welche neuen Wörter ihr kleiner Bruder gelernt hatte: »Tarik hat ›Diarrhöe‹ und ›Marie‹ gesagt, ich glaube, er wird bald Französisch sprechen, Mammi.« Ich weiß, wo er das Wort Diarrhöe aufgeschnappt hat, aber es ist mir ein Rätsel, wie er auf Marie kommt.

Tarik lernte schneller Französisch als Englisch, weil die Familie im Sommer nach Paris zog. Mir kam es auch ganz gelegen, denn ich erwartete im Juli unser viertes Kind und machte mir schon Sorgen, dieses nicht wie die anderen im Ausland zur Welt bringen zu können.

Prinzessin Iffat, Prinz Faisals Frau, war auch in Paris und erwartete fast zur gleichen Zeit wie ich ein Baby. Wir freuten uns beide auf den 14. Juli, den Gedenktag des Sturms auf die Bastille, der gleichzeitig der Geburtstag meines Sohnes Faisals war. Einige ihrer Kinder kamen zur Geburtstagsfeier in unsere Wohnung an den Champs-Elysées. Es war für den vierjährigen Faisal schon etwas Besonderes, seine Geburtstagsparty mit einer großen Parade zu beginnen, die direkt vor seinem Fenster vorbeizog und aus Soldaten, Marineoffizieren, Wüstentruppen der Fremdenlegion, ausgerüstet mit Gewehren und Panzern, und aus Musikkorps bestand. Natürlich dachte er, alles sei extra für ihn arrangiert. Für Zainab und Hayat war dies die erste Europareise, sie hatten nie zuvor eine so aufwendige Parade und Zurschaustellung von Nationalstolz und militärischer Macht gesehen.

Nur einen Tag vor unserer Tochter kam das königliche Baby zur Welt. Sie nannten ihre Prinzessin Haifa und wir unser Kind Nadia. Auch Nadia war ein blauäugiges Kind, und Tarik liebte sie über alles. Als sie aus dem Krankenhaus nach Hause kam, stellte er die Schuhe seines Vaters auf die Wiege, in der Nadia schlief. Gott sei Dank fiel ihm keiner der Schuhe aus der Hand und verletzte das Baby, bevor wir ihm diese Art Zuneigungsbeweis seiner Zuneigung ausreden konnten.

Die übrige Familie kam aus allen Himmelsrichtungen angereist, um den Sommer mit uns zu verbringen. Hussein aus der Universität von Kalifornien in Berkeley, wo wir früher gelebt hatten, Hayats Söhne Essam und Abdullah aus London und Zakia samt Kindern aus Arabien. Mir kam es so vor, als führen wir immerzu entweder ins Krankenhaus oder zum Flughafen. Wir zogen in ein großes Haus nach St. Cloud, das nicht sehr schön war, aber dafür hatte jeder ein eigenes Zimmer. Mein sehr eleganter französischer Arzt mußte mich einmal dort besuchen, und als er die zweite Etage erreichte, konnte er es schon kaum noch glauben. Er näherte sich meinem Bett, vorbei an den Betten schlafender Kinder, und als er das letzte Hindernis überwunden hatte, schüttelte er seinen Kopf und mußte lachen. Er sah sofort, daß ich ihn verstand, und wagte zu fragen: »Wie viele sind es, Madame?«

»Sachte, wir wollen das böse Auge doch nicht herausfordern«, antwortete ich mit einem Augenzwinkern. »Unter uns gesagt, wir sind schon eine erkleckliche Anzahl, aber sagen Sie es nicht weiter. Eine Sache, die wir Araber nie tun, ist, die Köpfe zu zählen, denn es bringt immer Unglück.« – »Unglaublich«, war sein einziger Kommentar, als er seiner Arbeit nachging, und damit konnte er alles mögliche gemeint haben.

Im Oktober kehrten alle außer mir und den Kindern nach

Arabien zurück. Ali begleitete die Familie nach Hause und ließ mich in Frankreich, denn er plante, bald wieder nach Europa zu reisen. Da sein Rücken ihm wieder Probleme machte, mußte er sogar früher als erwartet auf einer Trage nach Paris zurückkehren. Er suchte mehrere Spezialisten auf, und letztendlich operierte man ihn im Januar 1952 in London an der Bandscheibe. Alis Mutter, die Kinder und ich blieben im Dorchester Hotel. Wir besuchten ihn täglich in der Londoner Klinik, wo er sich drei Wochen lang von der Operation erholen mußte. In der Zwischenzeit wurde Hamida regelmäßig weiter unterrichtet, wir gingen im Park spazieren und kauften immerzu Obst.

Seine Majestät König Georg VI. starb im Februar, und von unserem Hotelfenster aus schauten wir uns die kilometerlange Beerdigungsprozession an. Der Trauerzug war sehr pompös, typisch britisch, und für mich war es das Großartigste, was ich je gesehen habe – traurig, wunderschön, herzzerreißend, rührend, spektakulär und tragisch zugleich. Niemand von uns wird diesen Trauerzug je vergessen.

Ali erholte sich nur langsam, und es traten Komplikationen auf. Er mußte immer wieder ins Krankenhaus und trug ein Stahlkorsett. Aber als er wieder reisen konnte, kehrten wir für eine Weile nach Frankreich zurück und reisten dann weiter in den Mittleren Osten, bevor wir wieder nach Europa zurückgingen, damit Ali weiterbehandelt werden konnte.

Ende 1952 begleiteten wir Prinz Faisal, Prinzessin Iffat und ihr Gefolge auf einer Geschäfts- und Vergnügungsreise in die Vereinigten Staaten. Ali sollte mit Prinz Faisal das Flugzeug nehmen, die übrigen Männer, Frauen und Kinder mit dem Schiff fahren (es war wieder die Queen Mary). Aber Seine Königliche Hoheit entschied, daß es für Ali schlimmer war, stundenlang an Bord des Flugzeugs zu sitzen, als eine Zeit auf dem Schiff zu verbringen. Also kam Ali mit uns, das waren: Dr. Bushir aus Mekka, der besagte Ahmed Abd-el-Wahab, ein junger Saudiaraber, der bei Prinz Faisal aufwuchs, die Prinzessin, ihre Schwester Muzaffar Hanam, Mme. Gemila Pharaon, die Frau von Dr. Rashad, einst der Privatarzt von König Ibn Saud und später Gesandter in Frankreich, ihre Schwester, Madame Ahmed Abd-el Jabbar und ich selbst.

Einige Kinder der Prinzessin waren etwa im gleichen Alter wie die meinen, und das machte die ganze Sache angenehmer für alle Beteiligten. Hamida und Faisal setzten trotzdem ihre Calvert-Schul-Lektionen fort. Alle zusammen bildeten wir eine recht muntere Gemeinschaft. Als wir in New York ankamen, schlossen sich uns die übrigen Männer an, und wir reisten zusammen durch die Vereinigten Staaten. Eines der Kinder hatte immer Geburtstag, die Männer gaben viele Geschäftsessen, und wir aßen überhaupt sehr oft zusammen und mußten daher ständig Großeinkäufe erledigen. Im Mark Hopkins Hotel in San Francisco bekam Tarik die Masern und verzögerte so durch die verhängte Quarantäne die Pläne der Erwachsenen. Danach fuhren wir mit einem privaten Eisenbahnwagen nach Los Angeles, anschließend nach Florida, wo uns der Hotelmanager sein eigenes Haus überließ, so daß wir Badeanzüge tragen und schwimmen gehen konnten. Auf dem Hotelgrundstück durften arabische Frauen sich nämlich nicht leichtbekleidet zeigen. So ging es weiter, bis wir in New York eintrafen. Dort angekommen, kümmerten wir uns wie üblich um die Termine der Männer, verbrachten den Tag unter uns Frauen, und am Abend versammelten wir uns wieder alle gemeinsam. Die Kinder nahmen an Ausflügen teil, aßen meist alle zusammen, spielten oft im Hotel und waren dabei selten leise. Als Prinzessin Iffat die ganze Bande mit neuen Westernkostümen von F. A. O. Schwartz ausstaffierte, konnte man die Kinder fast jeden Tag im Central Park finden.

Im März war unsere Geschäfts- und Vergnügungsreise in die Vereinigten Staaten beendet, und die Plätze für die Rückfahrt mußten reserviert werden. Die Männer nahmen wieder das Flugzeug, und die Frauen fuhren mit dem Schiff. An unserem Abfahrtstermin war die Queen Mary natürlich wieder das einzige Schiff, das in Frage kam. Genau an meinem Geburtstag, dem 28. März reisten wir ab. Prinz Faisal gab am 26. für mich eine verfrühte Überraschungsparty im El Morocco, wo mir Ali und die Kinder ihre Geschenke überreichten. Wir verbrachten dann noch den kommenden Tag zusammen, und für den 28. hatte die Prinzessin für mich eine Party an Bord des Schiffes geplant. Dort erwartete mich das Geschenk der Familie, Silbergeschirr und ein »persönliches« Geschenk meiner Mutter, ein steinharter Berliner (so wie ich ihn mochte). Er war ähnlich wie die, die sie mir immer während meines Studiums geschickt hatte und die sie bereithielt, wenn ich wieder einmal nach Hause kam. Der Berliner stand tagelang auf meiner Kommode in der Kabine, und ich erlaubte dem Steward nicht, ihn wegzuwerfen. Niemand außer mir, schon gar nicht der Steward, verstand mein Verhalten.

Die Ankunft in Cherbourg entsprach genau meinen früheren Erfahrungen. Um halb sechs wurde das Frühstück serviert, und die Ebbe war bereits so weit fortgeschritten, daß wir nicht anlegen konnten und alle Passagiere von der Queen Mary in eine kleine Fähre umsteigen mußten. So wurden wir dann an Land gebracht und erreichten den Zug nach Paris. Wir alle wünschten uns, wieder zu Hause in Dschidda zu sein, und es sah ganz so aus, als würde dieser Wunsch in naher Zukunft auch in Erfüllung gehen.

In Paris trennten sich unsere Wege, und einige setzten ihre

Reise in Richtung Kairo fort. Von dort aus waren wir zu zehnt in der großen DC-4, die der König uns geschickt hatte, und als wir beim Landeanflug über Dschidda kreisten, überflogen wir unser Haus am Kilo-Fünf, wo wir unsere Familie vom Balkon aus winken sahen. Ich erinnerte mich an eine andere Ankunft in Dschidda, und es kam mir so vor, als wäre wieder die gesamte männliche Bevölkerung der Stadt gekommen, um Emir Faisal zu begrüßen; und Onkel Jusuf, die Familie und Freunde kamen in das Flugzeug wie zuvor, um mich und die Kinder zu sehen, und warteten so lange, bis sich der Aufruhr draußen gelegt hatte. Ich sagte allen, wie schön es sei, wieder zu Hause zu sein, und es war die Wahrheit.

Auch die Kinder waren entzückt, wieder daheim zu sein. In den ersten Tagen konnten wir den kleinen Faisal nur bei den Mahlzeiten dazu bringen, seinen arabischen Mantel und seine Kopfbedeckung – »ganz wie Vati« – abzulegen. Obwohl Tarik uns mit dem in den Vereinigten Staaten gelernten Lied »Jambalaya« ständig beglückte und Nadia sich wegen der zahlreichen Partys nicht abgewöhnen konnte »Happy Birthday« allen denen vorzusingen, an deren Partys sie teilgenommen hatte, gewöhnten wir uns alle sehr schnell wieder an das arabische Leben.

Unser Penthouse war jetzt wesentlich komfortabler ausgestattet. Wir hatten erstmals Klimaanlagen in den Schlafzimmern, Ali hatte wunderbare Elektrogeräte für mich besorgt (tagsüber und nachts lief je ein Generator), und außerdem erwarteten wir einen Küchentresen, der von Macy's in New York entworfen und geliefert werden sollte. Einen Teil des Balkons trennte er als Eßecke und für gemütliche Abende ab, und ferner baute er uns ein »Klassenzimmer« im westlichen Flügel des Hauses.

Es handelte sich um einen wunderschönen klimatisierten

Raum, der sich über die gesamte Breite des Hauses erstreckte. Wir erreichten ihn über eine Wendeltreppe von der Küche aus. Das Zimmer hatte große Fenster, für die ich herrliche rote Vorhänge nähte, jedes Kind bekam einen Schreibtisch, für mich wurde eine Handarbeitsecke eingerichtet, damit ich weiter nähen lernen konnte, und dann suchten wir einen Platz für den 16-Millimeter-Filmprojektor aus, den wir kauften, um Filme zu zeigen, wenn wir die Möglichkeit hatten, sie irgendwo auszuleihen oder zu mieten.

Direkt nach unserer Rückkehr wurde der Arabischunterricht wieder aufgenommen, und morgens wurde Englisch gelernt, und zwar möglichst genauso wie in normalen Schulen. Der Unterricht fand immer zur gleichen Zeit statt, und wir verlangten volle Aufmerksamkeit während der zwei oder drei täglichen Schulstunden. Da alle Kinder gleichzeitig unterrichtet wurden, obwohl sie eigentlich auf unterschiedlichen Stufen waren, mußte man jedem Kind nacheinander seine Aufgabe stellen; und wenn das letzte endlich beschäftigt war, konnte man sich wieder dem ersten zuwenden, das bis dahin für etwas Neues bereit war. Die besten Leistungen des Tages und die monatlichen Tests wurden immer an die Calvert School geschickt, wo professionelle Lehrer für die jeweiligen Schüler die Arbeiten zu Beginn des Schuljahres beurteilten und uns ihre Meinungen und Ratschläge schriftlich mitteilten. So konnten wir dann erfolgreich auf das Zeugnis am Ende des Jahres hinarbeiten. Ich habe selbst immer so viel dazugelernt, daß ich meine, auch ich hätte ein Zeugnis bekommen sollen.

Eustaz Aish hatte Pech, denn er mußte den Kindern nach ihrer Englischstunde auch noch Arabisch beibringen, obwohl sie natürlich lieber eine Spielpause gehabt hätten. Faisal schlich sich gewöhnlich vorher in ihr Klassenzimmer (das Eßzimmer auf der mittleren Etage) und legte Konfetti auf die

Flügel des Ventilators (wahrscheinlich die von ihm gelochten Englischhefte), denn er wußte genau, daß *Eustaz* zuallererst den Ventilator anstellen würde. Meine Rasselbande schlich sich auch gerne in die angrenzende Toilette und zog an der Spülung, die komischerweise die seltsamsten Geräusche von sich gab und so laut war, daß man im Umkreis von zwei Etagen nichts anderes mehr hörte.

Mein Beitrag, den Unterrichtsbeginn zu verzögern, war der vormittägliche Imbiß, den ich ihnen schickte. Auch *Eustaz* bekam immer etwas zu essen, denn bis zum Mittagessen war es für ihn genauso lange wie für die Kinder. Und obwohl er sich immer über die so entstandene Verspätung beschwerte, war er der erste, der nach dem kleinen Frühstück fragte, sobald es einmal ausblieb. Eis am Stiel und Eiskremsandwiches mochte er am liebsten, und er brachte die Eisstäbchen immer wieder zurück, damit man sie nochmals verwenden konnte.

Es amüsierte mich immer, daß die einzige echte Verbindung zwischen mir und dem Lehrer meiner Kinder rein kulinarischer Art war. Ich erkundigte mich nie nach ihrem Wissensstand, denn dies war die Aufgabe ihres Vaters, jedoch fragte ich den *Eustaz* einmal nach seiner Unterrichtsmethode. Faisal berichtete mir eines Tages, was er während einer Religionsstunde gelernt hatte, daß nämlich alle Menschen außer den Moslems in die Hölle kommen. Nun, vielleicht hat *Eustaz* dies nie so gesagt, aber so kam es jedenfalls bei mir an; Ali erfuhr auch davon und mußte furchtbar lachen. Er sagte, er werde mit *Eustaz* reden, aber Gott sei Dank tat er es nicht.

Keine Diskussion über die Kinder wäre vollkommen, ohne Saima zu erwähnen. Sie kam jeden Donnerstag und Freitag zum Unterricht zu uns, denn wir liebten sie, und sie wiederum war nur zu gerne mit den Kindern zusammen. Sie war die Witwe eines freigelassenen Sklaven, der eine wichtige Stellung in der Firma der Alirezas bekleidete. Als er starb, wurde Saima in die Familie aufgenommen, weil erstens die Religion und die Gewohnheiten des Landes es so vorsahen und zweitens, weil Saima ein Mensch war, der ohnehin für diejenigen, die sie kannten, sofort zur »Familie« gehörte. Sie hatte nie eigene Kinder, aber als ich sie kennenlernte, nannte sie mehr Kinder ihr eigen als jeder andere Mensch.

Saima erzählte unseren Kindern schöne Geschichten und brachte immer etwas für sie vom *suk* mit – in Papier gewickelte, heiße, gepfefferte und gebratene Bohnenkuchen, sogenannte *muglia,* geröstete Kürbis- oder Melonenkerne oder eine klebrige Masse, *halawa tahinia,* eine köstliche Sesampaste mit Honig oder Zucker gesüßt – und das bedeutete Spaß und Gelächter mit einer unkomplizierten, gutgelaunten Person, die sich nur allzu gern an unseren spontanen Aktivitäten beteiligte. Es bedeutete aber auch Streit der Jungen und Mädchen darüber, zwischen wessen Betten sie die Nacht auf dem Boden verbringen durfte (in der ersten Nacht schlief sie immer dort), und sie kämpften auch darum, Saimas Aufmerksamkeit zu erlangen, und wer ihr einen Streich spielen durfte. Und wenn ich jetzt so darüber nachdenke, war es bei uns Erwachsenen nicht anders, wenn Saima da war.

Niemand konnte die alten traditionellen arabischen Gewänder so gut tragen wie Saima. Sie paßten wunderbar zu ihrer schnurgeraden Haltung des Oberkörpers und dem leichten Schwung unterhalb der Taille. Der weiche, im alten Stil gehaltene Kopfschmuck sah aus, als sei er extra für ihr stets sorgfältig gepflegtes, seidig glänzendes schwarzes Haar gemacht worden. Sie hatte sehr tiefliegende ausdrucksvolle Augen und extrem ausgeprägte hohe Wangenknochen, volle

Lippen und eine nicht ganz dunkle weiche Haut. Wir versuchten im Laufe der Jahre, ihr Ängste zu mildern – ihre Angst allein zu sein, kam schon einer Phobie nahe –, aber wahrscheinlich verschlimmerten wir sie durch unsere Taten nur. Sie machte wirklich jeden Spaß mit, und das verführte uns immer dazu, es noch schlimmer zu treiben.

Den größten Spaß hatten wir, wenn sie in einem vollen Klassenzimmer anfing zu beten und wir mitten im Gebet einer nach dem anderen den Raum verließen. Sie blickte uns dann sehr verärgert aus dem Augenwinkel hinterher, während sie verzweifelt versuchte, sich auf ihr Gebet zu konzentrieren. Weiß Gott, wie viele Gebete wir so gestört haben. Wir nannten es den Aufstieg und Fall der Saima, denn jedesmal nachdem sie mit der Stirn den Boden berührt hatte und sich wieder aufrichtete, waren einige mehr von uns gegangen. Wenn wir alle verschwunden waren, bevor sie ihr Gebet beendeten, verlor sie die Geduld und rannte mit dem auseinandergefalteten Gebetsblatt hinter uns her. Ein anderer Scherz bestand darin, sie zum Verlassen des Raums zu bewegen, indem wir sie höflich baten, etwas für uns aus dem anderen Teil des Hauses zu holen. Sie tat dies auch meist ganz gerne, denn sie wußte, daß wir in der Nähe wären, falls der *djinn* hinter ihr herkäme. Sie merkte aber nicht, daß wir der einzige *djinn* weit und breit waren. Wir löschten dann alle Lichter und warteten ganz leise, bis sie völlig aufgelöst in das dunkle Zimmer zurückkam, uns nicht sah, ihre langen Röcke hochraffte und in Panik die Treppen hinunterlief, bis sie irgend jemanden fand. Natürlich war es ziemlich böse von uns, aber sobald Saima uns wiederfand, brachen wir alle zusammen in großes Gelächter aus.

Während der Woche lebte Saima in der Stadt, wo sie kleine Mädchen in der zu jener Zeit einzigen Mädchenschule von Dschidda das Handarbeiten lehrte. Während sie mit ihren geschickten Händen und ihrer angenehmen Art den jungen Mädchen alles Notwendige beibrachte, genossen die von den Eltern mitgeschickten jüngeren Geschwister der Schülerinnen das beste Babysitting in der ganzen Stadt. Es war typisch für Saima, daß ihre sogenannten »Bonus-Babys« bleiben durften – nur ganz selten und aus gutem Grunde schickte sie je eines der kleinen nach Hause –, und die wahren Geschichten, die sie erzählen konnte, waren geprägt von Diplomatie, Toleranz und der Art und Weise, wie Menschen ihre eigene Last vergrößern, um die Last eines Mitmenschen zu verringern. Ich weiß nicht, wie Saima es schaffte, den Mädchen das Sticken beizubringen und gleichzeitig Windeln zu wechseln und die nicht eingeplanten Babys zu versorgen (ja, sie fütterte sie sogar alle), aber so wie ich Saima kannte, glaubte ich ihr jedes Wort.

Freitags fuhr Saima immer mit uns zum Strandhaus, oder wir machten Ausflüge mit unserem neuen, 25 Meter langen Boot, gingen angeln und ankerten vor einer der bei Dschidda gelegenen kleinen Inseln (sogar vor der alten Quarantäneinsel). Ohne sie wäre alles anders gewesen, aber wir wußten, daß es sie einige Überwindung kostete, sich unseren Autos anzuvertrauen, denn wir könnten ja einen Unfall bauen *»Allah mahafuzzna«**, oder unser Boot zu besteigen, das sinken könnte *»burra wa baeed«***. Oder, wenn wir im Roten Meer wateten, hätte sie ein Haifisch angreifen können *»Allah ikatahom«****. Sie betete den Rosenkranz und murmelte auf der gesamten Hin- und Rückfahrt Gebete vor sich her, aber zwischendurch hatte sie auch viel Spaß.

---

* »Gott schütze uns.«

** Im übertragenen Sinne: »Um Gottes willen«, wörtlich: »Draußen und weit weg«.

*** »Gott verfluche sie.«

KAPITEL 16

Das Leben innerhalb unseres Hauses und auch die Lage in der Stadt verbesserte sich. Die Regierung hatte begonnen, die Straßen regelmäßig zu reinigen und Insektizide zu versprühen, um das Fliegenproblem zu verringern. Durch die Bemühungen der Malariaforscher gingen die Fälle von Malaria und Denguefieber weit zurück; der ersten Klinik folgten viele gute Krankenhäuser; ein großes Hotel wurde gebaut (das erste dieser Art), und moderne Geschäfte, in denen man alle nur erdenklichen Waren erhalten konnte, öffneten ihre Türen. Fachmännisch errichtete Gebäude ersetzten die Schandflecken der Stadt, und je eine Fabrik für Seife und Schuhe wurden eröffnet. Die Regierung verbesserte auch die Unterkünfte für die Abertausende jährlich durchreisender Pilger. Das Kommunikationsnetz wurde erweitert und modernisiert. Es war einfacher für uns geworden, Zeitungen und Bücher zu bekommen. Ein neuer Flughafen entstand anstelle des alten, und die neue Saudiarabische Fluggesellschaft wurde größer und besser. Schon bestehende Straßen wurden ausgebessert und neue entstanden, und noch bevor die alten Mauern von Dschidda fielen, sah man schon zahlreiche neue Häuser und Gärten in der umliegenden Wüste. Die neue Ordnung wurde also überall ganz deutlich sichtbar.

Diese massiven Verbesserungen waren hauptsächlich auf das Erdöl zurückzuführen, das dem Land die Devisen einbrachte, die die Regierung dazu nutzte, die Lebensumstände innerhalb des Landes zu verbessern, während sie gleichzeitig versuchte, ein funktionierendes Verwaltungssystem zu errichten, das Arabien in die moderne Zeit und zu größerer Effektivität führen sollte. Es mußte noch sehr viel getan werden, aber Ideen gab es genug, und langsam ergriffen die Menschen die Initiative, um sich mit der Zeit vorwärts zu bewegen. Für viele war dies ein harter Kampf, denn einige waren sich nicht sicher, ob sie wirklich eine solche Veränderung wollten; andere wiederum konnten die Neuerungen kaum erwarten. Was mich angeht, so fühlte ich mich, als hätte ich für den besten Platz im Theater eine teure Karte gekauft und müßte mir die Vorstellung dann doch von den hinteren Reihen aus anschauen.

Es war manchmal wirklich erstaunlich, in welcher Weise sich die Menschen über Sachen wie beispielsweise einen Staubsauger als Inbegriff des Fortschritts begeistern konnten. Ali brachte eines Abends einen Staubsauger aus der ersten Lieferung ihrer Firmen-Vertretung mit nach Hause. Wir applaudierten, während er das neue Gerät vorführte, und als er schon fast zwei Drittel des Teppichs gesaugt hatte, merkte er, daß dies wohl mehr war als eine bloße Demonstration des Gerätes. Es gelang ihm nicht sofort, uns den aufgesaugten Schmutz zu zeigen, was in Anwesenheit der Bediensteten etwas peinlich war; deshalb hievte er das Gerät auf seine Knie, um es etwas genauer untersuchen zu können. Dabei sprang natürlich die Klappe auf, und der ganze Staub fiel auf seinen *tobe*. Normalerweise wäre dies das Ende der Vorstellung gewesen, nachdem alle herzlich gelacht hatten. Aber in Arabien ist es schon zu oft vorgekommen, daß die mit unseren Methoden nicht vertrauten Bediensteten unsere Anweisungen allzu wörtlich nahmen. Deshalb blieb Ali mit seinem Schoß voller Schmutz sitzen, bis alle Anwesenden verstanden hatten, daß dies nicht die richtige Art und Weise war, den Beutel zu leeren.

Ali liebte es, wenn seine Unternehmungen auf eigene Faust

ein spektakuläres Ende nahmen. Er gab davon eines Abends eine wunderbare Demonstration, als wir mit dem flachen offenen Boot unseres Freundes Mohamed Salama zum Fischen hinausfuhren; er war der begehrteste Dschiddaer Lotse, der immer von ausländischen Schiffseignern gebeten wurde, ihre Schiffe sicher durch die Felsenriffe zu führen. Mohamed Salama war einer der nicht zur Familie gehörenden arabischen Männer, zu dem ich Kontakt haben durfte, und so war ich auch dabei, als wir vor dem Musmariya Riff 25 Kilometer von Dschidda entfernt vor Anker gingen und fischten. Ali war dabei unglücklicherweise der einzige, der noch keinen Fisch gefangen hatte.

Ich hatte ehrlich gesagt den großen Vorteil, daß Mohamed Salama und seine Freunde mir ihre auf den ersten Blick eher lächerlich wirkenden Geheimtips verrieten. Zunächst einmal braucht man viele Steine und eine Rolle dicker Schnur mit den dazugehörenden Angelhaken. Dann geht man folgendermaßen vor: Man nimmt einen faustgroßen Stein und legt die mit einem Köder versehenen Haken und einige lose Köder zum Anfüttern darauf. Dann wird ein zweiter Stein darüber gelegt und mit der Schnur bindet man die beiden Steine mittels einer bestimmten Schleife zusammen und wirft das Gebilde über Bord. Die Steine halten zusammen, bis sie den Meeresboden berühren, mit einem Ruck von oben fallen jedoch die losen Köder heraus, die Schnur löst sich, und man fängt unter Garantie einen Fisch. Ich war schon in Kalifornien zum Hochseefischen gewesen, aber die Methoden der Araber übertrafen alles zuvor Gesehene.

Wie ich so auf dem Schiff saß und unter den lautstarken Anfeuerungsrufen meiner arabischen Freunde Steine zusammenband und einen Fisch nach dem anderen aus dem Wasser zog, während Ali immer wütender wurde, dachte ich: Ja, so ist das Leben! Ich weiß nicht, warum Ali kein Glück hatte, aber am Ende tat sich auch beim ihm etwas. Plötzlich zog etwas so stark an seiner Schnur, daß er kaum die Angel festhalten konnte, was seinem kranken Rücken nicht gerade guttat, aber er wollte unbedingt alles alleine schaffen. Er zerrte an der Schnur, fluchte und zog wieder (er dachte zweifellos, daß wir zwar mehr gefangen hatten, sein Fisch dafür jedoch größer sein würde), während wir in die Tiefe starrten, um einen ersten Blick auf seinen Fang zu erhaschen. Irgend jemand zielte sogar schon mit der Pistole auf die Stelle im Wasser, falls der Fisch uns gefährlich werden sollte, als schlagartig die größte und stacheligste Koralle, die wir je gesehen hatten, aus dem Wasser schoß.

Danach fuhren wir zurück nach Hause, und Ali hörte nur auf zu schmollen, weil die Crew an Bord über dem offenen Feuer Fisch zubereitete. *Sayadiah** ist ein von den alten Fischern Dschiddas erfundenes Gericht. Man schmort Zwiebeln, bis sie fast schwarz sind, fügt dann Wasser hinzu, entfernt die Zwiebeln, gibt statt dessen Reis und Fischstücke hinein, schmeckt es mit Salz und Zitrone ab und läßt alles garen. Der köstliche braune Reis läßt den Fisch noch weißer erscheinen und steigert somit auch optisch die Gaumenfreude. Zusammen mit dem *sayadiah* werden gebratener Fisch, geröstetes Brot und, falls gewünscht, rohe Zwiebeln gereicht, und am besten ißt man das ganze mit den Fingern.

Saleeg, ein anderes Gericht, aßen wir bei besonderen Anlässen auch immer mit den Fingern. Hierbei handelt es sich um eine Speise der Beduinen, die aus einem ganzen Lamm samt Kopf besteht, das in Milch gekocht und zu dem Reis hinzugegeben wird, sobald das Fleisch zart ist. Dieser

* Wörtlich: »von der Jagd«; im Arabischen spricht man von der »Fischjagd«.

Eintopf ist ein dampfendes Durcheinander, das einfach köstlich schmeckt.

Es gab so viele gute Sachen zu essen! Ich aß zum Beispiel leidenschaftlich gerne *moottabug,* das die Zuckerbäcker in der Stadt aus großen hauchdünnen Blätterteigplatten herstellten, die mit karamelisierten Bananen, Frischkäse oder Eiern gefüllt wurden. Sie waren so köstlich, daß ich sonstwas dafür geben würde, herauszufinden, nach welchem Rezept sie gemacht werden. Eine Sachertorte ist gar nichts dagegen.

Und dann waren da noch die Namen. Es war schon himmlisch, einige von ihnen nur auszusprechen, und man fühlte sich, als ob man dabei tanzen müsse. Ich fand jedoch heraus, daß einige Bezeichnungen irreführend waren. Es gab eine in Sirup getränkte Süßigkeit namens *turroomba,* die aussah wie ein länglicher geriffelter Berliner. *Turroomba, turroomba* – das klingt fast wie die Trommeln der Beduinen bei Nacht, und ich liebte es, den Namen mehrmals hintereinander auszusprechen, bis ich erfuhr, daß der Name noch zwei andere, sehr profane Bedeutungen hat, und zwar »Pumpe« oder »Spritze«.

Als wir aus Medina Fünfgallonendosen mit Datteln als Geschenk erhielten, fragte ich mich, wie wir sie jemals aufessen sollten, aber irgendwie schafften wir es. Sie waren köstlich, wie gute Datteln nur sein können, und ihre Unterschiedlichkeit erstaunte mich. Manchmal waren sie nicht so sauber, wie sie hätten sein sollen, so daß ich sie auf große Backbleche ausbreitete und kurz in den Ofen schob, um sie zu sterilisieren. Nur die unreifen Datteln, deren große rote Früchte süß, prall und saftig wie Äpfel waren, schob ich nicht in den Ofen.

Natürlich führte ich selbst auch einige neue Speisen und Getränke ein und erlebte mit, wie manche amerikanische

Spezialität zu einem gängigen Wort in arabischen Haushalten wurde. *Kool-Aid,* ein importiertes Kaltgetränk mit künstlichem Fruchtgeschmack, das ich mit frischem Saft mischte, entwickelte sich zu einem Lieblingsgetränk bei Beendigung des Ramadanfastens und bestand aus dem gleichen Gemisch, aus dem ich auch das Eis am Stiel zubereitete. Meine arabische Familie mochte meine gebackenen Bohnen und zum Picknick gebratene Hähnchen, wobei ich selbst *foule medemas* – Saubohnenpüree, mit Knoblauch, Kümmel und Zitrone abgeschmeckt und mit Öl beträufelt – und ihren gebratenen, mit Gewürzen gefüllten Fisch bevorzugte.

Aus persönlichem Interesse versuchte ich herauszufinden, wie viele amerikanischen Gerichte Mutter mochte, aber nicht aussprechen konnte. Es kamen einige zusammen: *»bancake«* mit Betonung auf der letzten Silbe, *»abllebie«, bobcorn«, »bobsicles«, »mashymellow«, »beanut-brittle«, »wallf«* für Waffeln, und zarte *»bobowers«*. Sie gab sich aber große Mühe, und das war schließlich die Hauptsache. Mit ihrem Sinn für Humor erlaubte sie es, daß wir die von uns importierten Frankfurter Würstchen im Arabischen mit der wörtlichen Übersetzung für *Hot dogs* bezeichneten. In unserem Hause nannten wir sie also *kilab hara* und vergaßen manchmal, daß andere Araber noch nie etwas von *Hot dogs* gehört hatten; und so schockierten wir manchmal die Gäste, indem wir den Hausangestellten ganz laut zuriefen, sie sollten doch noch ein paar *kilab hara* servieren. Für Moslems sind Hunde sehr unreine Tiere, und unser Zuruf löste daher größte Besorgnis aus.

Ali verließ uns des öfteren für kurze Zeit, weil er wieder untersucht werden mußte, und es war verständlich, daß ich ihn auf solchen kurzen Reisen nicht begleitete. Er ließ mich jedoch auch in Arabien zurück, als König 'Abd al-'Aziz ihn als Repräsentant Saudi-Arabiens zur Krönung Königin Elisabeths nach London schickte. Ich war natürlich sehr verärgert. Schon sehr bald erhielt er die formelle Einladung, die der Protokolliste entnommen war, und dann kamen noch viele andere mehr, adressiert an »Scheich und Gemahlin . . .«, aber nur Seine Hoheit der Scheich fuhr. Ich sagte hoffnungsvoll: »Ich bin keine echte Araberin, weißt du«, aber das arabische Protokoll hielt nichts von Begleitung, und so blieb ich wohl oder übel zu Hause. Ich schaute mir traurig das Album mit den eingeklebten Einladungen und anderen Erinnerungsstücken an, das Ali mit nach Hause brachte, und sooft ich meinen Namen dort las, vergoß ich ein paar Tränen. Ich hatte dieses großartige Ereignis verpaßt!

Zwischen solchen wichtigen Anlässen ließ Ali weiterhin seinen Rücken behandeln, und meine Mutter, die Kinder und ich fanden uns in regelmäßigen Abständen in London wieder, wo wir ihn an seinem Krankenbett besuchten. Er mußte sich weiteren Operationen, Tests und anderen Behandlungsmethoden unterziehen, und die damit einhergehenden Probleme machten uns allen das Leben nicht leichter. Er hatte starke Schmerzen und wurde sehr depressiv, weil seine Heilung nur langsam voranschritt und er sowohl im Krankenhaus als auch zu Hause stark unter seiner Krankheit litt.

Nach einer weiteren Behandlung Ende des Jahres 1953 bestand Mohamed darauf, daß Ali sich eine Weile erholen müsse, und daher zogen wir wieder in unsere Wohnung nach Paris. Nura Sulaiman (ohne Nebenfrauen) und ihre zahlreichen Bediensteten, Sekretärinnen und Freundinnen zogen gerade dort aus. Scheich Abdullah hatte uns gebeten, ihr unsere Wohnung zu überlassen, aber er kehrte früher als erwartet von einer Geschäftsreise aus Deutschland zurück, und so zogen sie in das Trianon Hotel, damit für niemanden Probleme entstanden.

Eines Tages passierte dann das folgende: Die Kinder und ich gingen am Nachmittag in einen Park an den Champs-Elysées. Auf dem Heimweg tranken wir Tee, aßen Eis im Lido und kehrten dann in die Wohnung zurück. Als die Kinder gewaschen waren, ihre Schlafanzüge anzogen hatten und zu Abend aßen, klingelte das Telefon. Hamida nahm den Hörer ab, und ich hörte sie aus dem Nebenzimmer sagen: »Hallo . . . ja gut . . . ja gut *Ammo** . . . Tschüs.« Sie rannte in unser Zimmer und informierte uns: »Onkel sagt, wir sollen schnell unsere Koffer packen, denn um Mitternacht ginge unser Flugzeug nach Dschidda.« Er hatte ihr nicht gesagt warum, und sie hatte auch nicht gefragt oder keine Gelegenheit dazu gehabt, daher wußten wir nicht, warum wir so schnell abreisen sollten. Es muß ihm wohl aufgefallen sein, sobald er den Hörer aufgehängt hatte, denn er rief nochmals an, um mitzuteilen, daß König 'Abd al-'Aziz gestorben war. Später fanden wir heraus, daß wir wegen Scheich Abdullah so schnell wie möglich abreisten, weil dieser hoffte, Arabien noch rechtzeitig zur Beerdigung zu erreichen – obwohl jeder wußte, daß es sehr knapp werden würde, denn die Toten werden in Arabien schnell beerdigt, und selbst der König macht da keine Ausnahme.

Wir hatten jedoch unsere Anweisungen, also packten wir wie verrückt unsere Sachen ein, zogen uns und die Kinder um. Wir waren fast fertig, als das Telefon wieder klingelte und uns mitgeteilt wurde, daß sich die Pläne geändert hätten und wir erst am nächsten Morgen um neun Uhr abreisen würden. Mein Gott, wie waren wir erleichtert! Vor der Abreise erhielten wir allerdings noch einen weiteren Telefonanruf. Das für uns bestimmte Flugzeug konnte wegen schlechten Wetters nicht in Frankfurt starten, und so flogen

---

** Kosewort für Onkel.

wir letztendlich um Mitternacht ab. So weit, so gut! Um halb eins befanden wir uns in der Luft über den Vororten von Paris. Ein Flugzeug der Luftwaffe der Vereinigten Staaten, das kurzfristig durch den Botschafter der USA in Paris abgestellt wurde, brachte uns nach Dschidda. Es gab nämlich keine normalen Flüge mehr für uns, die saudiarabische Botschaft hatte den gesamten Nachmittag damit verbracht, einen Flug zu bekommen. Auch die französische Regierung hatte es versucht, schließlich war Ali zum amerikanischen Botschafter gegangen und hatte ihm die Situation erklärt. Dieser hatte ihm ohne Zögern versichert, daß er sich keine Sorgen machen solle und daß am Abend ein Flugzeug zu unserer Verfügung stünde.

Das Flugzeug selbst war äußerst komfortabel und bestens ausgestattet, aber der Flug zog sich in die Länge. Das Wetter über den Alpen war nämlich so schlecht, daß wir sie umfliegen mußten und erst nach sechs Stunden, von Gewitterblitzen begleitet, auf dem Flughafen der US-Luftwaffe in Tripolis zu unserem ersten Zwischenstopp landeten. Dort wurden wir zum Frühstück in das Speisezimmer des Sergeanten gebeten. Ich im Nerzmantel mit einem Kind an jeder Hand, und die Männer schon in *tobes* und mit Kopfschmuck für die Landung in Arabien vorbereitet. Wir müssen ein lustiges Bild abgegeben haben. Insgesamt verbrachten wir zwei Stunden in Tripolis beim Frühstück und warteten den Regen ab (der Flughafen war teilweise schon anderthalb Fuß hoch überflutet), und dann brauchten wir noch neun Stunden bis nach Dschidda. Als wir ankamen, sprach ich mit der amerikanischen Besatzung und sagte ihnen, ich könne mir gut vorstellen, wie sie sich nach dieser langen Reise fühlten, denn wir waren schon todmüde, ohne zu arbeiten. Der uns während des Fluges betreuende Sergeant sagte: »Ja, Sie haben recht, und wir hatten bereits einen vollen Arbeitstag hinter uns, als wir für diesen Notfall eingeteilt wurden.« Können Sie sich das vorstellen?

Scheich Abdullah und alle von uns waren beeindruckt von der Hilfsbereitschaft der Luftwaffe, und ich als Amerikanerin war natürlich stolz. Der Botschafter ließ uns sogar am Flughafen von Tripolis mit Autos und Bussen am Flugzeug abholen, und ein arabisch sprechender amerikanischer Major stand ebenfalls zu unserer Verfügung. Alle Betroffenen taten ihr möglichstes, aber die Männer kamen natürlich zu spät zur Beisetzung von König 'Abd al-'Aziz. Prinz Faisal war der einzige seiner vielen Söhne, der bei ihm war, als er starb. Kronprinz Saud kam auch zu spät aus Dschidda an. Als sich die beiden jedoch in Taif trafen, begrüßte Prinz Faisal seinen Bruder vor der Öffentlichkeit an der Tür, ihm Treue gelobend, und der König sprach dem anderen offiziell seine Anerkennung als Kronprinz aus. So erfüllten sie beide die ihrem Vater vor seinem Tode gegebenen Versprechen, und der Übergang gestaltete sich problemlos. Man erinnere sich, daß es den Nejdis nicht erlaubt ist zu trauern, daher nahmen alle ihr gewohntes Leben wieder auf: »Der König ist tot! Lang lebe der König!«

In Dschidda herrschte zu jener Zeit eine große Geschäftigkeit. Es gab kaum einen Tag, an dem wir nicht ein Essen organisieren mußten, und unser Terminkalender war seit dem Tage unserer Ankunft voll. Das wichtigste Ereignis war das von Onkel Jusuf für den König gegebene Abendessen. Für uns Frauen und Kinder, die wir vom Balkon aus zusahen, sah alles aus, wie eine Geschichte aus Tausendundeiner Nacht. Alle Räumlichkeiten waren mit Teppichboden ausgelegt, und auf den Tischen für die fünfhundert Gäste wurden die herrlichsten Speisen aufgetragen. Jeder, der etwas darstellte, war dort, um den König zu ehren, einschließlich der Mitglieder der Ulema, einem Kollegium gelehrter religiöser

Männer, die beachtlichen Einfluß auf das Herrscherhaus und das gesamte Land ausübten. Man konnte sie sehr leicht an ihren großen goldfarbenen oder schwarzen Turbanen erkennen, die sie statt der *sumada* (oder *ghutra*) und dem *igal* trugen. Wir versuchten, wie bei einem Spiel, sie oder andere, die wir vom Sehen oder von Bildern her kannten, in der Menge ausfindig zu machen. Die Kinder malten danach mit ihren Farben tagelang ihre eigenen Bilder und stellten die für sie eindrucksvollsten Szenen der Party dar.

Als es einige Tage später ein großes Unwetter gab – und Unwetter sind in Arabien besonders bemerkenswert –, dachte ich, welch eine Verwüstung es bei den Festlichkeiten für den König angerichtet hätte. Dadurch wäre die feierliche Stimmung nicht nur auf der Party selbst, sondern auch in der ganzen Stadt zerstört worden. Viele Menschen waren nämlich mit ihren Autos nach Dschidda gekommen, und Gott weiß, wie viele Leute hinter den Kulissen als Sekretäre, Hilfskräfte, Bedienstete, Fahrer und in ähnlichen Positionen arbeiteten. Die Geschäftigkeit hatte ihren Höhepunkt erreicht.

Doch der heftige Wirbelsturm zog erst nach der Feier durch Dschidda. Dann aber zerstörte er ungefähr zweitausend Häuser der Stadtbewohner und der Beduinen. In unserem Haus wurden wir beinahe aus der obersten Etage gespült. Es regnete zwei Tage hindurch, und das Wasser drang durch die Balkonfenster und floß in kleinen Bächen durch den Korridor die Treppen hinunter. Für mich war es eine völlig neue Erfahrung: In Arabien wurde man mit den Wassermassen nicht mehr fertig.

Der arme Scheich Hafiz war zu jener Zeit unser Gast und mußte sein Zimmer verlassen, um mitten in der Nacht in das Gästehaus zu ziehen. Ali hatte ihn vor Jahren in Riad einmal um ein Bad gebracht, aber dieses Mal bekam er dafür eines, mit dem er nicht gerechnet hatte. Als Scheich Hafiz aufwachte, umspülte das Wasser bereits sein Bett. Da er schon ein älterer Herr war, stand er nur da und schrie auf Arabisch: »*Ya walad, ya walad, elhagoony, elhagoony!*«*, und zwar so lange, bis ihm jemand zu Hilfe eilte.

Die Wüste um uns herum war Tage nach dem Sturm noch ein See. Die Männer brachen Löcher in die Mauern um unseren Hof, denn sie drohten sonst einzustürzen (eine Möglichkeit den Garten zu bewässern), und zweieinhalb Tage lang strömte Wasser durch die Löcher in unseren Innenhof. Es sickerte jedoch rasch ein und innerhalb weniger Tage bildete sich inner- und außerhalb unserer Mauern eine grüne Moosschicht auf dem Boden.

Bei uns zu Hause gingen die Festivitäten weiter, manchmal war ich dabei und manchmal nicht, obwohl die anderen Frauen und ich immer auf die eine oder andere Art und Weise daran beteiligt waren. Wir hatten oft Gäste im Haus, berühmte und weniger berühmte, und da die meisten von ihnen *effrengi* waren, kümmerte ich mich um den Haushalt und ihr Wohlergehen. Es waren jedoch einige dabei, die sich selbst um die Erfüllung ihrer Wünsche und Bedürfnisse kümmerten. Einer der Gäste, ein Grieche, der während des Ramadans ankam, verkündete, nachdem er einige Tage lang von einem fastenden Hausangestellten bedient worden war, daß er selbst auch fasten wolle. Er bat darum, ihm während des gesamten Tages nur noch frisch gepreßten kalten Orangensaft zu servieren. Das war natürlich für den dürstenden Hausangestellten das verführerischste Getränk, das er auf dem Tablett haben konnte.

Obwohl Mohamed im Haus nebenan lebte, feierte er seine Feste in unserem Haus; und ich versuchte, die Mahlzeiten so

* »Boy! Boy! Rette mich!«

zu legen, daß immer selbstgebackenes, noch heißes Brot aufgetischt wurde, sobald er mit seinen Gästen am Tisch Platz nahm. »Onkel« Ismail, ein aus Bombay angereister Cousin, gesellte sich zum Essen jeden Abend zu Mohamed und seine jeweiligen Besuchern. Nachdem er länger als eine Woche mit den gleichen Geschäftsmännern gegessen hatte, kam er zu mir und sagte: »Sieh mal, auch nach Beendigung ihrer Geschäfte wird keiner von ihnen je das Haus verlassen, solange du ihnen weiterhin dieses köstliche Brot reichst.« Selten zuvor hatte man mir ein so charmantes Kompliment gemacht.

Wenn wir Gäste hatten, von denen wir annahmen, sie würden unser weniger komfortables Strandhaus zu schätzen wissen, so luden wir sie freitags dorthin ein. Diese Versammlungen liefen immer ganz anders ab als die förmlichen Treffen in unserem Haus. Wir luden einmal den Herzog von Hannover und sein Gefolge ein, und es amüsierte mich, wie wir alle Regeln mißachteten. Die Kinder rannten überall herum, zogen eine Sandspur hinter sich her und legten Muscheln in die Aschenbecher, damit sie nicht zerbrachen, bevor sie sie mit nach Hause nahmen. Die Hauptmahlzeit wurde in einem kleinen Zimmer serviert, in dem man kaum stehen konnte, und der Wind blies Sand aus dem Süden durch das geöffnete Fenster. Schlossen wir allerdings das kleine Fenster, so drohte man in der Hitze zu ersticken. Was das Essen betraf, so stellten wir alles auf einen Tisch, und man mußte sich selbst bedienen. Am Nachmittag gingen wir alle am Strand kleine Muscheln sammeln. Einige Leute machten große Augen, als die Kinder die Muscheln in die winzige Küche brachten (dort gab es nur wenige, von Küchenschaben bevölkerte Schränke und einen zweiflammigen Kerosinofen) und sie in Knoblauchbutter brieten, bis sie sich öffneten und eine köstliche Mahlzeit ergaben.

Beim Schwimmen mußte man sich vor den Haien in acht nehmen, und einige von uns hielten mit beiden Augen nach ihnen Ausschau. Wir sahen recht oft riesige, im Wasser herumpaddelnde Meeresschildkröten und hatten immer einen wunderbaren Ausblick auf Korallenriffe, Meerespflanzen und eine unglaubliche Vielfalt an Tropenfischen. Jedesmal, wenn ich schwimmen ging, mußten unsere männlichen Hausangestellten und Fahrer in einer Hütte hinter dem Strandhaus bleiben, damit sie mich nicht sahen. Ausländer waren immer erstaunt über dieses Verhalten, aber sie waren eben unsere Vorschriften nicht gewöhnt.

Jahrelang wunderte ich mich, daß keiner der Gäste sich je fragte, wer ihre Hemden wusch, denn ich war es. Es gab nämlich keine Wäscherei für *effrengi*-Hemden, die Dienstmädchen wußten nicht, wie man sie bügelt, und wollten sie vor allem nicht ruinieren. Daher wurde ich dazu auserkoren, und ich genoß diese Tatsache. So lebte ich eigentlich viele verschiedene Leben, manchmal schloß ich mich der Gruppe der unteren Etage an und spielte die wichtige internationale Gastgeberin, manchmal blieb ich beim Rest des unsichtbaren Harems in der oberen Etage; arabisch und doch wieder nicht arabisch, amerikanisch und doch wieder nicht amerikanisch, ging mal einen Schritt vorwärts in die eine Richtung, dann wieder einen Schritt rückwärts in die andere. Mein Lächeln war einfach zufriedener, wenn ich einen Raum betrat, um die Männer zu begrüßen, die aufsprangen, ihre Hacken zusammenschlugen und meine Hand küßten, und ich wußte, daß ich nicht nur ihre Gastgeberin, sondern auch für ihre gestärkten Hemden und geplätteten Kragen verantwortlich war.

Unübertroffen war die Party, an der unser Hausgast Aristoteles Onassis, einige seiner Geschäftspartner, die Männer der Alireza-Familie und ich teilnahmen. Dabei kam es zu einer äußerst ungewöhnlichen Folge von Ereignissen, die mit Feldmäusen zu tun hatten. Es muß vorausgeschickt werden, daß mein Schwager Mohamed, mein Mann Ali und sein Cousin Ahmed Jusuf es nie geschafft hatten, eine aus der Kindheit stammende Abneigung (quasi eine Phobie) gegen Mäuse abzustreifen. Ahmed Jusuf hatte sich einmal mit dem Gewehr an eine sehr winzige Maus herangepirscht, und das war bislang die beste aller Mäusegeschichten gewesen, doch eines Abends mußte er seine Krone an Mohamed weiterreichen. Herr Onassis mit Freunden und wir anderen saßen alle im Wohnzimmer und warteten darauf, zum Essen gerufen zu werden, als ich als einzige die kleine Feldmausmutter sah, die mit einem rosa Baby im Maul durch das Zimmer huschte und verschwand. Ich sagte nichts, da ich wußte, wie sehr es speziell Mohamed und Ali aus der Fassung gebracht hätte, wenn sie bemerkt hätten, daß Mäuse sich im Zimmer herumtrieben. Ich bewahrte auch Stillschweigen, als Frau Maus zum zweiten Mal ein rosa Baby unter dem Eßtisch und zwischen unseren Füßen hindurch zu der gleichen Stelle trug, wo sie zuvor auch schon verschwunden war. Ich war jedoch gezwungen, etwas zu sagen, als sich das alte französische Sprichwort *Jamais deux sans trois* (Wo zwei sind, sind auch drei) bewahrheitete; nach dem Essen befand die Mutter sich nämlich mit Baby Nummer drei unter dem gleichen Sessel, gegen den Mohamed sich gerade lehnte, als er auf dem Boden saß und mit Herrn Onassis Backgammon spielte. Ich informierte Ali leise darüber, der wiederum versuchte, seinen Bruder unauffällig auf arabisch zu warnen. Dies hatte zur Folge, daß Mohamed sich wie von der Tarantel gestochen auf einen erhöhten Platz hinter zwei riesigen Sèvresvasen katapultierte, die auf Marmorsockeln zu beiden Seiten des Bogendurchganges zwischen Wohnzimmer und Eßzimmer standen, und daß Herr Onassis aufsprang und dachte, er müsse gegen irgend jemanden kämpfen. Zu diesem Zeitpunkt brüllte Mohamed schon nach den Dienern, die hinein-, hinaus- und mit Stöcken bewaffnet wieder hineinliefen, während Ali, das muß ich sagen, keinen Zentimeterbreit zurückwich und sich sogar an der Mäusejagd beteiligte. Aber der Anblick des einen großen Mannes, der vorsichtig mit hochgerafftem *tobe* durch den Raum schlich, und des anderen großen Mannes, der, hinter einer Vase versteckt, verzweifelt: »Macht mir die Teppiche nicht kaputt, macht mir die Teppiche nicht kaputt« schrie, machte aus unseren vornehmen Gästen schenkelklopfende menschliche Wesen, die sich vor Lachen nicht mehr halten konnten.

Die Angst vor Mäusen war, glaube ich, äußerst verbreitet, aber vielleicht war es auch nur Furcht. In einem Jahr wurden sie so zahlreich, daß Mutter den Kindern ein Kopfgeld von einem Viertel Rial für jede tote Maus versprach, die sie ihr brachten. Da sie sie mit ihren am Schwanz baumelnden Mäusen jedoch nie näher als bis zum Treppenabsatz vom Parterre herankommen ließ, wenn sie selbst sich im zweiten Stock befand, konnten sie sie leicht hereinlegen. Faisal kassierte mindestens zwei ganze Rial innerhalb weniger Tage, bis sie dahinterkam, daß er immer die gleiche Maus benutzte. Von da an mußten sie ihren Fang an einen Diener aushändigen, bevor sie mit dem Honorar herausrückte.

Was mich betraf, so plagten mich größere Ängste. Skorpione flößten mir Todesangst ein, wenn ich ihre Kneifzangen und ihren gebogenen, gegliederten Schwanz sah, aber glücklicherweise wurde nie jemand von uns gestochen. Wir sahen von Zeit zu Zeit Taranteln, und der kleine Tarik faßte einmal fast eine große, behaarte Spinne dieser Sorte an, als er in seine Spielzeugkiste griff. Küchenschaben ängstigten mich, weil sie immer über unser Essen liefen, egal ob es im Schrank war oder draußen lag, und weil ich wußte, daß sie auch oft im Dreck herumliefen. Und die Fliegen und Moskitos bereiteten mir natürlich ständig Sorgen. Manchmal hatten wir auch kleine rote Ameisen, deren Bisse Infektionen verursachen konnten, und Eidechsen und Heuschrecken gab es in rauhen Mengen.

Die letzteren waren harmlos, aber es war trotzdem nicht gerade angenehm, wenn man morgens nach dem Aufwachen ganze Eidechsenfamilien an der Decke sah, die Fliegen auffraßen, oder wenn man in einem Raum saß und plötzlich eine der vielen umherspringenden Heuschrecken im Schoß oder auf den Haaren landete. Und es war regelrecht unheimlich, wenn der Himmel sich plötzlich durch eine Wolke von Heuschrecken verfinsterte, die auf uns zukam, und wir erschüttert zusehen mußten, wie unser hart erarbeitetes Grün bis aufs letzte Blatt verschlungen wurde, während das schwache Menschengeschlecht vergeblich versuchte, sie daran zu hindern. Dies passierte einmal in der Zeit, die ich in Arabien verbrachte, und prägte sich unauslöschbar in meine Erinnerung ein. Die Katastrophe geschah am heißesten Tag, den ich je erlebt habe, und ausgerechnet während der Fastenzeit. Die Männer und Frauen, die bei dem vergeblichen Versuch, die Heuschrecken zu vertreiben, draußen im Hof auf Töpfe und Pfannen schlugen, mußten dies in der stechenden Sonne tun, ohne einen Tropfen trinken zu dürfen. Der fliegende Teppich der gefräßigen Insekten rollte trotzdem über unser Land und verschonte lediglich die Oleanderbäume, vor denen sie ihr Instinkt warnte.

Und dann gab es noch die Tausendfüßler. Sie machten uns gewaltige Angst und konnten eine Ansammlung von Menschen schneller in helle Aufregung versetzen als alles andere. Die Araber nennen sie *om arba wa arba'een* – »Mutter vierundvierzig«, oder »das mit den vierundvierzig (Beinen)« –

und glauben, daß sie sich durch die Haut bohren und durch den Körper kriechen können, ohne daß das Opfer etwas davon merkt, und daß sie durch Nasenlöcher und Ohren in den Kopf eindringen, um die betroffene Person wahnsinnig zu machen. Wir befanden uns einmal in den Vorbereitungen zu einer arabischen Hochzeit nach alter Tradition, als eine der anwesenden Frauen einen Tausendfüßler in ihrem Strumpf fand. Sie und die anderen Frauen, die ihn nicht einmal gesehen hatten, kreischten eine halbe Stunde lang ununterbrochen, und ich war froh, daß es nicht während der Feierlichkeiten passiert war.

Hochzeiten dieser Art sind heutzutage nicht mehr üblich. Sie wurde nach »alter Tradition« zelebriert, einschließlich der Tatsache, daß Braut und Bräutigam sich vorher nie getroffen hatten. Der Bräutigam war nach einem jahrhundertealten Verfahren mit Hilfe von Vermittlern ausgesucht worden, die die Familien besuchten, Beschreibungen und Ansichten weitergaben und Vorverhandlungen zwischen den beiden Familien führten, bis eine Entscheidung getroffen war. In anderen Fällen war das Hochzeitspaar miteinander verwandt; wobei manche Familien den verwandtschaftlichen Zusammenhalt noch so betonten, daß man Verbindungen zwischen Cousin und Cousine ersten Grades bevorzugte. Es ist auch heute noch eine Tatsache in Arabien, daß junge Leute aus verschiedenen Familien sehr wenig Gelegenheit haben, sich kennenzulernen; aber im Zuge einer fortschrittlicheren Entwicklung, in deren Verlauf immer mehr junge Menschen ins Ausland reisen und im Ausland erzogen und ausgebildet werden und immer mehr arabische Mädchen die nun für sie vorhandenen Schulen besuchen, kann ein junger Mann bei der Auswahl seiner Braut andere Maßstäbe anlegen als den, wer der Vater des Mädchens ist.

Aber an diesem Abend, an dem ich Hochzeitsgast war,

beschäftigten mich solche Gedanken nicht. Ich war von dem ungewöhnlichen Ereignis gefesselt und betrachtete fasziniert die althergebrachte Pracht. Der erste Teil einer solchen Hochzeit wird *zeffa* genannt, und obwohl die Braut heutzutage vielleicht eine weiße Hochzeitskreation aus Paris trägt, ist die *zaffa* immer noch ein bedeutender Teil der Zeremonie. Die Braut wird dabei buchstäblich in ihren Brautstuhl getrommelt, begleitet von dem schrillen Trillern der Frauen, die sie eskortieren. Das Trillern wird erzeugt, indem sie den Mund leicht mit der geöffneten Innenseite der Hand bedecken, die Zunge rasend schnell über den Gaumen vor- und zurückbewegen und dabei extrem schrille Schreie ausstoßen, die einem durch Mark und Bein gehen, wenn man nicht daran gewöhnt ist. Das vorausgehende Ritual des Trommelerhitzens ist ebenfalls ein faszinierendes Schauspiel. Es bietet ein Bild langgewandeter Gestalten, manche in schwarz, manche in fröhlichen, pailettenbesetzten Gewändern, die ihre Instrumente drehen und testen und dann beginnen, sie zu schlagen und ertönen zu lassen, bis die Trommeln allmählich den Pulsschlag ihrer eigenen Aufregung wiedergeben.

Die Braut trug schweren Kopfschmuck und ein so großes Sortiment an Unterröcken unter ihrem ohnehin schon schweren Gewand, daß sie auf beiden Seiten gestützt werden mußte, als sie hereinkam. Sie wurde verschleiert zu einem der thronähnlichen Stühle geführt, die auf einem Podium am Ende des Raums standen, und durfte dabei weder nach rechts noch nach links schauen: Sie mußte ihren Kopf absolut ruhig halten und ihren Blick geradeaus richten, und man konnte gut sehen, wie sehr sie unter dem enormen Gewicht ihres Kopfschmucks litt. Dann kam der Bräutigam herein, hob den Schleier von ihrem Gesicht und sah sie zum ersten Mal. In diesem Augenblick, so wurde mir gesagt, hätte er das Recht gehabt, sie zurückzuweisen, wenn sie ihm nicht gefallen hätte, aber ich habe nie gehört, daß dies einmal passiert wäre. Normalerweise wußte jeder recht gut, wie der andere aussah, wenn die Vermittler gute Arbeit geleistet hatten. Der Bräutigam wirft dann zum Zeichen, daß er die Braut annimmt, eine Handvoll Goldmünzen unter die Zuschauer. Da ich darauf nicht vorbereitet war, wurde ich bei der wilden Jagd danach fast niedergetrampelt. Dann nimmt der Bräutigam die Braut bei der Hand, und sie verlassen den Raum, aber sie verlassen nicht gemeinsam das Haus. Der Bräutigam geht nach Hause, um sie dort zu erwarten, und später am Abend geleiten die Männer der Brautfamilie sie in einer großen Zeremonie zu ihrem neuen Heim.

Der religiöse Teil der Heirat wird eigenständig und vor dem feierlichen Teil durchgeführt. In privatem Rahmen, unter Anwesenheit der Mitglieder beider Familien, schreibt ein Scheich, der Religionsvertreter ist, den Ehevertrag nieder und traut das Paar nach moslemischem Recht, während die eigentlichen Hochzeitsfeierlichkeiten zu einem beliebigen Zeitpunkt danach stattfinden können.

Da keine Hochzeit ohne sie vorstellbar ist, müssen noch die *mutfarrajeen* – wörtlich: »Zuschauer« – erwähnt werden. Darunter versteht man die stark verhüllten und verschleierten Frauen, die, unter der Bedingung, daß sie anonym und unerkannt bleiben, bei allen Hochzeiten und großen Empfängen zugegen sein dürfen. (Gelegentlich kam der Verdacht auf, daß manche Männer diesen Brauch für sich ausnutzten, um einen verbotenen Blick auf die Frauen werfen zu können, deren Anblick ihnen sonst verwehrt blieb, aber ob dies stimmt, weiß ich nicht – ihr Leben wäre nicht mehr viel wert gewesen, wenn man sie entdeckt hätte!) Die *mutfarrajeen* waren keine besonderen Gäste – es konnten Leute von nebenan sein. Oft waren es einfach nur Frauen, die ihre Neugier befriedigen wollten, indem sie als Zuschauer an Ereignissen teilnahmen, zu denen sie normalerweise keinen Zugang hatten. Was mir am stärksten von ihnen in Erinnerung geblieben ist, ist ihr unbestreitbares Talent, überall, ob im Haus, im Garten oder sonstwo, die besten Plätze zu bekommen, ganz gleich auf wessen Kosten.

Auf einer Hochzeitsfeier in König Sauds Palast in Dschidda, bei der sieben Brautpaaren aus der königlichen Familie die Ehre erwiesen wurde, belästigten mich drei dieser Zuschauerinnen, indem sie die meiste Zeit auf mich schauten. Sie folgten mir, starrten mich hinter ihren Schleiern an und streiften mich im Vorübergehen. Ich gab mir alle Mühe, sie nicht zu beachten, und nahm an, daß sie so neugierig waren, weil ich augenscheinlich die einzige Ausländerin unter Hunderten von Frauen war. Frauen aus dem diplomatischen Corps, die Ehefrauen amerikanischer Piloten der Saudi Arabian Airlines und die Frauen der im Land lebenden ausländischen Geschäftsleute waren bei Damengesellschaften fast immer auf den Gästelisten vertreten; aber dieses Mal waren ausschließlich Frauen aus einheimischen arabischen Familien geladen. Die *mutfarrajeen* hatten mir kein einziges Mal, wie es sonst häufig passierte, die Frage: *»Inti min beit meen?«** gestellt. Aber ich sollte bald herausfinden, wer sie waren, als sie sich mit ihren maskierten Gesichtern direkt vor mich stellten und sich nicht bewegten, bis ich sie hinter ihren Schleiern erkannte und sie als Prinz Faisals Tochter Lulu (das arabische Wort für »Perle«), ihre Tante Muzaffar Hanam und jene Palästinenserin identifizierte, die seit vielen Jahren die Kinder in Prinz Faisals Haus unterrichtete und betreute. Sie waren an diesem Abend spaßeshalber

* »Aus welchem Haus sind Sie?«

als *mutfarrajeen* unterwegs und hatten beschlossen, ihren Spaß mit mir zu treiben.

Ich erinnere mich, daß diese Feier noch weitere Überraschungen für mich bereithielt, und das zu einem Zeitpunkt, als ich glaubte, schon alles gesehen zu haben. Es war der Abend, als der König persönlich das nie Dagewesene tat und plötzlich und ohne Vorwarnung inmitten seiner weiblichen Gäste erschien. Die Versammlung war zu verblüfft, als daß jemand in Panik ausgebrochen wäre. Der König hatte sich offensichtlich spontan dazu entschlossen, sie kennenzulernen, nichts weiter. Er stand in der Mitte des Gartens und forderte die Hofdamen auf, die Nachricht zu verbreiten, daß er uns alle erwarte. Niemand, der nicht in Arabien gelebt hat, kann sich je vorstellen, in welch eine Zwangslage er die guten Frauen damit stürzte: Da standen wir nun, nachdem wir Umhänge und Schleier am Eingang zurückgelassen hatten, mit entblößten Armen und Gesichtern und unbedecktem Haupt, und der König des Landes, das uns den Brauch des Verschleierns auferlegt hatte und das uns verbot, mit anderen Männern als unseren eigenen zusammenzukommen, stand vor uns und wartete darauf, uns kennenzulernen und zu begrüßen, so wie er es befohlen hatte. Man kann sich vorstellen, daß niemand eine große Eile an den Tag legte, um dem Befehl Folge zu leisten – wir mußten zunächst einmal abwägen, was uns danach zu Hause erwarten würde, wenn unsere Ehemänner davon hörten –, aber nach dem dritten Rundgang durch die verwirrte Menge ließen die Hofdamen wissen, daß Seine Majestät ungeduldig werde, und einige der Wagemutigeren unter uns schlugen alle Vorsicht in den Wüstenwind und formierten sich zur ersten Empfangsreihe dieser Art in Saudi-Arabien. Sobald jemand den Anfang gemacht hatte, folgten alle anderen (oder zumindest die meisten, glaube ich) nach.

Leider war es für manche dieser Frauen die letzte Feier, zu der sie je gingen. Die Armen: Ihre Ehemänner waren einfach noch nicht so weit, daß sie Verständnis dafür gehabt hätten – König hin oder her. Ich persönlich bin jedoch der Meinung, daß es auch seitens Seiner Majestät eine Menge Courage erforderte, etwas zu tun, das vorher noch niemand getan hatte (und seitdem auch niemand mehr getan hat), und mit diesem Versuch gewann er meinen Respekt. Aber er war noch nicht fertig mit uns. Er krönte seinen Akt ungekannter Gastfreundschaft noch mit einem Akt unvergleichlicher Großzügigkeit. Nach dem Essen ging eine Hofdame, gefolgt von einer Dienerin, die eine große Pappschachtel trug, kreuz und quer über das Palastgelände und überreichte jedem Gast ein Kästchen mit einer goldenen Armbanduhr, in die die königlichen Insignien, bestehend aus Palme und gekreuzten Schwertern, und der Name des Königs eingraviert waren. Wie bedankt man sich für solch ein Fest? Es war zu diesem Zeitpunkt schwierig, jemanden zu finden, dem man seinen Dank hätte aussprechen können, daher preßten wir unsere Geschenke an unsere Busen, legten unsere Umhänge und Schleier wieder an (was uns an diesem Punkt ziemlich überflüssig erschien) und fuhren nach Hause, um zu sehen, was das Leben dort für uns bereithielt.

Kapitel 17

Mitte der fünfziger Jahre war Dschidda nicht mehr die Stadt, die ich vor mehr als zehn Jahren kennengelernt hatte. Es fehlte uns an nichts (sofern wir genug Geld hatten, dafür zu bezahlen), und die Stadt selbst veränderte sich in vielerlei Hinsicht stetig zum Positiven. Es gibt noch vieles zu verbessern, und es wird wohl noch eine Weile dauern, bevor man Dschidda eine moderne Stadt nennen kann, aber in einem Zeitraum von relativ wenigen Jahren wurden große Fortschritte gemacht. Der Bauboom nahm kein Ende, denn sowohl innerhalb als auch außerhalb der Stadt gab es freie Flächen, auf denen schon bald neue Wohn- oder Geschäftshäuser entstanden. Neue Straßen verbanden die neuenstandenen Viertel mit den alten, und Bäume zogen sich erstmals wie ein grünes Band durch die ehemals wüstenähnliche Stadt. Wir Frauen durften immer noch nicht in der Stadt (oder sonstwo) umhergehen, aber wir konnten sehen, wie sehr sich das Stadtbild verschönert hatte, wenn wir durch sie hindurch fuhren.

An Weihnachten im Jahre 1955 herrschte auf dem *suk* von Dschidda eine festtägliche Stimmung und ein großes Angebot an Weihnachtsgeschenken für die jetzt beachtliche Anzahl von Christen im Lande und natürlich auch für die Familien Alireza, die ebenfalls Weihnachten feierten. Eines Nachts fuhr mich Ali durch das Geschäftsviertel, um mir zu zeigen, was man in den zahlreichen modernen Läden kaufen konnte. Dabei hatte ich immer geglaubt, diesen Tag nicht mehr zu erleben! Zunächst einmal gab es Weihnachtsbäume in Hülle und Fülle. In einem gerade eröffneten Geschäft konnte man frische Blumen kaufen, und in einem neuen Buchladen gab es sogar Weihnachtskarten. Ich war so glücklich wie selten zuvor.

Nachdem er zu diesem Zweck eine besondere Abmachung getroffen hatte, fuhr Ali mit mir nach Geschäftsschluß zu einem Laden, dessen Mitinhaberin meine Freundin Lois Scott war, eine Amerikanerin, deren Mann als Pilot für die Saudi Arabian Airlines arbeitete. Dieser Besuch versetzte mich in noch größeres Erstaunen. Dort gab es nämlich in den USA hergestellte Spielsachen, Kosmetikartikel, kleine Geschenke, Geschenkpapier, Dessous und andere modische Kleidungsstücke – alles genau wie zu Hause. In den Schaufenstern der anderen neu entstandenen Geschäfte gab es exklusive Lederwaren und luxuriöse Gegenstände aus Kristall, Porzellan und Silber. Außerdem konnte man diverse Sportartikel, Campingzubehör, Haushaltswaren und Möbel bewundern. Es gab alles, was unser Herz begehrte – natürlich handelte es sich um sehr teure Importe, aber zumindest waren sie vorhanden. Ich kann mich noch daran erinnern, wie wir unsere Sicherheitsnadeln und unsere Zahnpasta mitbringen mußten!

Ein weiterer Fortschritt war, daß Ali und ich anfingen, die Stadt zu Fuß zu erforschen, und nicht mehr nur mit dem Auto umherfuhren. Wir konnten nun Freunde besuchen, solange wir diese Besuche nicht an die Öffentlichkeit trugen. Die Abende im Palast waren von ganz besonderer Bedeutung. Prinz Faisal und Prinzessin Iffat empfingen uns und andere Gäste im Palastgarten. Es war ein wunderbares Gefühl, unter dem Sternenhimmel zu sitzen, Gespräche zu führen, etwas Erfrischendes zu trinken und dabei eine tiefe Freundschaft für die übrigen Gäste zu empfinden.

An einem Abend hatte ich zunächst eigentlich keinerlei Anlaß zu glauben, daß sich unser Besuch von den anderen gemeinsam verbrachten Stunden unterscheiden würde, doch ich sollte mich täuschen. Prinz Faisal erschien nämlich plötzlich mit einem prächtigen Falken auf seiner mit einem Lederhandschuh geschützten rechten Hand. Der Vogel trug eine Haube über dem Kopf, und dieser wurde mit einem Lederriemen festgehalten. Er verhielt sich völlig ruhig, und Prinz Faisal tat – ganz wie es seine Art war –, als habe er nichts so Außergewöhnliches wie einen Falken auf seiner Faust und nahm ganz stillschweigend seinen Platz ein.

Ich selbst hatte noch nie in meinem Leben einen Falken gesehen, obwohl ich schon viele Geschichten über Falknerei bei den Beduinen und der arabischen Königsfamilie gehört hatte. Daher war ich unglaublich beeindruckt von der Schönheit und Stärke des Vogels. Trotzdem konzentrierte ich mich wieder auf unsere Unterhaltung, da Prinz Faisal sich so verhielt, als sei alles ganz normal. Als ich gerade meinen Kopf in die andere Richtung drehte, gab Prinz Faisal einen ohrenbetäubenden Schrei von sich. Ich war so überrascht, daß ich gerade noch rechtzeitig wahrnehmen konnte, wie der jetzt von seiner Lederhaube befreite Falke wie eine Gewehrkugel auf einen Punkt zuschoß und ein Stück rohes Fleisch, das der Prinz zuvor dorthin geworfen hatte, zwischen seine Krallen nahm und mit rasender Geschwindigkeit auffraß, so daß man sich in etwa vorstellen konnte, wie er über lebende Beute herfallen würde. Prinz Faisal hatte den Falken so abgerichtet, daß er den Schrei mit frischem Fleisch assoziierte, aber ich glaube, daß meine eigenen Reflexe besser konditioniert wurden als die des Falken. Im Laufe des Abends stieß seine Königliche Hoheit immer dann einen solchen Schrei aus, wenn wir am wenigsten damit rechneten, und ich fiel praktisch jedesmal fast vor Schreck von meinem Stuhl. Es war nicht gerade entspannend, aber dafür war es sehr interessant, zu beobachten, wie der Falke trainiert wurde.

Am Ende des Jahres bat man Hamida, bei der Hochzeit von Prinzessin Iffats Nichte Laila den Schleier zu tragen, und Nadia sollte eines der Blumenmädchen werden. Man bestellte eine Schneiderin von außerhalb, um Kleider und Schuhe anzufertigen, und eines Nachmittags lieferten ausgewählte Palastboten große Kartons mit all den wunderbaren neuen Sachen ab.

Am Abend des großen Ereignisses versammelten sich Hunderte von Gästen vor dem Palast und warteten auf den Festzug, der angeführt von der Braut in Begleitung der *Zeffa* die Stufen des Palastes hinunter in den Garten zog. Als der atemberaubend feierliche Aufmarsch anfing, führten Prinzessin Haifa und Nadia (die beiden kleinen Mädchen, die im Abstand eines Tages voneinander in Paris geboren wurden) die gesamte Gruppe an, gefolgt von der Braut und den Schleierträgern – Ihre Königlichen Hoheiten Prinzessin Sara, Latifa und Lulu (Prinz Faisals Töchter), unsere Tochter Hamida und zwei weitere Mädchen. Sie trugen eine Seite des Schleiers, während sechs Jungen der königlichen Familie die andere hielten. Sie schritten die lange Auffahrt hinunter zu einem wunderbaren blumengeschmückten Podest, wo sich die Braut niederließ und ihr Gefolge sich um sie herum auf den Stufen versammelte. Der Bräutigam, auf einer Seite von Kronprinz Faisal begleitet und auf der anderen vom Brautvater und einigen seiner Brüder, schritt denselben Weg hinunter, bis er der Braut gegenüberstand, den Schleier hob, sie küßte und die beiden dann Arm in Arm, gefolgt von den anderen, weitergingen.

Es war wie in einem Märchen, und zum ersten Mal schienen die arabischen Frauen nicht beunruhigt darüber zu sein, daß ein fremder Mann ihr unverschleiertes Gesicht sah. Natürlich sahen die Männer bei solchen Gelegenheiten nie wirklich hin, denn sie hatten andere Dinge im Kopf, aber sonst hatte ich immer beobachtet, wie die Frauen versuchten, ihre Gesichter zu bedecken oder auf andere Weise zu verbergen, und ich war beeindruckt, daß dies in jener Nacht nicht der Fall war.

Die Mädchen tauschten ihre weißen Kleider gegen rosafarbene und schlossen sich mir an, als ich bei einigen Freunden und ausländischen Journalistinnen Platz nahm. Nachdem Nadia sich bei allen mit einem Knicks vorgestellt hatte, ließ sie sich auf den Rasen vor uns fallen, zog ihre neuen rosafarbenen Schuhe aus, die ihr Schmerzen bereiteten, und versuchte das Leder durch energisches Hin- und Herbiegen geschmeidiger zu machen, so wie sie es bei mir beobachtet hatte, wenn ich neue Schuhe trug. Jeder, der sie sah, brach in schallendes Gelächter aus. Es war einfach zu lustig anzusehen, wie dasselbe Kind, das mit seinen graziösen Bewegungen die wahrlich märchenhafte Prozession angeführt und damit jeden beeindruckt hatte, sich so einfach vor die ehrenvollen Gäste auf den Rasen setzte und anfing, seine Schuhe zu kneten.

Nadia ging dann mit einigen Freunden weg, um sich eine beduinische Frauentanzgruppe anzusehen, und war daher nicht bei mir, als die Gäste zum Festessen gebeten wurden. Innerhalb weniger Minuten verwandelten sich die anmutigen Damen in eine wilde Horde, die einander schubsend in eine abgelegene Ecke des Gartens drängten. Dort war eigens für das Hochzeitsmahl ein Bereich durch einen Zaun abgeteilt worden. Ich versuchte verzweifelt, Nadia zu finden, denn schließlich war sie erst viereinhalb Jahre alt, und wenn sie stolperte oder von der Menge versehentlich umgestoßen wurde, so trampelte man sie womöglich zu Tode. Meine Freunde halfen mir bei der Suche, und nach einer guten halben Stunde vergeblicher Mühe entdeckte sie einer von uns. Sie saß am Kopfende des Tisches, der für die königliche Familie reserviert war, zwischen Prinzessin Iffats Mutter, Sitt Assia, und der Mutter des Bräutigams, den zwei wichtigsten Frauen. Sie alle trugen die königlichen Gewänder der Nejdi, und ich konnte das Kind kaum zwischen all den paillettenbesetzten Gewändern ausmachen. Doch Nadia saß da und aß genußvoll die Truthahnscheiben, die ihr die älteren Damen servierten, und trank dazu Orangensaft. Sie hätte nicht glücklicher sein können. Andere verlorengegangene Kinder weinen ihren Müttern nach, aber Nadia war da ganz anders. Sie machte es sich an der Ehrentafel bequem und fragte nicht einmal nach ihrer Mutter. Mama konnte auf sich selbst aufpassen!

Ich erwartete gerade unser fünftes Kind, und im Frühling ging die gesamte Familie erneut nach Paris. Dort brachte ich pünktlich Ende Mai Ghassan, einen blauäugigen Jungen zur Welt. Nur Ali hielt sich wie immer nicht an Geburtstermine und war auch diesmal nicht dabei, als sein Sohn das Licht der Welt erblickte. Er war in Kanada, und als er zurückkehrte, mußte er fast sofort zu einer weiteren Operation nach London fliegen. Armer Ali, er hatte so viele Probleme im Krankenhaus, und bei seinem letzten Krankenhausaufenthalt wurde er so depressiv, daß er schwor, in seinem ganzen Leben kein Krankenhaus mehr zu betreten. Aber natürlich mußte er gehen und war sich dessen auch vollkommen bewußt. Doch Ali veränderte sich mit der Zeit immer mehr. Der einst humorvolle, sportliche, gutgelaunte und liebevolle Mann, den ich heiratete, wurde verschlossen und kapselte sich zunehmend ab. Er verlor langsam das Bedürfnis, über alles informiert zu werden, was er sonst stets wünschte, und mit seiner Stärke verlor Ali auch seine Geduld.

Schon vor Ghassans Geburt war er ein verschlossener Mann, aber nach der Geburt begann er alles, was ihn betraf, vor uns zu verbergen. Nachdem er in London ins Krankenhaus gegangen war, hörten wir wochenlang gar nichts mehr von ihm. Wir wußten nicht, wie es ihm ging, ob er überhaupt noch lebte, und wiederholte Versuche, ihn zu erreichen, blockte er ab, indem er sich weigerte, unsere Anrufe im Krankenzimmer entgegenzunehmen. Selbst die Ärzte hatte er zur Geheimhaltung angehalten, und wir konnten durch sie nichts in Erfahrung bringen. Für mich war diese Zeit eine der größten Prüfungen, und das ist eigentlich noch untertrieben, denn ich hatte das Neugeborene und den Haushalt in Paris zu versorgen (ich war die einzige, die Französisch sprach, und alle anderen waren von mir abhängig). In meiner Verzweiflung bat ich unseren französischen Arzt, im Krankenhaus anzurufen, aber die einzige Information, die er erhielt, war, daß Ali noch immer dort war, das war auch schon alles. Alis Mutter und ich waren fast die ganze Zeit über krank vor Sorge um ihn und machten uns ständig Gedanken über die schlimme Lage, in die er uns mit seinem Verhalten brachte. Irgend etwas stimmte nicht, aber wir wußten weder, um was es sich handelte, noch wie wir damit angesichts unserer alltäglichen Pflichten fertig werden sollten. Letztendlich lebten wir unsere Ängste und Frustrationen aus. Ali wurde aus dem Krankenhaus entlassen und kehrte zu uns zurück, aber die Entfremdung war immer stärker spürbar. Er hatte eine Mauer um sich herum errichtet und ließ niemanden von uns an sich heran.

Als Ghassan vier Monate alt war, kehrten wir nach Kairo zurück, und Ali brachte seine Mutter in den Libanon. Zainab und Hayat fuhren nach Dschidda, und ich blieb mit den Kindern in unserer Wohnung, bis Ali zurückkam. Ende Oktober mußte Ali zur Nachuntersuchung nach London, und er beauftragte Onkel Hamed, für uns Flugtickets für den

30. Oktober nach Dschidda zu besorgen. Wir konnten den Flug jedoch niemals antreten, denn am 29. Oktober griff Israel Ägypten an, englische und französische Flugzeuge griffen am 31. an, und wir, die wir in Ägypten waren, wurden von der Außenwelt abgeschnitten. Es war nicht mehr möglich, Nachrichten nach draußen zu übermitteln, oder welche zu bekommen. Ich wußte also nicht, ob Ali in London angekommen war oder ob die politische Lage ihm in London Schwierigkeiten bereitete. Zehn oder mehr Tage lang gab es Tag und Nacht Luftangriffe. Jede Nacht hörten wir die in den Hügeln von Kairo nahe der Mohamed-Ali-Moschee versteckten Geschütze, während über uns die Flugzeuge kreisten. Die Häuser mußten unbedingt verdunkelt werden, und wenn wir uns überhaupt tagsüber auf die Straße wagten, bat ich die Kinder, nur arabisch zu sprechen. Als Teilnehmer an den Kämpfen befanden sich die Engländer in einer gefährlichen Position, und ich wollte nicht das Risiko eingehen, als Feind erschossen zu werden. Es entstanden immer mehr Schützengräben, in denen junge Ägypter nur darauf warteten, endlich ihre Maschinengewehre einzusetzen.

Faisal, Nadia und ich wurden einmal in der Stadt von einem Luftangriff überrascht, und es war furchtbar, zusammen mit anderen völlig verängstigten Menschen zu fliehen, bis wir einen Ort erreichten, wo wir Schutz fanden und bleiben konnten, bis die Entwarnung kam. Die Kinder reagierten auf die nun täglichen Angriffe mit wunderbarer Gelassenheit, und ich war tief beeindruckt von der Art und Weise, wie die Älteren immer den Jüngeren halfen und sie trösteten, obwohl sie selbst große Angst hatten. Eines brachte uns allerdings immer wieder zum Lachen: Wir mußten uns jedesmal beeilen, den kleinen Ghassan zu füttern und für die Nacht vorzubereiten, denn schon bald konnte es zu dunkel werden, um ihm seine Windel mit einer Nadel zu befestigen oder seinen Mund in der Finsternis zu finden.

Alle Schulen wurden geschlossen, und einige der jungen Saudiaraber, die in Ägypten studierten, wurden für die Dauer des Krieges meiner Obhut übergeben. Weder ihre noch meine eigene Familie, seien es nun Araber oder Amerikaner, wußten, ob wir uns in Sicherheit befanden. Ich erhielt keinerlei Nachricht von Ali. Zunächst dachte ich, eine kurze Nachricht könne über diplomatische Kreise bis zu mir durchdringen, aber nun saß ich da mit einem Haus voller Kinder, ständigen Luftangriffen und ständigen Schwierigkeiten sowohl bei der Nahrungsmittelbeschaffung als auch bei der Essenszubereitung. (Wenn wir in der Dunkelheit den Gaskocher anzündeten, schrien die Wachen von unten herauf, die Leute im dritten Stock sollten das Licht löschen.) Und wie es das Schicksal so wollte, wurde ein Junge, der nur einen Tag zu Besuch in unser Haus kam, auch noch sehr krank. Ich wartete auf seine Familie, aber die arme Großmutter war so verängstigt wegen der dauernden Luftangriffe, daß sie den Jungen ganz einfach vergessen hatte, bis es dann schließlich zu dunkel wurde, einen Wagen zu schicken. Was sollte ich machen? Alle Ärzte befanden sich an der Front.

In meiner Verzweiflung rief ich eine ägyptische Freundin an, die meine Bitte erhörte und sich eine halbe Stunde ausbat, um herauszufinden, was sie unternehmen könne. Schließlich gelang es ihr, einen ägyptischen Armeearzt auf Urlaub zu unserem Haus zu schicken. Ich war sehr beeindruckt, als ich ihm die Tür öffnete, denn wie ich an seiner Uniform erkennen konnte, handelte es sich um einen sehr hochrangigen Offizier. Er war von mir gleichermaßen beeindruckt, da ihm wohl niemand von der Anzahl »meiner« Kinder erzählt hatte, die nun von allen Seiten herbeikamen. Er versuchte noch, sein Lachen zurückzuhalten, als ich zu ihm sagte: »Lachen Sie ruhig, es ist wirklich lustig, aber dann kümmern Sie sich bitte um den kranken Jungen. Er hat vierzig Grad Fieber, und manchmal befindet er sich schon im Fieberwahn.«

Der Arzt untersuchte den Jungen und stellte eine Grippe fest. Er gab mir ein Rezept und fügte hinzu: »Der Junge sollte möglichst von den anderen ferngehalten werden.« – »Haben Sie einen Vorschlag, wie ich das machen soll?« fragte ich ihn. Er schaute sich um, sah in die immer noch starrenden Blicke der Kinder und lachte. »Ja, ich verstehe, daß dies problematisch wird, aber tun Sie, was Sie können, denn sonst werden sich alle anstecken.« Also verlegten wir den Kleinen in den Flur, wo er bleiben mußte, bis er wieder gesund genug war, um nach Hause zu gehen.

Irgendwie gelang es dem guten Onkel Hamed, mich und alle meine Schützlinge mit einem der ersten Flugzeuge aus Kairo ausfliegen zu lassen. Ich hatte immer noch keine Nachricht von Ali und war sehr beunruhigt. Ich dachte, falls mir das hier gelingt – alle meine Kinder, die Dienstboten einiger Freunde, die sich in meiner Obhut befanden, und mich selbst sicher zurück nach Dschidda zu bringen – dann wollte ich nie mehr verreisen. Ich wollte zu Hause bleiben, faulenzen und jede einzelne Minute genießen. Eine lange, lange Zeit sollte mich niemand aus Arabien fortbringen können. Als wir dann endlich im Flugzeug saßen, sah es zunächst so aus, als ob wir gar nicht starten könnten. Ich glaube, es war eine alte DC-4, die uns, hoffentlich an den israelischen Flugzeugen vorbei, nach Hause fliegen sollte. Der amerikanische Pilot stand jedenfalls eine gute halbe Stunde vor der Kabine und sprach mit den ägyptischen Gepäckträgern: »Sie müssen alles ausladen, sonst werde ich die Motoren erst gar nicht in Gang setzen!«

Jeweils zwei Personen teilten sich bereits einen Sitz, und die in Panik geratenen Passagiere wollten ihr gesamtes Hab und Gut mit nach Hause nehmen, so daß das gesamte Flugzeug bis unter das Dach voll war mit Taschen, Körben, Lebensmitteln für das kommende Jahr und allen nur erdenklichen anderen Sachen. Der Kapitän sah zu, wie die Gepäckträger alles im hinteren Teil des Flugzeugs so hoch wie möglich stapelten, und sagte ihnen immer wieder, daß dies wegen des Gewichts nicht möglich sei, und schließlich überzeugte er sie, alles wieder zu entladen. Die Gepäckträger waren nun völlig verunsichert, denn sie hatten bereits Trinkgelder von den Passagieren erhalten, aber sie zeigten großes Geschick und verstauten die Sachen wieder vorne hinter dem Cockpit, und der Kapitän hatte am Ende keine Wahl mehr.

Ich saß unmittelbar dort, wo er gerade stand, und er erkannte in mir nicht die Amerikanerin unter all den Arabern, weil ich bereits einen Schleier trug. Als ich ihn aber fragte, ob wir es wohl schaffen würden, schaute er mich zuerst verdutzt an, als wundere er sich, was eine verrückte Amerikanerin in eine Situation wie diese gebracht habe, und antwortete: »Kann ich erst sagen, wenn ich es versucht habe, dann sehen wir weiter.« Die Minuten bis zum Start waren die längsten, die ich je erlebt habe, aber acht Stunden später landeten wir wohlbehalten unter Tränen der Dankbarkeit in Dschidda.

Ali kehrte auch endlich nach Hause zurück. Er war schon länger im Libanon gewesen, war aber, wie er sagte, nicht in der Lage gewesen, uns zu benachrichtigen. Mohamed und ich hatten bereits in unserer Wohnung in Dschidda ausführlich über Alis »Verschwinden« und seine schon fast einer Besessenheit gleichkommenden Eigenart, uns über seine Reisen, Untersuchungen und sonstigen Aktivitäten im dunkeln zu lassen, gesprochen. Mohamed erzählte mir, daß Ali ihm dasselbe erklärt hatte wie mir: Niemand solle sich erkundigen, wann er uns verlassen müsse, und er würde uns wissen lassen, ob und wann er ins Krankenhaus ginge. Außerdem war er der Ansicht, daß es uns besser ginge, wenn wir erst gar nicht an ihn dächten. Ich berichtete Mohamed von der schrecklichen Zeit in Paris, als Ali sich überhaupt nicht gemeldet hatten, und wir machten uns beide große Sorgen. Ali gegenüber ließen wir uns jedoch nichts anmerken, denn er regte sich sehr auf, sobald wir dieses Thema auch nur im entferntesten ansprachen.

Mohamed hatte Ali und mir inzwischen ein großes Stück Land unmittelbar im Norden des Kilo-Fünf-Hauses überschrieben. Er meinte, es sei an der Zeit, daß wir unser eigenes Haus bauten, und ich war hellauf begeistert. Wir hatten nun endlich unser gemeinsames Ziel, das wir dringend brauchten. Etwas Positives statt all der negativen Gedanken. Wir steckten unsere Köpfe zusammen, entwarfen Zeichnungen für den Architekten und versuchten, alles zu bedenken, was wir für uns und unsere Kinder im Hause benötigten.

Ende März 1957 befand sich unser Haus bereits im Bau, und wir beobachteten mit Freude, wie es langsam zur Vollendung gelangte. In meinen ersten Jahren in Arabien hatte ich mir immer ein eigenes Haus gewünscht, aber ich hatte diesen Gedanken schon lange aufgegeben, und jetzt war es endlich soweit. Vorher wäre es auch eigentlich gar nicht machbar gewesen, denn ich hätte kein eigenes Haus führen können, ohne das Land und seine Sitten besser zu kennen. Hinzu kam, daß Mutter bestimmt verletzt gewesen wäre, wenn wir ausgezogen wären, aber das Leben änderte sich, und nun hatte sich mein Traum verwirklicht.

Am frühen Abend des 31. März eröffnete ein Kanonendonner offiziell den Fastenmonat jenes Jahres, nachdem jemand aus der arabischen Welt den Neumond gesichtet hatte. Auf meinem Kalender fiel der Beginn des Fastenmonats Ramadan genau auf den Tag, an dem man die Menschen normalerweise in den April schickt. Um zehn Uhr arabischer Zeit hatten wir unseren ersten *Sahoor*. Die Männer blieben bis nachmittags im Bett, aber die Frauen mußten Kinder und Haushalt versorgen und spezielle Gerichte für den Ramadan vorbereiten. Schlaf fand man während des Tages nur hin und wieder, nachdem man alle Pflichten erfüllt hatte. Obwohl die Kinder nicht fasteten, bis sie sich selbst dafür entschieden und sich in der Lage fühlten, den Vorschriften des Ramadan Folge zu leisten, hielten sie ihren normalen Tagesablauf ein, und auch der Schulbesuch fand regelmäßig wie immer statt. (Die Lehrer waren zu bemitleiden.)

Die von den Hausfrauen und Bediensteten täglich vorbereiteten speziellen Gerichte umfaßten einen traditionellen Eintopf mit Weizengries, Fleisch und Gemüse; *sambusak**; *fatoosh*, einen mit Zitrone abgeschmeckten Salat aus Kresse, Gurken, Tomaten und Croutons; ein Pfefferlinsengericht; Reis und Fleisch (hauptsächlich Lamm mit in Brühe getauchtem Brot), sehr viel Joghurt und Kichererbsen; gebratene Eier und Gehacktes, Zwiebeln und Tomaten sowie sehr viele andere Gerichte. Das Essen war beinahe untrennbar mit dem Fastenmonat verbunden, allein schon durch den Gedanken, nichts essen zu dürfen.

Wurde das Fasten jedoch unterbrochen, so stand das Essen an zweiter Stelle. Am schwierigsten war es, während der langen, feuchtheißen Tage des Ramadan nichts zu trinken, und daher war es nicht das Essen, sondern ein kühles Getränk, das jeder schon bereitstellte, während man die Minuten bis

* Gebratene, mit Fleisch, Pinienkernen oder Käse gefüllte Teigtaschen.

zum Abfeuern der Kanone zählte. Das traditionelle Getränk hieß *Quamaraddin* und schmeckte nach Aprikose. Der Name lautet übersetzt »Mond der Religion«, aber bei uns zu Hause tranken wir auch literweise andere kalte Mixgetränke. Es gab auch ein paar eingefleischte Teetrinker, wie Zainab, die das Fasten mit heißem Tee beendete, um den durch das Fasten entstandenen Kopfschmerz zu vertreiben. Es ist auch Tradition, einen Teller mit Datteln bereitzustellen, die man dann während des ersten vorläufigen Frühstücks vor dem Gebet und der dann folgenden Hauptmahlzeit ißt.

So wird nicht nur die Güte Gottes symbolisiert, sondern auch die Zusammengehörigkeit der Menschen im universellen Sinne, indem sie teilen, was Gott ihnen gegeben hat. Ich war ausgesprochen beeindruckt, daß diese Gedanken immer präsent zu sein schienen, obwohl niemand darüber sprach. Ich spürte, wie wichtig diese Dinge für ihr Leben waren, und nahm selbst mit Dankbarkeit an ihren Gefühlen teil. Sie erinnerten mich auch an die Beduinen aus unserer Gegend. Sie kamen, wie es ihre Gewohnheit war, jeden Nachmittag an unser Tor, um ihre Lederbeutel mit Wasser aus unserem Reservoir zu füllen. Sie taten dies nicht aufgrund einer speziellen Vereinbarung. Es war einfach so, daß wir Wasser hatten und sie nicht, deshalb war es gar keine Frage, mit ihnen zu teilen. So einfach war das, oder vielleicht sogar noch einfacher, denn für sie kam das Wasser von Gott für alle Menschen.

Die Stadt erwachte während des Ramadan erst nachts zum Leben. Die Geschäfte und Büros öffneten, die Leute besuchten sich gegenseitig, und, ob man nun jede Nacht arbeitete oder frei hatte, es gab immer Grund genug, zu feiern. Die Kinder in unserem Haus durften länger aufbleiben als sonst, um sich mit uns zu amüsieren, und manchmal versammelten wir uns alle und schauten einen Film an. Filme waren verboten, deshalb gab es keine öffentlichen Kinos, aber die Behörden verschlossen ihre Augen vor der Tatsache, daß wir sie in unseren Häusern vorführten. Bei einigen Leuten in der Stadt konnte man Filme ausleihen, und andere hatten einen Verleihvertrag mit Firmen, so daß diejenigen von uns, die einen Projektor besaßen, sich abwechselnd Filme für einen Abend ausliehen, und manchmal waren sogar sehr gute dabei.

Da wir anläßlich des Ramadan oder auch sonst oft Kinderfilme zeigten, bevor die Männer nach Hause kamen, wurde ich der Hauptfilmvorführer, doch heute kann ich mich kaum noch erinnern, wie man einen Projektor bedient. Eine »Fillemnacht« (aus unerfindlichen Gründen bereitete es ihnen Schwierigkeiten, das Wort »Film« richtig auszusprechen) war für unsere Gemeinschaft ein wichtiges Ereignis. Die Bediensteten beeilten sich, ihre Arbeit zu beenden, die Kinder fragten sich den ganzen Tag über, welchen Film sie wohl sehen würden, und hofften, es möge nicht wieder *»Annie Get Your Gun«* sein, so gerne sie ihn auch die ersten zehn Male gesehen hatten. Wenn es dann endlich soweit war und wir schon die erste Filmrolle wechseln mußten, gingen die Lichter an und zeigten die Gesichter so erwartungsvoll, wie ich sie sonst nie gesehen hatte. Sie waren ein gutes Publikum und warteten während der Pause geduldig, bis ich gerissene Filme geklebt oder von anderen falsch aufgespulte Filmrollen wieder zurückgespult hatte. Dadurch schien alles für die Zuschauer nur noch interessanter zu werden – die Dialoge konnten sie ohnehin nicht verstehen.

Einige der Leute, die an solchen Filmabenden teilnahmen, waren Familienangehörige der auf unserem Grundstück lebenden Dienstboten. Sie erhielten eigene Häuser und lebten ihr Leben genauso wie wir. Die Familie von Ali Bussfar, Mohameds Fahrer und Diener, mochte ich am liebsten. Er hatte um Sofias Hand angehalten, ein sehr schönes junges Mädchen, deren Familie mit den Alirezas in Verbindung stand, eine arme Familie, die auf unsere Hilfe angewiesen war. Sie heirateten, und Mohamed übergab ihnen einen Flügel des Gästehauses, in dem sie mit ihrer verwitweten Mutter und den Geschwistern lebten und ihre eigene Familie gründeten.

Zufällig war ich die einzige Anwesende aus unserer Familie, als ihr erstes Kind geboren wurde, und da es eine schwierige Geburt für eine solch junge Frau zu werden schien, riefen wir Dr. Idriss, und er bat mich, seine Assistentin zu sein. Obwohl ich zunächst nach der Geburt eigentlich nur ihre Hand hielt und ihr während der anstrengenden Wehen Mut zusprach, half ich auch, die Nabelschnur zu durchtrennen, und wickelte ihr Baby in die von ihr liebevoll bereitgelegten Windeln. Zwischen den einzelnen Wehen lächelte sie mich voller Dankbarkeit an. Nach dieser ersten Geburt wollte sie mich auch bei den folgenden an ihrer Seite wissen, und so half ich auch bei der Geburt ihres nächsten Kindes. Ich erinnere mich immer daran, wie dankbar sie war, für das, was von mir als eine besondere Gunst ihrerseits betrachtet wurde: Neues Leben in die Welt kommen zu sehen ist die Betrachtung eines Wunders. Und ich dachte, daß Menschen, die unserer Meinung nach ein »einfaches« Leben führen, oft diejenigen sind, die menschliche Nähe am meisten zu schätzen wissen.

Als der letzte Kanonenschlag den Ramadan beendete und das »Eidfest« vorbei war, normalisierte sich unser Tagesablauf wieder. Ali gegenüber verfolgte ich eine Politik des Gewährenlassens, da er weiterhin gedankenverloren und distanziert war, und ich gab mein Bestes, das Leben zu meistern, mehr konnte wohl niemand tun. Ich war zu jener Zeit froh, daß mir von so vielen Menschen in meiner Umgebung geholfen wurde. Mutter, Zainab, Hayat und ich gingen jeden Abend zu unserem neuen Haus, um die baulichen Fortschritte des Tages zu betrachten, und jeder von uns stellte sich vor, wie wir nach so vielen Jahren bald getrennt voneinander, jedoch gemeinsam unter einem Dach leben würden. Ich versuchte nicht allzu stolz darauf zu sein, bald so ein schönes neues Haus zu besitzen, aber meine Mitmenschen machten es mir leicht, indem sie sich für alles begeisterten, was Ali und mich glücklich machte. Ich erzählte Mutter, daß wir ihr in unserem neuen Haus ein besonderes Fenster einbauen würden, aus dem sie dann immer hinausschauen könnte, so wie sie es in unserem alten Haus getan hatte, und dann gäbe es für sie sogar zwei Lieblingsplätze zum Sitzen.

In ihrem Kilo-Fünf-Haus saß sie immer auf ihrem kleinen Stuhl vor dem Fenster am Eingang des zweiten Stockes, wo sie nähte, ans Telefon ging, in der neben ihr stehenden Eichentruhe stöberte oder ganz einfach nur aus dem Fenster schaute und die Dienstboten und die nach Mekka fahrenden Autos beobachtete. Zu fast jeder Tageszeit konnte man sie dort sehen.

Wenn ich mir jetzt vorstelle, wie sie an ihrem offenen Fenster sitzt, muß ich an den Popcornstand denken, von dem wir immer sprachen, den wir aber nie besaßen. Normalerweise saß sie am Fenster, dachte an all die vorbeifahrenden Autos auf der Straße vor uns und sagte: »Wir könnten reich werden, wenn wir hier draußen oder an der Bab Jadid* einen Popcornstand eröffnen würden! Denk nur an das Geld, das wir während der Pilgerzeit einnehmen würden!« Während dieser Gespräche hatten wir jede Menge gezuckertes Popcorn gegessen, und da Mutter Popcorn liebte, war sie sich vollkommen sicher, daß das Unternehmen gelingen

* »Neues Tor« (eines der vielbefahrenen Eingangstore der Stadt).

müsse. Schade, wir haben diese Idee nie verwirklicht, obwohl Mutter es so gerne getan hätte.

Eines Tages hatte sie irgendwo Kaugummi gekauft, und ich zeigte ihr, wie man damit Blasen macht. Arabischer Kaugummi, *luban Arabi,* den einige Frauen des Landes gerne mochten, schmeckte mir überhaupt nicht. Ich glaube, es war natürlicher Gummi, der direkt von den Bäumen gewonnen wurde. Er schmeckte nach Medizin, und außerdem brauchte man wirklich starke Kiefer, um ihn zu kauen. Es gefiel mir auch nicht, wie einige Frauen die Blasen platzen ließen. Wenn nur wenige Frauen in einem Raum kauten, hörte es sich schon an wie ratternde Maschinengewehre, und ich wurde fast verrückt. Normalerweise verließ ich dann das Zimmer, und Hayat ärgerte mich manchmal absichtlich, um zu sehen, wie ich mir die Ohren zuhielt. Weder die Amerikaner noch die Araber unter uns waren gute Kaugummikauer, aber irgendwann kaufte uns Mutter *»luban effrengi«* und wollte wissen, wie man damit Blasen macht; also zeigte ich es ihr. Sie machte ihre Sache ganz gut, bis zu dem Punkt, an dem der Kaugummi in einer dünnen Schicht über die Zunge gestreift und dann mit dem Atem zu einer Blase geformt wird. Mutter holte immer zu tief Luft, so daß der Kaugummi in hohem Bogen aus dem offenen Fenster in den Garten flog.

April, Mai, Juni – Zeit, über die Sommerferien zu sprechen, aber ich erinnerte mich meinen Vorsatz und dachte: ohne mich. Ganz abgesehen davon gefiel es mir viel zu sehr, die Fortschritte unseres Hausbaus zu beobachten, und ich wollte zur Abwechslung bei Ali bleiben, während er den ganzen Sommer draußen arbeitete. Die Hitze stellte kein Problem dar. Wir hatten uns sogar damit abgefunden, bevor wir Klimaanlagen in unseren Schlafzimmern hatten. Was die Haushaltsführung betraf, so war ich zu jener Zeit in der Lage, allen Verpflichtungen nachzukommen, und jeden

Abend zahlte ich den Angestellten ihr Geld aus. So verließen also alle außer mir das Haus. Mutter fuhr mit Mohamed nach Kairo, Zainab und Hayat mit ihren Kindern zu unserem Sommersitz in den Libanon – nur meine Kinder und ich blieben zu Hause.

Es wurde nicht ganz so idyllisch, wie ich es mir gedacht hatte, denn Ali ging bald wieder aus irgendwelchen Gründen nach Europa. Eigentlich wollte er seine gewöhnlichen »drei oder vier Tage« wegbleiben, woraus dann aber immer drei oder vier Wochen wurden. Auch dieses Mal bestätigte sich diese Regel, außerdem hörten wir selten direkt etwas von ihm. Eines Tages erreichte uns das Gerücht, er reise mit Prinz Faisal in die Vereinigten Staaten, und zwar ohne zuvor nach Hause zu kommen. Ich konnte das alles kaum glauben, bis er mich dann persönlich benachrichtigte und die Gerüchte bestätigte.

In den kommenden Wochen überschlugen sich die Ereignisse. Ali erlitt eine weitere Attacke und wurde in New York ins Krankenhaus eingeliefert. Mohamed und Mutter flogen dorthin, nachdem Prinz Faisal sie benachrichtigt hatte. Als er seine Krise überwunden hatte, schickte Mohamed mir ein Telegramm mit der Mitteilung, die Kinder und ich sollten auch kommen. Ich stimmte zu (nach einigem Zögern, denn ich befürchtete, daß Ali es nicht wollte), und Ahmed Yousuf traf die nötigen Vorbereitungen. Wenige Tage vor der Abreise erinnerte ich mich, daß wir, das heißt einige Frauen im Hause, vielen Bekannten in der Stadt einen Besuch schuldeten. Die Gerüchte, wir würden Besuche nicht erwidern, wurden immer lauter. Für Araber war dies ein schwerer Verstoß gegen die Sitten und Gebräuche, und deshalb dachte ich, es sei besser, vor meiner Abreise diesen gesellschaftlichen Verpflichtungen nachzukommen. Ich fragte Saima, ob sie mich begleiten wolle. Sie stimmte freudig zu, nachdem ihre Mutter einverstanden war, die Schule zu übernehmen. So trafen wir also unsere Verabredungen und begannen mit den Besuchen.

Ich hatte Saima nie so elegant gesehen, und die Frauen in der Stadt waren so gastfreundlich wie selten zuvor. Saima und ich wurden königlich empfangen, wohin wir auch kamen. Es war offensichtlich, daß sie alles Erdenkliche getan hatten, um unseren Besuch so angenehm wie möglich zu gestalten. Wir wurden als Gäste wirklich geehrt, denn zu Kaffee und Tee wurden spezielle Kuchen gereicht, und alle in der Stadt erhältlichen Zigarettenmarken standen zur Verfügung, um sicherzustellen, daß eine Sorte dabei war, die ich mochte (dabei habe ich nie geraucht). Und es waren nicht nur einige Frauen des Hauses anwesend, sie waren alle da. Wir unterhielten uns sehr angeregt, und man verabschiedete uns erst weit nach der üblichen Besuchszeit, nachdem man sich überschwenglich für unser Kommen bedankt hatte. Saima und ich machten sechs oder sieben Besuche dieser Art (wir hatten einiges nachzuholen), und bald darauf verließ ich Arabien mit den Kindern, um nach New York zu fliegen. Am Morgen unserer Abreise wurde den Kindern im Kilo-Fünf-Haus der Koran vorgelesen, das Personal versammelte sich um unseren Wagen und alle sagten: *»Allah Ma'akom«**.

---

* »Gott sei mit euch.«

Kapitel 18

Nach meiner Ankunft in New York überschlugen sich die Ereignisse. Ali ließ sich kurz nach unserer Ankunft an seinem Krankenbett von mir scheiden, indem er nur einen Satz in Anwesenheit eines Beamten des saudiarabischen Generalkonsulats in New York aussprach und vermutlich einen entsprechenden Antrag unterschrieb. Das war alles, was er als Moslem tun mußte, um sich von mir loszusagen, obwohl dies nicht unsere Ehe, die in Kalifornien geschlossen worden war, aufzulösen vermochte. Es passierte genauso plötzlich und unerwartet, wie ich es hier beschrieben habe: Gründe wurden keine angegeben, und Ali sagte mir, daß dies auch nicht nötig sei. Ein Freund übernahm, was Ali eine »traurige Mission« nannte. Er rief mich an, als ich gerade mit meinen Kindern in unserem Zimmer in den Waldorf Towers saß, und übermittelte mir die Nachricht telefonisch. Das einzige, was Ali mir als Erklärung liefern konnte oder wollte, war: »Es würde nicht funktionieren, ich kenne mich.« Meiner Mutter, die ihn nach den Gründen fragte, antwortete er: »Es ist Gottes Wille.«

Da ich vollkommen abhängig von Ali war, konnte ich nichts dagegen unternehmen (nie hatte ich daran gedacht, etwas für mich zurückzulegen). Zu allem Unglück befand ich mich als Amerikanerin auch noch in einem fremden Land. Mein amerikanischer Paß war in Dschidda in Alis Safe eingeschlossen, als ich nach New York gerufen wurde, so daß ich als saudiarabische Staatsbürgerin in die Vereinigten Staaten eingereist war.

Ich konnte das alles einfach nicht glauben. Ich hoffte,

daß Ali, sobald er aus dem Krankenhaus entlassen würde, seine Ankündigung, die Kinder nach Ägypten in englische Internate zu schicken, nicht in die Tat umsetzen würde. Doch er schickte alle außer Ghassan mit seiner Mutter nach Kairo, und ich stand völlig hilflos daneben. Man erinnerte mich daran, daß eine geschiedene Frau nach moslemischem Recht kein Anrecht auf ihre Kinder mehr hat, sobald diese das siebte Lebensjahr überschritten haben. Wenn ich keinen Schlaf hatte, ging ich umher, unterhielt mich und aß mit den anderen. Alles um mich herum schien in Nebel eingehüllt, und wenn ich dann schlafen konnte, wachte ich auf mit dem Gedanken, daß alles nur ein Alptraum sein könne.

Nachdem die Kinder weg waren, wurden meine Paßangelegenheiten mit Hilfe von verständnisvollen Beamten geregelt, und ich flog nach Rom, denn Ali hatte versprochen, daß die Kinder dort ihre Weihnachts- und Osterferien verbringen würden. Doch er löste sein Versprechen nicht ein. Die erste Nachricht über den Verbleib meiner Kinder erhielt ich von arabischen Freunden, die sie in Ägypten sahen und mich im späten Frühjahr in Rom besuchten. Sie erzählten mir auch, daß Ali einige Monate nach unserer Scheidung wieder geheiratet hatte. Wie sagt doch das alte Sprichwort? »Ich war wie vom Donner gerührt.« Und Ali hatte es schon lange vor mir geheimgehalten. Seine neue Frau hatte jahrelang regelmäßig ihre mit einem dort arbeitendem Amerikaner verheiratete Schwester in Dschidda besucht. Wenn ich mich recht erinnere, war sie selbst zu jener Zeit noch mit einem amerikanischen Soldaten verheiratet. Alis Frau und ihre Schwester waren Libanesinnen, und sie hatten mich schon einmal besucht. Ich lernte sie erstmals kennen, als Ali sie und ihre Kinder zu einem unserer Kindergeburtstage einlud. Danach sah ich sie gelegentlich beim Kaffee oder Tee in der amerikanischen Frauengruppe, aber nie zusammen mit Ali bei gemischten Versammlungen oder Festen der Amerikaner mit ihren Freunden in Dschidda. Zu jener Zeit spielte ich die Araberin perfekt. Wie dem auch sei, erstmals erfuhr ich davon durch meine Freunde in Rom, und die Ereignisse der vergangenen zwei oder drei Jahren unseres gemeinsamen Lebens fügten sich zusammen wie ein Puzzlespiel. Ich sah jetzt alles ganz deutlich vor mir.

Das ganze Jahr hindurch sah ich meine Kinder nicht, bis Ali sie dann in die Schweiz in Internate schickte, wo der dreijährige Ghassan und ich sofort hinfuhren. Seit der Zeit in New York schickte ich Briefe und Telegramme an Ali und die Männer seiner Familie. Ich bat sie dringend, die Kinder an einen Ort zu schicken, wo ich sie sehen könne. Auch fragte ich sie, ob es möglich sei, daß er sich mit mir zusammensetzte, um unsere Angelegenheiten rechtlich zu regeln. Doch ich erhielt keine Antwort. In Rom versuchte ich unter größten Vorsichtsmaßnahmen, amerikanische Pässe für die Kinder zu bekommen, denn wie es zur Zeit aussah, würde ich meine Kinder wahrscheinlich niemals wiedersehen. Und falls Ali von meinen Absichten erfahren würde, wäre alles vorbei.

Als wir uns in der Schweiz wiedersahen, verlebten wir glückliche Tage, aber nichts war mehr sicher, keiner von uns schlug wieder Wurzeln. Ich versuchte Ali davon zu überzeugen, mit mir zusammenzuarbeiten, aber ich hatte nicht mehr Erfolg als zuvor. Daher entschied ich mich, als ich nach anderthalb Jahren endlich die amerikanischen Pässe für die Kinder erhielt, sie heimlich aus der Schweiz in die Vereinigten Staaten zu bringen. Es war wirklich eine Nacht-und-Nebel-Aktion, und ich mußte sogar insgesamt zweimal eine solche Reise organisieren, um meine Kinder zu behalten.

Zum ersten Mal flog ich mit ihnen 1959 hinüber, nachdem ich in aller Eile unsere Reise geplant, die Zeiten abgestimmt und einige meiner Schmuckstücke verkauft hatte, um unsere Reise zu bezahlen. Wir verließen den Genfer Flughafen in Richtung Los Angeles, nur mit einem Schmuckkasten und den Kleidern, die wir trugen. In New York angekommen, schaute uns der Zollbeamte entsetzt an, denn er begriff nicht, wie eine Mutter und fünf Kinder aus dem Ausland ankommen konnten und nichts als Perlen, Rubine, Diamanten und Saphire dabeihatten. Wir hasteten hinüber zum Schalter der TWA, um uns nach unserem Anschlußflug zu erkundigen, und der Mann antwortete auf meine Frage, ob eine Reservierung für uns vorläge: »Es tut mir sehr leid, aber Sie verließen Genf, bevor wir Ihnen mitteilen konnten, daß wir nicht mehr für Sie buchen konnten.« – »Aber das ist unmöglich«, erwiderte ich. »Ich muß heute noch nach Los Angeles! Haben Sie keinen anderen Flug?« – »Hm, sechs Personen. Es gäbe da einen Flug mit einigen Zwischenlandungen und einer Flugdauer von vierzehn Stunden bis Los Angeles.« – »Vierzehn Stunden«, seufzte ich. »Wir sind gerade vierzehn Stunden geflogen, und ich glaube, nochmals können wir es kaum verkraften.« Und dann fiel mir ein, daß ich über neue Flugzeuge gelesen hatte, die gerade erst für Inlandsflüge eingesetzt wurden, und ich sagte zu ihm: »Wie sieht es eigentlich mit den neuen Flugzeugen aus, mit denen in letzter Zeit geworben wird? Gäbe es eine Möglichkeit, dort Plätze zu bekommen?«

»Oh, meine Dame, diese Flugzeuge sind bereits Monate im voraus ausgebucht, und außerdem fliegt heute nur eine Maschine dieser Art und zwar in genau fünfzehn Minuten.« Mein verzweifelter Blick muß ihn sehr getroffen haben, denn er sagte: »Ich werde es versuchen, um Ihnen zu helfen«, und er hob den Hörer ab, während ich versuchte, in seinem

Gesicht ein Funken Hoffnung zu erspähen. »Hey Jerry, ich habe hier sechs Leute, die unbedingt nach Los Angeles müssen. Habt ihr noch freie Plätze in der 707, die gleich startet?« Ich beobachtete seinen erstaunten Blick und hörte, wie er einfach nur sagte: »Gebucht«, bevor er etwas verwirrt den Hörer auflegte. »Ja, es gibt noch Plätze«, sagte er zu mir, »gerade noch sechs Stück. Gehen Sie schnell in den Laden da vorne und kaufen Sie Hamburger für die Kinder, während ich hier die Tickets ausstelle. Ich werde schon dafür sorgen, daß das Flugzeug nicht ohne Sie startet.«

Meine Abreise mit den Kindern wurde in Arabien mit Entsetzen aufgenommen. Ganz zu schweigen von der Wirkung, die sie auf Ali hatte. Die allgemeine Reaktion auf mein Verschwinden war jedoch: »Marianne trägt keine Schuld – jede Mutter hätte genauso gehandelt.« Dabei wußten sie genau: Die meisten Frauen wären wohl nicht in der Lage gewesen, das gleiche zu tun. Es handelte sich nicht um ein Lob für eine Frau, die etwas gegen den Willen ihres Mannes tat, vielmehr war es Beifall für meinen erfolgreichen Versuch, die Kinder gegen alle Widrigkeiten doch bei mir zu behalten, was mir unendlich viel bedeutete. Ganz davon abgesehen, fühlten sie mit mir, honorierten meinen früheren Entschluß, nach Arabien zu gehen, um mit ihnen zu leben, und sie waren traurig als Araber und Moslems, daß es so geendet hatte.

Durch meine Reise sah sich Ali gezwungen, so lange zu verhandeln, bis wir eine Vereinbarung unterzeichneten – nach fünf Monaten harter Arbeit seitens meiner Rechtsanwälte – und dann kehrte ich in die Schweiz zurück, wo die Kinder wieder ihre Schulen besuchten und ich in ihrer Nähe lebte. Die mit Ali getroffenen Regelungen stellten für mich keineswegs eine Befreiung dar, aber sie legten unsere Rechte und Pflichten fest, uns und den Kindern gegenüber. Ich war im Moment jedoch recht zufrieden, den Kindern

Halt, ein Gefühl von Sicherheit und meine Liebe geben zu können.

Niemand aus der Familie schrieb mir je etwas über die Scheidung, aber was gab es auch schon darüber zu sagen? Verschiedene Neffen besuchten mich, wenn sie in ihre Universitäten zurückkehrten oder geschäftlich unterwegs waren. Der gute Hussein stellte mir seine Braut auf ihrer Hochzeitsreise vor. Mohamed kam auch vorbei, und großzügig wie immer gab er mir genug Geld, um eine Rate für das Haus zu bezahlen, und schickte einen Scheck aus Frankreich mit einem kleinen Brief, in dem er uns Glück in unserem neuen Heim wünschte.

Eines Tages besuchte mich Mutter. Als das Telefon klingelte und sie zu mir sagte, sie sei am anderen Ufer des Sees in Evian und wolle mich sehen, wußte ich, daß wir beide das gleiche dachten und fühlten. Seit dem furchtbaren Tag am Flughafen von New York, als sie – ohne daran schuld zu sein – mit den Kindern abreiste, hatten wir uns nicht mehr gesehen. Es war uns beiden klar, daß wir diese schlimmen Erinnerungen vergessen mußten. Ich holte sie und Zainab also am folgenden Tag an der Fähre ab. Da ich meinen Wagen nirgends parken konnte, als die Fähre von Evian im Schweizer Hafen von Ouchy anlegte, versuchte ich, sie unter den aussteigenden Passagieren aus der Ferne zu entdecken. Mutter und ich sahen uns, sie begann, langsam über den uns trennenden Kai zu laufen, und wir fielen uns weinend in die Arme. Unsere Umarmung war traurig und fröhlich zugleich, sie drückte sowohl Freude als auch Schmerz aus und sagte mehr als tausend Worte.

Wir verbrachten einen wunderbaren Tag zusammen, entspannt, spaßig, kameradschaftlich, ganz so wie in alten Zeiten. Sobald Mutter zur Tür hereinkam, zog sie ihre Schuhe aus, rollte ihre Strümpfe herunter, was ich schon so oft an ihr beobachtet hatte, und damit legte sie die Stimmung für unseren gemeinsamen Tag fest. Sie hatte für jeden von uns eigens ein kleines Geschenk ausgesucht, einfache Dinge, die wir aber dafür um so mehr schätzten. Als ich zum Essen rief, war sie überglücklich, weil ich ihre Lieblingsspeisen zubereitet hatte. Später holte ich das in den Vereinigten Staaten erstandene Carombrett hervor, und wir stellten fest, daß sie immer noch nicht besser spielte, was uns beide sehr amüsierte. Wie ich schon sagte, es war alles wie in alten Zeiten, doch eigentlich war es noch gar nicht so lange her, seit wir uns das letzte Mal gesehen hatten. Ich erinnerte mich an die Geschichte mit dem kleinen Jungen, der von zu Hause fortlief, dann aber Heimweh bekam und sich so einsam fühlte, daß er innerhalb weniger Stunden zurückkehrte. Er kam herein, und seine Eltern warteten auf eine Erklärung, während er sich nur umsah und mit einem Seufzer der Erleichterung bemerkte: »Wie ich sehe, habt ihr immer noch dieselbe alte Katze!«

Alis Mutter besuchte mich zweimal in der Schweiz, und nicht lange nach ihrem zweiten Besuch im Juli 1963 mußte ich wieder fliehen. Damals waren nur vier Kinder dort. Hamida war während der mit ihrem Vater verbrachten Weihnachtsferien mit Essam, ihrem Cousin ersten Grades, im Januar 1962 verheiratet worden. Ich sah mich »gezwungen« zu gehen, weil Ali mich plötzlich gerichtlich dazu zwang, sowohl die saudiarabischen als auch die amerikanischen Pässe der Kinder abzugeben. Ali hatte auch ein Gesuch eingereicht, die Kinder aus der Schweiz zurück nach Arabien zu bringen. Diese Zukunftsaussichten beunruhigten mich in jenen Tagen zutiefst. Außerdem ärgerte es mich, unter Androhung einer Geld- oder Gefängnisstrafe handeln zu müssen.

Als ich von seinen Plänen erfuhr, begann ich sofort meine Abreise zusammen mit den Kindern zu planen, für den Fall, daß dies notwendig werden würde, und als ich herausfand (ich möchte hier nicht berichten wie), daß der Richter zu Alis Gunsten entscheiden würde, setzte ich meine Pläne gleich in die Tat um. Ich hatte zweieinhalb Tage Zeit. Während der Gerichtsverhandlung durfte ich das Land nicht mehr verlassen, aber bislang hatte ich noch keine Vorladung erhalten, und ich mußte das Land verlassen, solange ich legal ausreisen konnte. Da sich Ali noch in der Stadt aufhielt, konnte ich nicht einfach unsere Sachen packen und zum Flughafen fahren. Zudem hatte ich den Verdacht, daß wir überwacht wurden, was sich am Montag morgen nach unserer Abfahrt bestätigte.

Ich dankte Gott, daß es in meinem Paß keinen Vermerk bezüglich der Kinder gab, denn falls dem so gewesen wäre, hätte ich ihn auch abgeben müssen. Jetzt konnte ich sie auf meinen Paß eintragen lassen, und dies tat ich auch als allererstes. Meine Kinder waren immer noch Halbamerikaner, und trotz der moslemischen Gesetze und der gerichtlichen Entscheidung war ich entschlossen, sie zu behalten. Ich dankte Gott auch für meine Freunde, ohne die ich es nie geschafft hätte. Telefonisch sicherte mir ein Freund in der Schweiz zu, daß er zeitig genug ankäme, um zur Bank zu gehen und mir Geld für den Flug und andere anfallende Kosten zu geben. In einem weiteren Telefonat sicherten mir andere Freunde zu, mit uns ein Picknick auf ihrem Boot zu machen, so daß wir an das französische Ufer des Sees gelangen und mit einem am Vorabend dort abgestellten Auto abfahren könnten. Schließlich erhielt ich einige Telegramme einer Freundin, die gerade in Spanien Urlaub machte, in denen mir mitgeteilt wurde, daß Tickets für unseren Abflug aus Barcelona reserviert seien und sie uns an einem bestimmten Ort in Palamós in Spanien treffen würde, wo sie uns eine Unterkunft bis zum Abflugtag besorgt hatte.

Am Freitag nachmittag wurde unser »Boots-Picknick« abgesagt, weil es als zu riskant eingeschätzt wurde, aber ein in der Nachbarschaft lebender alter Freund, dessen Frau zufälligerweise in Spanien Urlaub machte, heckte neue Pläne aus. Und zwar sollte ich im Schutze der Dunkelheit alle unsere Koffer zu seinem Haus bringen. Am Sonntag sollte uns sein Hausdiener dann ein Frühstück bereiten, die Koffer würden in das Auto meines Freundes geladen, und er brächte sie über die Grenze, während die Kinder und ich mit nichts als einem Picknickkoffer in unserem Auto über einen anderen Grenzübergang fahren würden. Nach Überschreiten der französischen Grenze würde ich dann noch acht Kilometer weiterfahren und über eine Seitenstraße meinen Freund an einem zuvor vereinbarten Ort in Annecy treffen, wo wir die Koffer entgegennehmen und nach Spanien weiterfahren würden.

Als wir das alles planten, kam unsere junge Freundin Miss Juliet Colman, eine ehemalige Schulfreundin von Hamida zu Besuch, und als wir ihr von unseren Plänen erzählten, entschied sie sich sofort, uns zu begleiten, um uns sicher das Flugzeug nach Amerika besteigen zu sehen. »Coley« gehörte schon jahrelang fast zur Familie, wir dachten jedoch, daß eine solche Reise für sie zu schwierig sei; aber sie wollte davon nichts wissen und bestand darauf mitzukommen. Also gaben wir nach, und sie entwickelte sich zu einer perfekten Komplizin. Sie fuhr im Wagen meines Freundes mit und gab sich als seine »Freundin« aus, obwohl er gut vierzig Jahre älter war, aber so gab es wenigstens eine Erklärung für das ganze Gepäck.

Am besagten Sonntag verlief dann alles nach Plan. Nur mein Freund, der das »Picknick« organisieren wollte, erfuhr nicht rechtzeitig, daß wir uns anders entschieden hatten. Sein Sohn sagte ihm zwar Bescheid, aber er rief zur Sicherheit noch einmal bei uns an. Da nur die elfjährige Nadia zu Hause war, ging sie ans Telefon; sie war die einzige im Haus, die nicht wußte, daß das »Picknick«, von dem er sprach, etwas anderes bedeutete als ein echtes Picknick. »O ja«, rief sie begeistert in den Hörer, »wir wollen immer noch ein Picknick machen.« Also wartete der arme Mann am Sonntag morgen stundenlang im Hafen auf uns, das Boot frisch aufgetankt und mit einem Korb voller Sandwiches, die er bei einem Hotel extra für unsere Reise bestellt hatte.

Um sieben Uhr verließen wir das Haus in Tennisschuhen und sportlicher Kleidung für unser »Sonntagspicknick«. Laut Plan zwei frühstückten wir bei unserem Freund und ließen unseren Hund Jerry, einen deutschen Schäferhund, dessen Mutter und Großmutter für die Rettung von Lawinenopfern ausgezeichnet worden war, bei ihm zurück. Noch acht Autos trennten uns von der französischen Grenze, als plötzlich ein Schweizer Polizeiwagen auftauchte, und wir waren schon sicher, daß er unseretwegen war. Wir fuhren langsam über die Grenze, und einer der Beamten schaute in unser Auto und stellte nur eine Frage: »Wem gehört die Gitarre?« Faisal, der sie auf seinem Schoß festhielt, antwortete: »Sie gehört mir.« Bevor wir durchgewunken wurden, fragte ich noch, ob dies die Straße nach Chamonix sei, und dann rollten wir nach Frankreich hinein.

Als wir uns mit den anderen trafen, sagte Coley, daß sie an der Grenze andere Erfahrungen gemacht hatte als wir. Ihre Mutter Benita Hume und ihr Stiefvater, der Schauspieler George Sanders, kehrten am selben Tag mit dem Auto aus Südfrankreich zurück, und Coley dachte, es sei lustig, wenn sie sich an der Grenze treffen würden und dann in entgegengesetzte Richtungen weiterführen. So schauten also ihre Eltern in das fremde Auto voller Gepäck, in dem ihre Tochter mit einem Mann saß, der vom Alter her ihr Vater hätte sein können. Coley sagte, sie könnte immer noch das Gesicht ihrer Mutter sehen, als ihre Tochter ihr zuwinkte und sich dann sogleich zu einem Abenteuer aufmachte.

Unser erster wichtiger Zwischenstopp war Frontignan in Frankreich, wo wir von einer staubigen Landstraße aus das Wasser des wunderschönen Mittelmeers am Golf von Lyon erblickten und wir einmütig wußten, daß wir anhalten mußten, um zu baden. Da es schon Juli war, hatte ich unsere Schwimmsachen in den Picknickkorb gepackt, so daß wir uns am Straßenrand in aller Ruhe umziehen und uns anschließend genußvoll in die kühlen Fluten stürzen konnten. Es war einfach herrlich.

Danach setzen wir uns in den Sand, um zu essen, und blieben natürlich viel länger als ursprünglich geplant. Das Schwimmen, die Sonne und die kühle Meeresbrise entspannten uns so sehr, daß wir gar nicht früher hätten losfahren können, selbst wenn wir gewollt hätten. Mit einem Auto voller schlafender Gestalten erreichten wir dann fünfzehn Minuten vor Mitternacht Palamós in Spanien.

Einige von uns übernachteten bei Freunden, und der Rest blieb in einem Hotel. Obwohl wir in den folgenden Tagen nicht wußten, was in der Schweiz passierte, fanden wir später heraus, daß die an unserer Flucht beteiligten Personen wesentlich aktiver waren als wir in unserem verschlafenen Fischerdorf am Mittelmeer. Wir erfuhren auch, daß ich am Montag morgen das besagte Einschreiben des Gerichts erhielt, in dem mir verboten wurde, das Haus zu verlassen; aber es wurde zur Post zurückgeschickt, da ich nicht mehr da war. Wir hatten es also um Haaresbreite geschafft.

Ich bin überzeugt, wir wären angehalten worden, wenn wir auf andere Art und Weise das Land verlassen hätten, zum Beispiel bei einem Picknick ohne Gepäck. An jenem Montag morgen ging nämlich der Freund, der mit uns abgefahren war, zu meinem Briefkasten, um ein Telegramm abzuholen, das niemand anderer in die Hände bekommen sollte. Am Nachmittag tauchte dann die Polizei in seinem Haus auf, denn sie hatten sein Nummernschild notiert, während er sich auf meinem Grundstück befand.

Ein paar Tage später passierte etwas Lustiges in meinem Haus. Alle meine Freunde hatten sich dort versammelt, um sauberzumachen und einige Sachen einzupacken. Zwei Polizisten kamen gerade herein, als die aus einem Briten, einem Australier, einem Schweizer, einem sudanesischen Hausangestellten, der seine Galabeeya und einen Turban trug, zwei Spaniern und einem Italiener bestehende Gruppe im Haus herumlief, den Kühlschrank säuberte, staubsaugte und kehrte. »Was machen Sie alle hier in Frau Alirezas Haus?« wollten sie wissen. »Ja«, antwortete einer, »wir sind ihre Freunde, und wir dachten einfach, wir könnten das Haus putzen und aufräumen, während sie verreist ist.«

Ich werde nie begreifen, wie sowohl meine Freunde als auch die Polizei ihr Gesicht wahrten. Während die Beamten wieder und wieder versuchten, Informationen über meinen Aufenthaltsort zu erhalten, räumte meine internationale Reinigungsmannschaft einfach weiter auf. Die Polizei gab erst auf und verließ das Haus, als meine liebe Freundin aus der Schweiz wieder aus der Küche kam und fragte, was sie wohl mit dem ganzen Abfall tun solle.

Ich hätte für immer in Palamós bleiben können. Es gefiel mir so gut dort, aber vielleicht war dieser Wunsch zu bleiben auch nur die Angst vor der Weiterfahrt. Wie dem auch sei, der Tag der Abreise stand vor der Tür, und wir fuhren zum Flughafen nach Barcelona. Das Auto ließen wir in einer Tiefgarage, so daß ein Freund es später abholen konnte, um es zurück in die Schweiz zu fahren, wo Ali, sein Besitzer, es abholen konnte. Der Abschied von unseren besten Freunden fiel allen sehr schwer, zumal wir nicht wußten, was uns in Amerika erwarten würde.

Was mich betrifft, so war ich schon weit herumgekommen, seit ich das erste Mal nach Arabien ging, um ein neues Leben anzufangen; und ich glaube, daß ich damals mit meiner Entscheidung zu fliehen nur den besten Weg für die Kinder wählte. Ich ging mit ihnen dorthin zurück, wo ich angefangen hatte, und als ich das tat, ging ich mit wunderbaren Erinnerungen und dem Gedanken, daß ich mich jetzt wohl einschränken mußte. Ich werde nie vollkommen sicher sein, ob ich die richtige Entscheidung getroffen habe, aber ich weiß, daß ich sie in der Hoffnung traf, daß sie es sei. Wir legen unseren kleinen Einsatz auf die Waagschale des Lebens; wir haben keinen Einfluß auf das große Gleichgewicht der Welt. Manchmal bekommen wir für das, was wir darauf legen, das volle Gegengewicht oder sogar mehr zurück, manchmal fällt der Ertrag jedoch gering aus. Wir können nur versuchen, die Dinge nach besten Kräften auszugleichen, damit bei der Endabrechnung das Richtige herauskommt.

Glossar

alhamdulilah: Dank dem Allmächtigen
arusa: Braut
ashkourik: Ich danke Ihnen (zu einer Frau)
Bedouin (pl. Bedou): ein Araber, der einem der Nomadenstämme angehört, die in den nordafrikanischen, arabischen und syrischen Wüsten leben
buksha: ein besticktes, quadratisches Stück Stoff, in das Geschenke eingewickelt werden und auf dem Wäsche transportiert oder gelagert wird
carawita: ein arabischer Diwan
dafur: Herd
Dhul-Hijja: der Monat, in dem die Moslems die vorgeschriebenen Pilgerriten vollziehen
djinn: Teufel oder böse Geister
effrengi: fremd, Fremde/Ausländer
Eid-al-Kabir: das große Fest nach Ende des Ramadan
eustaz: Lehrer
galabeeya: das lange Gewand sudanesischer Männer, vor allem die bunten, reichen Brokate der sudanesischen Diener in Ägypten
gaysa: ein bestimmtes Beduinentheater, das heute der Vergangenheit angehört
ghutra: bei den Beduinen beliebte karierte Kopfbedeckung
gishta: das cremige, knusprige Produkt, das sich auf der Oberfläche erhitzter Milch bildet, wenn diese in einem Kessel erkaltet; *auch* in Stücke zerlegte Frucht aus großen schwarzen Kernen, die mit süßem, weißem Fruchtfleisch überzogen sind

Hadj: die Pilgerreise nach Mekka; der achte, neunte und zehnte Tag des Dhul-Hijja

harem: (»hariem« ausgesprochen) der Name, mit dem alle Frauen eines Haushalts respektvoll bezeichnet werden

igal: der aus schwarzer Wolle bestehende oder goldumwickelte Aufsatz der Kopfbedeckung

inshaalah: So Gott will

jaria: Sklavenmädchen

kohl: der in orientalischen Ländern gebräuchliche schwarze Augenkonturstift

konafa: der Name eines libanesischen Gebäcks

mother: wörtlich *marat-ammi,* »Frau meines Onkels«, bei der Anrede durch eine Schwiegertochter. Darin spiegelt sich die verbreitete Praxis der Heirat zwischen Cousin und Cousine ersten Grades wider

muezzin: der Ausrufer, der die Gläubigen fünfmal täglich zum Gebet ruft, meist von einem Minarett aus

mutawuddi: der durch Waschen erreichte Zustand der Reinheit vor dem Gebet

mutfarrajeen: die stark verschleierten und verhüllten Frauen, die bei allen Hochzeiten und großen Empfängen als Zuschauer anwesend sind; sie dürfen ohne Einladung zugegen sein, wenn sie verkleidet bleiben

Qamar-ad-din: das traditionelle Aprikosengetränk, das das Fasten während des Ramadan unterbricht; wörtlich »Mond der Religion«

Ramadan: der Fastenmonat; in moslemischen Ländern kündigt ein Kanonendonner den genauen Tagesanbruch und somit den Beginn des Fastens an, ebenso auch den Augenblick, wann es bei Sonnenuntergang beendet ist

sahoor: die Mahlzeit vor der Morgendämmerung eines Fastentages

Scheich: ein des Korans und seiner Gesetze kundiger

Mann; *auch* die höfliche Anrede eines Mannes

shershif: ein dünnes Baumwolltuch, speziell für den Gebrauch beim Gebet angefertigt

shisha: Wasserpfeife

shokran: danke

shoogdoor: ein auf dem Rücken von Kamelen befestigtes Transportmittel – ein bunt dekoriertes, geschlossenes Rahmengestell, das von Quastenvorhängen umgeben und innen mit kunstvollen Teppichen und Kissen ausgestattet ist

sitt: Dame, Frau

sitti: gnädige Frau; *auch* Großmutter

steta: eine ältere Schwester

suk: Marktplatz

sumada: das weiße Kopftuch, das von in der Stadt lebenden Arabern bevorzugt wird

surwal: Männerhosen

tisbahi-ala-khair: mögest du in Güte erwachen; gute Nacht

tobe: Männerkleidung

toombac: Tabak- oder sonstige Rauchwarenmischung, die in einer shisha geraucht wird; wenn sie von guter Qualität ist, enthält sie getrocknete Äpfel oder andere Früchte

zeffa: der Name des ersten Teils einer Moslemhochzeit; das schrille, von Trommeln begleitete Trällern der Frauen, die die Braut zu ihrem Brautstuhl geleiten